KB073497

인생교과서

톨스토이

KI신서 6548

인생교과서 톨스토이

1판 1쇄 인쇄 2016년 5월 4일
1판 1쇄 발행 2016년 5월 11일

지은이 / 김성일 이강은
공편 / 재단법인 플라톤 아카데미
펴낸이 / 김영곤 펴낸곳 / (주)북이십일 21세기북스
인문기획팀장 / 정지은 책임편집 / 장보라
디자인 / 표지 씨디자인 본문 김현주
출판사업본부장 / 안형태 홍보팀장 / 이혜연
출판영업마케팅팀장 / 이경희
출판영업마케팅팀 / 김홍선 정병철 이은혜 최성환 유선화 백세희 조윤정

출판등록 2000년 5월 6일 제406-2003-061호
주소 (우 10881) 경기도 파주시 회동길 201(문발동)
대표전화 031-955-2100 팩스 031-955-2151
이메일 book21@book21.co.kr 홈페이지 www.book21.com
트위터 @21cbook 블로그 b.book21.com 페이스북 facebook.com/21cbook

© 김성일, 이강은, 재단법인 플라톤 아카데미, 2016

ISBN 978-89-509-6495-5 04100
       978-89-509-6064-3 04100(세트)

톨스토이

욕망이 아닌 사랑으로 살라

김성일 + 이강은

21세기북스

이 책을 읽기 전에

● 『인생교과서』 시리즈는 인류의 위대한 스승 19명에게 묻고 싶은 인생의 질문에 대해 각 계의 대한민국 대표 학자들이 답하는 형식으로 이루어져 있다. "삶이란 무엇인가", "행복이란 무엇인가", "죽음이란 무엇인가" 등 인생의 화두라할 수 있는 질문에 대해 저마다 어떻게 생각했는지 비교하며 살펴볼 수 있다.

● 『인생교과서 톨스토이』는 김성일(청주대학교 문화콘텐츠학과 교수), 이강은 (경북대학교 노어노문학과 교수)의 글로 구성되었다. 톨스토이에게 묻고 싶은 25개의 질문 중 한 질문에 두 저자가 답한 경우도 있고, 한 저자가 답한 경우도 있다. 이 책을 읽고 마지막 26번째의 질문은 여러분 스스로 만들어보고, 이에 대한 답을 생각해보는 기회를 가져도 좋을 것이다.

● 톨스토이라는 인물을 오랜 시간 연구해온 두 저자는 오늘날 우리 개인과 사회에 톨스토이의 정신이 필요하다는 생각은 같이하지만, 각각 다른 시각으로 삶에 대한 통찰과 지혜를 풀어내고 있다. 따라서 이 책에서 같은 주제에 대한 두 저자의 다른 해석을 살펴보는 색다른 재미를 느낄 수 있을 것이다.

발간사

현자 19人이 목숨 걸고
사유한 인생의 질문과 답

플라톤 아카데미 총서 편집국

2010년에 설립된 재단법인 '플라톤 아카데미Academia Platonica'는 인문학 연구 역량을 심화시키고, 탁월함Aretē의 추구라는 인문 정신의 사회적 확산을 위해 설립된 공익 재단입니다. 재단의 출연금을 조성하신 분의 의지에 따라 '기부자 개인이나 관련 기업의 홍보는 일절 하지 않는다'는 방침을 세웠고, 설립 이후 오 년 동안 이 원칙을 지켜 왔습니다. 대학의 사명이라 여겨졌던 인문학 연구의 심화와 확산을 한 기업가가 돕겠다고 나선 것은 인문학 공부가 주는 의미와 효과 때문일 것입니다. '플라톤 아카데미'라는 이름처럼, 저희 재단은 그리스 철학자 플라톤이 제기한 인문학 공부의 의미와 그 효용성을 널리 전하고자 했습니다.

플라톤은 『국가』 제7권에서 유명한 '동굴의 비유'를 통해 국가 수호자가 갖추어야 할 덕목과 그들이 받아야 할 지도자 교육에 대해 설명했습니다. 그는 스승인 소크라테스의 입을 통해 "우리의 관심사는 국가 안에서의 특정 계급의 특별한 행복이 아니라, 전체의 행복이라는 것"을 강조합니다. 우리 재단의 설립자가 아무 대가를 바라지 않고 인문학의 심화와 확산을 시도하는 것은 바로 이러한 '전체의 행복'을 지향하기 때문입니다.

인문학 공부는 개인에게도 큰 도움이 됩니다. 소크라테스의 입을 빌려 말한다면, 인문학이 '철학과 공무 양쪽에다 참여할 수 있는 능력'을 제공해주기 때문입니다. 재단법인 플라톤 아카데미가 추구하는 인문학은 국가와 사회 전체의 행복을 추구하는 공적 성격을 지니면서, 동시에 개인의 공무 처리 능력을 함양한다는 점에서 사적 유익도 분명히 존재합니다. 플라톤은 그런 인문학적 사유의 사적 유익을 다음과 같이 표현했습니다.

"여러분은 차례대로 동료 시민들의 거처(동굴)로 내려가서 어둠에 싸인 사물들을 보는 일에 익숙해지지 않으면 안 되오. 일단 익숙해지면 여러분은 그것들을 그곳에 있는 사람들보다 월등히 더 잘 보게 될 것이며, 모든 영상映像을 그것이 무엇이며, 어디서 왔는지 식별할 수 있을 테니 말이오. 여러분은 아름다움과 정의와 선에 관하여 진리를 보았기 때문이오."

재단법인 플라톤 아카데미는 '나는 누구인가?'에 대한 인문학적 성찰에서 출발해 '어떻게 살 것인가?'라는 질문으로 시작하는 타자에 대한 사회적 존재로서의 책임과 전체의 행복을 추구합니다. 이러한 공공성의 확보는 우리 모두 '철학과 공무에 다 참여할 수 있는 능력'을 함양하는 유익을 제공합니다. 따라서 재단법인 플라톤 아카데미를 통한 인문학의 심화와 확산 사업은 기부자와 그 기부의 혜택을 받는 우리 모두에게 의미와 유익을 주는 학문적 성찰이라 하겠습니다.

재단법인 플라톤 아카데미는 공공성과 개인적 유익을 확대하기 위해 지난 삼 년 동안 새로운 사업을 추진해왔습니다. 인류의 스승이라 할 수 있는 현자 19명(부처, 공자, 예수, 무함마드, 호메로스, 플라톤, 아리스토텔레스, 아우구스티누스, 장자, 이황, 간디, 데카르트, 니체, 칸트, 헤겔, 미켈란젤로, 베토벤, 톨스토이, 아인슈타인)을 오늘의 시점으로 소환하여 그들과 상상의 대화를 나누는 것이었습니다. 그들의 면면은 인류의 현자라 불리기에 손색이 없습니다.

위대한 현자들에게 삶이란 무엇인지, 행복이란 무엇인지 등 인생의 본질적인 질문들을 물어보고, 그들은 이러한 질문에 대해 어떻게 생각했을지 살펴보기로 했습니다.

이를 위해 우리나라 인문학계에서 해당 인물을 연구해오신 대표 학자들을 초청해서 그 현자들의 생각을 대신 추론하시도록 부탁했습니다. 단순하게 그 인물에 대해 전기적인 연구를 하는 것도 아니고, 사상사적 의미를 밝히는 작업도 아니었습니다.

인간이라면 누구나 가질 법한 삶의 근본적인 고민들에 대해 함께 이야기해보고 고민하는 시간을 마련함으로써 인류의 현자 19명이 평생 목숨을 걸고 사유했던 인생의 질문을 우리도 해보고자 했습니다. 그것이 공통된 질문일 수도 있고, 상이한 질문일 수도 있지만, 묻고 답하는 상상의 인문학을 통해 우리 자신이 놓치지 말아야 할 인생의 질문을 도출하고자 했습니다.

19명의 현자들을 오늘의 시점으로 소환해 그들의 학문과 사상을 추론하며 인생의 질문을 도출하셨을 뿐 아니라, 스스로 상상의 답변을 마련해주신 학자들에게 찬사를 보냅니다. 연구 과정도 고단했겠지만, 발표하는 시간도 쉽지 않은 지적 모험이었을 것입니다. 그리고 그것을 다시 출간하기 위한 원고 작업은 상상하지 못할 시간과 노력을 요구하는 것이었을 겁니다. 그럼에도 우리나라를 대표하는 학자분들께서 재단이 추구하는 정신에 공감해주셨고, 최선을 다해 연구하고, 발표하고, 그리고 집필에 임해주셨습니다. 진심으로 감사드립니다.

더불어 앞선 학자분들의 노력을 후원해주시고, 강의에 참여해 함께 토론해주셨던 재단 관계자분들과 수공회 회원분들께도 찬사를 보냅니다. 격주로 수요일에 모인다고 해서 '수공회'라 이름 붙인 이 공부 모임은 재단의 프로젝트를 위한 든든한 정신적인 버팀목이 되어주셨습니다. 만삼 년 동안 진행되었던 쉽지 않은 인문학 성찰의 여정에 함께 참여해주시고 후원해주신 수공회 도반 여러분들께도 감사드립니다.

『인생교과서』 시리즈의 현자가 19명인 이유는 특별한 나머지 한 분을 포함시키기 위해서입니다. 바로 이 책을 읽고 계신 독자 여러분입니다. 인류의 스승들이 던졌던 인생의 질문을 숙고하신 다음, 여러분이 마지막 스무 번째 현자가 될 수 있는 가능성을 열어두시기 바랍니다. 사실 인문학은 답을 찾는 학문이 아닙니다. 오히려 질문을 제기하는 것이 인문학의 본질적 의무입니다. 현자들의 질문과 답을 사숙하신 다음, 스스로에게 인생의 질문을 던지는 독자들이 되시기를 바랍니다. '나는 누구인가? 어떻게 살아야 하는가? 어떻게 죽어야 멋진 죽음인가?'

러시아 문학의 재판관,
톨스토이의 인생여정

김성일
청주대학교 문화콘텐츠학과 교수

"삶이 그대를 속일지라도 슬퍼하거나 노여워하지 마라!" 위대한 19세기 러시아 사실주의 문학의 창시자인 시인 푸시킨의 삶에 대한 진지한 숙고는 이후 러시아 작가들에게 창작의 화두로서 다양한 양상을 보이며 전개된다. 자기동일성을 위한 어떠한 공간도 허용하지 않는 압제의 시대 속에서도 인간 본연의 자유를 외쳤던 레르몬토프, 페테르부르크의 화려하고 환상적인 공간 이면에 내재되어 있는 허위의식을 폭로한 고골, 자연 속에 인간과 인생, 사랑을 담아내고 있는 시대와 사랑의 방랑자 투르게네프, 인간 심리의 극단까지 파고들어가 그곳으로부터 인간과 삶의 의미를 반추해보는 인간 영혼의 심오한 탐구자 도스토옙스키, 자신의 인생 그 자체를 통해 삶의 올바른 길을 제시해준 영원한 인류의 스승 톨스토이, 소시민들 속에 비쳐진 다양한 삶의 모습과 그 의미를 그려내고 있는, 19세기 러시아 사실주의의 대미를 장식하는 체호프. 이들의 문학은 푸시킨에 대한 저마다의 화답인 것이다.

마르셀 라이히라니츠키는 러시아 문학사를 단 하나의 문장으로 압축한다. "고골이 사회고발자였다면 톨스토이는 재판관이었고, 도스토옙스키가 스스로 피고인의 자리에 섰다면 체호프는 그저 증인의 역할을 맡았던 셈이다.[1) 이것을 더 줄인다면, 19세기 러시아 문학사는 게르첸의 『누가 죄인인가?』(1847)와 체르닉셉스키의 『무엇을 할 것인가?』(1861)로 요약될 수 있다.

인생의 영원한 스승 레프 니콜라예비치 톨스토이(1828~1910)는 다양한 경력의 소유자였다. 작가, 교육이론가, 철학자, 사회비평가, 성공한 농민, 군인 등 다양한 수식어가 항상 그의 이름을 따라다녔다. 하지만 그는 무엇보다도 위대한 예술가였다. 삶의 숭고한 의미를 그려낸 예술가로서의 그의 삶을 향해 떠나보자.

톨스토이는 1828년 8월 28일 야스나야폴랴나에서 니콜라이 일리치 톨스토이 백작과 그의 아내 마리아 니콜라예브나(결혼 전 성은 볼콘스카야) 사이에 태어났다. 그는 다섯 자녀 중 넷째였는데 니콜라이, 세르게이, 드미트리 등 세 형과 두 살 아래의 여동생 마리야가 있었다. 그의 부모는 유서 깊고 저명한 귀족 가문 출신으로 야스나야폴랴나 영지는 그의 모친의 지참금 중 일부였다. 그런데 그의 여동생이 태어나고 불과 몇 개월 뒤에 그의 어머니는 사망한다. 따라서 자신의 모든 이야기들을 통해 어머니를 기억하거나 어머니의 상을 빚어내려는 톨스토이의 시도들이 그가 일구어낸 어린 시절의 초상에 굉장한 중요성을 갖는다 해도 그는 어머니를 거의 알지 못했다. 그리고 그의 아버지는 냉랭한 사람이었는데 이는 당시 귀족 가문에서 전형적으로 찾아볼 수 있는 유형이었다. 아버지는 톨스토이가 아홉 살이 되었을 때 사망했다.

이와는 대조적으로 톨스토이가 자기 형제들에게 갖는 친밀도와 감정은 강력하고도 끈끈했다. 톨스토이가 나이 먹어감에 따라 보다 소중하게 여겼던 강렬한 기억은 그의 형들이 만들어낸 일종의 종교적인 형제단, 즉 우주의 조화와 안녕을 위한 이른바 '개미 형제단'과 관련된 것이었다. 이와 관련해서 톨스토이적인 매력적 전설이 하나 있다. 톨스토이의 큰형으로 '개미 형제단'의 지도자인 니콜라이가 만인의 지상 행복을 만들어내는 비결을 녹색 막대기에 적어서 야스나야폴랴나의 골짜기에 묻을 것을 주장했는데 이 막대기가 묻힌 것으로 추정되는 장소가 바로 톨스토이가 사후에 자신을 매장해달라고 부탁해, 1910년에 그를 매장한 곳이라는 사실이다.

　부친의 사망 후 고아가 된 자녀들은 신앙심이 두텁고도 기이한 고모 알렉산드라 일리니츠나 오스텐-사켄 백작부인의 후견 아래 놓이게 되었는데 먼 친척인 타티야나 알렉산드로브나 예르골스카야가 아이들을 돌보는 책임을 맡게 되었다. 알렉산드라 백작부인이 겨우 4년 후인 1841년에 사망했으므로 아이들은 그녀의 자매인 펠라게야에게 위탁되었는데 그녀는 지역의 유명한 지주의 아내로 카잔에 살고 있었다. 이리하여 아이들은 모스크바에서 동쪽으로 600킬로미터 떨어진 곳에 있는 카잔으로 이주하게 되어 야스나야폴랴나와의 연이 끊어졌고 이제는 톨스토이가 사랑하는 '토이네트 아줌마'인 타티야나 예르골스카야에게 어쩔 수 없이 남겨지게 되었다. 죽음과 분리라는 이 배경막 아래서 톨스토이 인생의 두 번째 시기는 그의 "기쁨에 찬" 어린 시절에 종말을 고하는 듯한 하나의 사건으로 시작된다. 아직 어린 나이인 14세에 한 창녀에게 동정을 잃은 것이다.

　이제 톨스토이 인생에서 대담하고 호기만만한 시기가 시작되었으니, 그는 사냥, 방탕, 도박, 싸움 등등 귀족들이 즐기는 많은 주요 잡기에서 두각을 나타냈다. 그러는 동안에 그는 스스로 너무나 방종하고 나태하며 동물 같은 본성을 가지고 있다고 간주하고 자기 자신에 맞서 시종일관 싸움을 벌여왔다. 그는 부끄럼을 타는가 하면 불가능할 정도로 거만했고, 내향적인 동시에 사교적이었다. 상냥하고 감상적인가 하면 격정적인 톨스토이의 신화, 언제나 예측하기 힘들고 모순된 인성을 지닌 그의 모습은 바로 이 시기에 전면에 드러났다. 그는 운명이 어떻게 자신의 삶과 엇갈리는지를 밝혀내고, 자신의 삶은 어떻게 예정되어 있는지 확인해내려 애쓰면서 끊임없이 탐구했다. 왜냐하면 자신이 평범한 보통 인간이 아님을 확신했기 때문이었다.

카잔대학에 다닐 때 이미 그는 돌발적이고 변덕스러운 학생이었으며, 결코 전도가 유망한 학생이었다고는 말할 수 없었다. 그는 학위를 받지 못했다. 학생으로서 이런 부실한 태도는 대학생들이 종종 학위를 받지 않던 시기에 학생의 총수가 수천을 넘지 않는 제국(약 6천만의 인구가 있는)에서 이상한 일이라고는 할 수 없었다. 그는 학업보다는 도박, 음주, 여자를 훨씬 더 좋아했던 것으로 보인다. 따라서 그가 이때 최초로 성병에 걸려 대학병원에 홀로 누워 몇 주를 보내야 했던 것은 놀라운 일이 아니다. 그가 살아가면서 계속 쓰게 되는 '프랭클린' 일기를 시작한 것도 이때의 일이었다. 자기 자신을 묘사해보려는 그의 첫 시도는, 에이헨바움이 논했듯이, 그가 문학계에 첫발을 들여놓는 것이었는데 연이어 이어지는 흥미로운 위기인 성병에 대한 대응으로 등장했다.

1847년이 되자 그는 유산을 상속받게 되었고 야스나야 폴랴나로 돌아가기 위해 대학을 떠났다. 그 후 몇 년간 그는 모스크바와 페테르부르크에서 겨울을 보내면서 불안정한 생활을 했다. 그가 위협적인 빚을 쌓게 되자 형제들은 1851년에 그를 니콜라이와 함께 카프카스로 보낸다는 썩 괜찮은 생각을 해내기에 이르렀다. 이 여행은 그의 삶에서 새로운 단계를 이끌어냈는데 바로 군인으로서의 삶이었고 이는 1850년대 전반까지 이어졌다. 처음 한동안 그는, 엄격히 말해서, 관찰자에 지나지 않았으나 곧 장교로 임명되었고 카프카스에서 용감히 싸우고 그다음에는 크림전쟁 때 세바스토폴의 공방전에서 두각을 나타내면서 두 차례 진급하기도 했다.

또한 그는 진지하게 글 쓰는 일을 시작했고 몇몇 문학 작품을 출간했다. 자신의 어린 시절과 상당히 비슷한 어린 시절을 묘사한 『유년시절』(1852), 탁월한 전쟁 이야기인 『습격』(1852), 그리고 유명한 『세바스토폴 이야기』(1855~56) 등의 작품은 그 강력한 힘과 간결한 묘사로 많은 작가들에게 커다란 영향을 미쳤는데 그중 잘 알려진 작가로는 어네스트 헤밍웨이가 있다. 1856년에 군복무를 마치고 퇴역한 그는 페테르부르크로 돌아가 당시 문학계 명사들의 열렬한 환대를 받았고 그들 가운데 가장 명망 높고 큰 존경을 받고 있던 이반 투르게네프와 함께 살기까지 했다. 자신의 문학적 성공으로 인해 의기양양해진 톨스토이는 다른 작가들을 깔보기도 했지만 또한 신사적인 투르게네프가 깜짝 놀랄 정도로 최선을 다하기도 했다.

1857년과 1861년, 그는 두 차례 유럽 여행을 하게 된다. 자신의 영지에 거주하는 농민의 아이들을 교육시키길 원했던 톨스토이는 이와 관련된 자료들을 직접 구했으며, 최신 유럽방식의 교육 정보에서 그에 대한 해답을 찾기도 했다. 하지만 첫 번째 여행 때 파리에서 우연히 목격한 처형 장면은 그의 마음을 뿌리째 흔들어놓았다. 유럽 문명에 깊은 환멸을 맛본 그는 야스나야폴랴나로 돌아와 농민학교를 세우고 러시아식 교육을 펼치기 시작했다. 친애하는 토이네트 아줌마도 그곳에 함께 정착했다. 두 번째 여행에서 그는 다양한 유명인들을 만나는데 매튜 아널드와 피에르 조셉 프루동 등이 그들이었다.

비록 그가 왕성한 성생활을 아직은 접지 않았지만 - 사실 그는 자신의 농노 아내와 열정적으로 바람을 피우고 있었다 - 그는 점점 더 결혼을 열망하게 되었다. 그의 인

16

생에서 다음의 주요시기는 이 결혼과 더불어 시작되었다. 소피야 안드레예브나(결혼 전 성은 베흐르)는 그보다 열여덟 살 아래였다. 약혼이 확실해지자 톨스토이는 방탕했던 자신의 과거를 기록한 일기장을 그녀에게 건네주어 읽도록 했는데 그것을 읽고 난 그녀는 몹시도 당황했다. 당시로서는 이것이 이상한 일은 아니었다고 해도 역시 분별 있는 행동도 아니었다. 왜냐하면 소피야 안드레예브나가 톨스토이의 엽색 행각을 자세히 알게 되고는 그에게 진절머리를 내게 되었지만, 그럼에도 그와 파혼하지 않았다는 사실은 아마도 경탄할 만한 일이었기 때문이다.

그들은 곧 결혼식을 올렸고 야스나야폴랴나로 이주했다. 그리고 소피야 안드레예브나는 저택에서 일하는 여자 농노 중 하나가 자신의 남편의 아이를 임신하고 있다는 것을 알게 되었다. 소피야 안드레예브나는 이런 현실과 시골생활의 권태로움에 간신히 적응했는데 저명한 의사의 딸로서 모스크바 사교계에서 성장한 여자로서는 힘든 생활이었다. 1863년부터 이들 부부 사이에서 태어난 아이는 모두 13명이었지만 그중 8명만이 살아남았다.

이 시기는 또한 톨스토이의 문학 창작에 있어서도 전성기였다. 1863년 『카자크인들』을 출판했고, 이후 『전쟁과 평화』(1869)로 이어지게 될 새로운 작품의 집필에도 착수했다. 최초의 위기의 그림자는 『전쟁과 평화』를 완성한 후 아르자마스에 있는 한 여관에서 겪은 무시무시한 죽음의 경험과 함께 찾아들었다. 결코 잊을 수 없고 충격적인 경험을 한 톨스토이는 거의 20년이 지난 후 이 사건을 다룬 글을 쓰게 되는데, 그 작품이 바로 『광인의 수기』다. 1870년대 초 톨스토이는 이런 저런 구상 끝에 마침내 새로운 소설의 단초를 단단히 붙잡게 되는데("손님들이 시골집에 도착하고 있었다…"라고 불린 푸시킨 소설의 단편斷片을 읽은 후가 분명하다) 이 작품이 바로 『안나 카레니나』였다. 이 작품은 1878년에 책으로 처음 출간되었고 전집 10권의 나머지를 차지하게 된다. 『안나 카레니나』를 끝낸 후, 톨스토이는 계속된 위기의 시기를 통과하게 되는데 그의 '영적 탄생'이 이루어진 것도 이때쯤인 것으로 보인다.

그의 인생에서 네 번째이자 마지막 시기를 열어젖히는 이 탄생은 진솔하고도 강렬한 작품 『참회록』(1881)으로부터 비롯되는데, 이 작품은 그의 과거 작품 및 삶과의 절연과 함께 과격한 기독교 공격을 알리는 신호였다. 자신이 속한 계급을 버리고, 기존 기독교에 대항한 투사로서 톨스토이는 전 세계적으로 유명해졌고 대단한 권위를 가지게 되었으니, 황제조차도 공공연히 멸시당할 것을 두려워해 그에 맞서는 것을 주저할 정도였다. 하지만 그럼에도 불구하고, 톨스토이는 문학작품 창작을 그만두지 않았다. 비록 그가 문학에 대해 종종 공개적으로 혹독한 비난과 비판을 가하기도 했지만 말이다. 실제로 그는 이 시기에 다양한 종류의 많은 글들을 썼는데 이 글들에 대해서는 아직도 적절한 분류나 심도 있는 연구가 제대로 이루어지고 있지 않은 상황이다. 그는 장편소설과 단편소설, 희곡, 동화, 사복음서에 대한 주석, 철학 연구서와 신학에 대한 고찰 등을 썼으며, 당시의 주요 사건들에 대해 적극적으로 개입하고 반론도 펼쳤다. 또한 계속해서 일기를 썼을 뿐 아니라(중단된 때도 있었음) 어마어마한 양의 서신도 썼다.

따라서 이 시기의 주요 작품은 매우 다양하다. 장편소설 『부활』(1899), 중편소설 『하지 무라트』(1896~1904)와 『위조 쿠폰』(1902~1904), 단편소설 『이반 일리치의 죽음』(1886), 『인간에게 얼마나 많은 땅이 필요한가?』(1886), 『크로이체르 소나타』(1889), 『주인과 하인』(1895), 『세르게이 신부』(1898), 철학적 작품인 『인생론』(1887), 『예술이란 무엇인가』(1898), 다양한 종류의 종교적 작품인 『요약 복음서』(1881), 『내가 믿는 것』(1883), 『하나님의 왕국은 당신 안에 있다』(1893), 차르 탄압에 대한 격렬한 고발장인 『나는 침묵할 수 없다』(1908), 그리고 마지막으로 『살아 있는 송장』(1891), 『문명의 열매』(1900) 등의 일련의 희곡

이 그것이다.

톨스토이의 기독교에 대한 공격은 그가 1901년에 정교회로부터 파문당하면서 최고점에 다다랐다. 그의 추종자들은 박해를 받았고 가정 내 갈등은 점점 더 빈번히 일어났으며 보다 더 고통스러운 형태를 띠게 되었다. 톨스토이의 말년은 그의 아내와 체르트코프 간에 오래 이어진 증오로 점철되었으며 이것은 아스타포보에서 종말을 맞은 탈출 시도에 의해 최종적으로 해결되었다.

서문 2

거인 톨스토이, 열심히 살고 깊이 반성하며 더 먼 곳을 바라보다

이강은
경북대학교 노어노문학과 교수

러시아의 수도 모스크바에서 남쪽으로 약 180여 킬로미터 떨어진 한적한 농촌에 '야스나야폴랴나'라는 레프 톨스토이의 영지가 있다. 지금은 톨스토이 문학관으로 보존되어 있는 이곳에 수많은 사람들이 관광 삼아 혹은 순례 삼아 방문한다.

1828년, 러시아가 오랜 은둔에서 깨어나 유럽의 제국으로 발돋움하던 시기에 톨스토이는 기울어가던 귀족 가문의 막내아들로 태어난다. 백작이라는 귀족 신분이었지만 내로라할 정도의 세도가는 아니었다. 더구나 소년이 되기 전에 부모를 모두 여의는 바람에 톨스토이는 명실공히 지배층으로서의 능력과 권위를 누릴 형편은 되지 못했다. 레프 톨스토이는 가족이 거주하던 집을 막내아들이 상속하는 러시아 전통에 따라 야스나야폴랴나를 물려받았고 특별한 경우가 아니면 평생 이곳을 떠나지 않고 농민들과 더불어 '손에 굳은살이 박이도록' 노동을 하며 살아갔다.

야스나야폴랴나를 방문한 사람들은 먼저 영지의 큰 규모에 놀랄 것이다. 입구에서부터 긴 자작나무 숲길을 지나 커다란 저택과 부속 건물들, 그 앞에 펼쳐진 널따란 과수밭과 호수, 게다가 건물 뒤편의 커다란 숲 등 호젓한 자연풍경은 쾌적하고 신선한 기분에 젖게 한다. 문학기념관이라기보다 큰 자연공원에 온 느낌이다. 그런데 톨스토이에 대해 조금이라도 알고 있는 사람이라면 한편으로 배신감 비슷한 것을 느낄지도 모른다. 아니, 평생을 농민을 위해 농민과 함께 살아가며 사적 소유를 반대하고 금욕적이며 도덕적인 삶을 강조했다던 작가가 이렇게 너른 땅과 대저택에서 호의호식을 했단 말인가 하고 말이다. 하지만 톨스토이의 방탕한 생활이나 위선적 삶에 대한 단편적인 일화들을 들은 바 있는 사람이라면 야스나야폴랴나 영지를 멀찍이 바라보며 귀족 작가의 범속함에 다소의 안도감마저 느낄지도 모르겠다.

사실 톨스토이 생전에도 이런 비판과 냉소적 시선은 드문 것이 아니었다. 커다란 영지를 소유하고 백작이라는 신분을 유지하고 있는 톨스토이가 말만 꺼내면 농민과 민중이요, 도덕적 종교적 훈시였으니 듣는 사람들로서는 위선적이고 가식적으로 여겨져 거북함을 느끼는 것도 결코 무리가 아니었으리라. 이런 이유로 이후에도 많은 사람들은 톨스토이를 평가절하고 그 실체를 폭로하려는 열정에 사로잡혔다. 오늘날에도 적지 않은 전기는 톨스토이의 위대한 생애를 다루면서 이런 모순적 측면을 드러내기 좋아한다. 물론 그것이 사실에 근거한 것으로 톨스토이에 대한 정당한 이해를 도모하는 것이라면 이의를 달 수 없을 것이다. 그러나 때로 이런 폭로적 경향은 톨스토이의 삶과 문학, 사상이 우리에게 요구하는 어떤 부담감 같은 것을 벗어나려는 숨겨진 욕망의 표현이기도 하다. 톨스토이의 위대함 그 자체를 파고들어 이해하는 것보다 그를 범속함의 영역으로 끌어내리는 일이 더 쉽고 편하기 때문이다. 하지만 톨스토이 기념관에서 그의 생애와 문학, 사회적 실천에 관해 하나씩 살펴보면서 이런 사념은 조금이나마 진정될 것이다. 그리고 박물관을 나와 뒤편 숲으로 들어가 톨스토이의 무덤을 참배하게 되면 야스나야폴랴나의 첫 인상은 충분히 지워져 있을 것이다.

톨스토이가 자주 거닐던 산책길은 하늘이 보이지 않을 정도로 울창하고 커다란 나무 숲 사이로 길고 구불구불하게 이어지며, 숲이 거의 끝나가는 지점쯤에 가면 산책길 옆쪽 숲 속에 톨스토이 무덤이 나타난다. 조그만 관에 그대로 흙을 덮어 만든 조그만 풀 무덤이다. 아무런 기념비도, 비문도 없이 잡풀에 덮인 흙더미가 위대한 문호이자 사상가였던 톨스토이의 무덤이라는 사실은 참배객들이 가져다놓은 소박한 꽃다발들이 말해주고 있을 뿐이다. 톨스토이는 자신의 장례식에 그 어떤 화려한 장식도, 공식적인 추도사도, 종교적인 추모행사도 원하지 않았다. 그저 평범한 한 농민의 죽음과 같이 장례를 치러달라고 유언했던 것이다. 그의 소박한 관은 농민들 손에 넘겨져 어린 시절 톨스토이가 영원히 선과 우애의 삶을 살아가자고 형들과 함께 맹세하고 푸른 지팡이를 심어놓았다는 그 자리에 지금과 같은 모양으로 누워 있다. 그의 무덤은 떡갈나무와 갈참나무 숲 속에서 여전히 푸르다. 야스나야폴랴나를 돌아나올 때면 처음과 달리 우리는 톨스토이에 대해, 그의 삶과 문학에 대해 신선한 의문과 경의를 품게 된다.

톨스토이가 태어나고 성장한 시기는 러시아 사회의 근대화가 격렬하게 진행되는 시기였다. 이 시기에 러시아 사회는 사회, 정치, 경제, 문화적 격변을 겪으면서 근대적 발전과 위기를 동시에 겪고 있었다. 기존의 귀족적 세계관은 발밑에서부터 그 토대가 흔들리며 무너져내리고 있었지만 새로운 세계관과 가치관은 미처 정립되지 않은 상

24

태였다. 특히 이 시기는 신학적 세계관은 여전히 잔존하고 있으나 실제 생활의 세속성은 팽창되어가는 시기로서, 인간의 내면세계는 여전히 확고한 신을 갈구하는 추억에 젖어 있으나 외적 세계는 신의 이상을 실현하는 것과는 거리가 먼 그런 시기였다.

톨스토이는 세속적 교회가 아니라 신과 함께하는 민중적 삶 자체에서 인간의 올바른 삶을 보고자 했다. 그리고 그 스스로 그러한 삶의 실천을 통해 구원을 얻고자 했다. 그러나 그러한 노력이 근대사회의 세속성과 무의미성을 극복하는 보편적인 대안이 되기 어렵다는 것을 톨스토이 자신도 쓰라리게 감지하지 않을 수 없었다. 그럼에도 불구하고 톨스토이는 지극한 선의 추구, 진정한 인간의 삶에 대한 모색을 결코 포기할 수 없었다. 이런 점에서 톨스토이는 근대사회의 입구에서 근대성을 가장 철저하게 구현하고 있으면서 그 경계에서 근대성을 고뇌하는 예술가다. 그가 살아간 삶의 형식은 러시아 사회의 특수성과 톨스토이 개인의 특수성에 의거할 뿐만 아니라 근대의 보편적 삶의 형식과도 깊게 연루되어 있는 것이다. 그렇기 때문에 톨스토이 문학작품과 사상체계, 실천적 삶 등은 여전히 경탄의 대상이지만, 톨스토이의 삶과 문학에서 무엇보다 먼저 우리의 눈길을 사로잡는 것은 삶을 바라보는 톨스토이의 시선 그 자체다. 신화적으로 여겨질 만큼 철저하고 완벽한 삶을 추구했던 톨스토이, 그리고 모순적으로 보일 만큼 내면의 고뇌를 동시에 표출하고 있는 톨스토이, 톨스토이의 이런 양면성은 삶에 대해 끊임없이 묻고 생각하는 과정 그 자체로부터 파생되는 필연적인 양상이다.

톨스토이를 새롭게 바라보고 읽는다는 것은 백여 년 전의 러시아 속에 갇혀버리는 것이 아니라, 오늘날 우리의 삶과 삶에 대한 사고와의 대화로 나아가는 것을 의미한다. 그러한 대화는 만일 톨스토이가 오늘날을 살아간다면 어떻게 삶을 살아가고 있을까라는 유쾌하고 도전적인 상상이다.

톨스토이의 삶을 돌아보면 그 위대함에 경의를 표하기에 앞서 삶에 대한 그의 태도가 먼저 절절하게 가슴에 와 닿는다. 삶 자체에 열정적으로 몰입해 살기, 그리고 그런 삶에 대해 다시 철저하게 분석하고 반성하기, 그리고 다시 그 삶 자체를 넘어 다른 삶을 향한 맹렬한 꿈꾸기가 톨스토이가 보여준 인생론의 핵심이라고 말할 수 있겠다.

톨스토이는 정말 맹렬하게 삶에 집중했다. 자신에게 주어진 개인적, 사회적, 역사적 조건 속에서 누구보다 열심히 인생을 살아갔던 것이다. 몰입적인 삶이란 삶에 대해

26

회의나 망설임 없이 앞으로 나아가는 삶, 주어진 생명의 능력을 마음껏 발현하는 삶을 의미한다. 이런 삶은 때로 영웅적이지만 때로 맹목적이다.

삶에 대한 철저한 긍정(혹은 순응)과 몰입의 태도는 그의 삶을 하나의 신화로 보이게 만들었다. 톨스토이가 종교적, 도덕적 이상에 충실하고자 자신의 삶을 얼마나 완벽하게 규율하려고 노력했는지는 너무나 잘 알려진 바다. 그는 스스로 농민과 동일하게 노동하고 생활했으며, 전 세계 형제애를 지향했고, 세계와 신과 인간이 하나가 되는 세계를 믿었을 뿐만 아니라 그 세계를 향해 거침없이 돌진해갔다. 문학작품과 사상서, 논문, 편지, 일기 등등 인류 역사상 그 유례를 다시 찾기 힘들 정도로 방대한 저술의 규모는 맹렬하고 몰입적인 톨스토이의 삶을 여실히 증명한다. 후기에 러시아 현실정치에 대한 거침없는 비판과 전쟁 반대, 징집 반대, 사형제도 반대 등과 같은 톨스토이주의 역시 그와 같은 맹렬한 몰입적 삶의 결과이자 동기인 셈이다. 바로 이런 점들이 톨스토이를 이상과 현실의 일치를 위해 노력한 인신人神과도 같은 형상으로 만들어주었다고 말할 수 있다.

다른 한편 톨스토이에게는 삶에 대한 반성적 사고, 즉 삶 자체를 되돌아보고 거듭 그것을 부정하는 사고가 강력하게 작동하고 있다. 톨스토이에게 인생의 의미에 대해 생각하지 않는 삶은 일종의 '짐승의 생애'와도 같았다. 톨스토이는 인생 자체도 열심히 살았지만 그보다 더 열심히, 집요하게, 열정적으로, 지속적으로 그 인생에 대해 생각했던 것이다. 그 결과 톨스토이는 인간이란 무엇인가, 삶과 죽음이란 무엇인가에 대해 끝없이 되묻고 회의하며 자신에게 주어진 삶을 거듭 부정하고 비판적으로 분석한다.

톨스토이의 삶에 대한 분석과 반성은 인간의 존재적 불안과 무의미, 모순성에 대한 성찰로 나아가면서 또 다른 삶에 대한 꿈꾸기로 나아간다. 하나의 의미로 완결될 수 없는 삶에 대한 존재적 불안감은 톨스토이를 평생 괴롭혔다. 삶의 여러 단계에서 지속적으로 찾아오는 공포는 깨져가는 얼음 위에서 앞으로 더 빨리 달려가야만 하는 사람의 공포와 불안 같은 것이었다. 이러한 불안과 공포를 극복하기 위해 톨스토이는 성경을 열독하고 기도에도 정성을 기울이지만 결코 이를 극복할 수 없었다. 결국 그것은 50대의 톨스토이에게 정신적 위기를 가져오고 그는 『고백』을 통해 자신의 삶의 대전환을 시도한다.

삶에 대한 톨스토이의 이러한 비극적인 의식은 삶의 완전성을 구축하기 위한 몰입적 삶과는 달리 삶 자체의 모순성과 비완결성을 응시하게 만들었다. 그것은 있는 그대로의 삶, 자신이 어찌할 수 없는 인간의 삶의 비극성을 인정하지 않을 수 없는 불안과 고독 같은 것이다. 그런 생각은 톨스토이로 하여금 기존의 질서와 기득권을 비판하며 늘 다른 세계와 다른 가치를 꿈꾸게 만들었다. 그는 자신이 살고 있는 사원의 기둥을 무너뜨리는 삼손과도 같은 존재였다. 톨스토이가 평생토록 끝없이 자신의 가족과 집을 떠나고자 했던 점, 결국 삶의 마지막 순간에 집을 나와 시골의 간이역에서 죽음을 맞이했다는 사실 이면에는 바로 그런 사고가 깊이 작용하고 있다.

오늘날 우리는 삶에 대해 의문을 던지는 일이 점점 줄어들고 있다. '인생이란 무엇인가, 나는 무엇을 위해 사는가'라는 질문보다 살아가는 일 자체에 더욱 매몰되어 있는 것이다. 디지털정보문화혁명의 시대, 자본의 전일적 지배가 강화된 글로벌화 시대에 우리는 수동적으로 생명을 유지하고 그 유지하는 활동에 가장 많은 생명력을 투자해야만 한다. 일상적인 삶을 유지하고 구성하는 데 필요한 일들이, 처리해야 할 정보와 기술이 얼마나 많은가. 이제 '삶이 무엇인가'라는 질문보다 '어떻게 삶을 유지하고 구성할 것인가'라는 질문만이 중요하고 그저 열심히 맹목적으로 삶에 투신하는 것만이 가장 뛰어난 삶처럼 여겨진다. 이런 상황에서 삶은 주어진 조건과 상황 속에서 소비해야 할 하나의 소비품이 된 것만 같다.

엄청난 속도의 문명 속에서 삶 자체에 대해 거듭 새롭게 생각해야 한다는 것은 21세기 인문학의 가장 중요한 과제 중 하나이며, 톨스토이의 삶과 문학의 현재적 의의역시 바로 그러한 맥락 속에서 더욱 특별한 의미를 지닌다. 삶에 대한 톨스토이의 끊임없는 생각은 그의 삶을 당대의 조건과 상황에 몰입하게 했을 뿐만 아니라, 그 삶의 형식과 본질에 대한 끝없는 자기분석과 반성, 그리고 그 너머에 대한, 즉 근대를 넘어선 근대(혹은 현대라고 말할 수도 있겠다)를 향한 예술적 상상(혹은 예술가의 불안의 신호라고 말할 수도 있겠다)으로 나아가도록 만들었다.

어쩔 수 없이 도구적 삶으로 점점 기울어가는 인간의 삶에 대한 치열한 반성과 성찰이 더욱 요구되는 오늘날, 새롭게 톨스토이를 수용하고 이해한다는 것은 완성된 사상체계와 문학적 성과로서의 수동적인 수용을 넘어 삶에 대한 톨스토이의 사유 과정, 그 자체에 대한 능동적이고 참여적인 수용을 의미하는 것이어야 한다. 그것은 깨져가는 얼음 위를 달려야 하는 운명에 있다 하더라도 그 운명에 대해 끊임없이 생각하는 삶, 그리고 그 생각과 현실 삶과의 투쟁적 일치를 위해서 분투노력하는 삶, 그리고 투쟁적 일치 과정의 정상에서 또 그 너머를 바라보고자 끊임없이 삶에 대해 생각했던 톨스토이의 삶이 백년을 가로질러 지금 우리의 삶으로 부활하는 과정일 것이다.

1부
삶과 죽음

3부
생각과 행동

1부

삶과 죽음

톨스토이는 인생 자체도 열심히 살았지만 그보다 더 열심히, 집요하게, 열정적으로, 지속적으로 그 인생에 대해 '생각'했다. 이러한 삶 자체에 대한 사고는 톨스토이의 문학과 삶 전체를 삶이란 무엇인가, 어떻게 살아야 하는가에 대한 '생각 그 자체'로 볼 수 있게 한다. 그의 일기와 비망록, 서신은 물론이고 많은 문학작품들도 그 근본 주제는 바로 삶 자체에 대한 문제의식이었다고 보아도 무방하다. 인생의 의미에 대한 '생각'이 없는 삶은 톨스토이에게 '짐승의 생애'와도 같았다.

참된 삶의 의미는
무엇인가
?

'더 나은 삶'은 진실에 담금질된
단순하고 근면한 삶

'고슴도치'의 신념으로
'여우'처럼 낯설게 살기

'더 나은 삶'은 진실에 담금질된
단순하고 근면한 삶

—김성일

'담백함과 진실함의 정신'으로 살 것

그런 후 그는 입을 다물고 울음을 그쳤다. 숨도 멈추고 정
신을 집중시켰다. 그는 소리를 통해 전달되는 목소리가 아
니라 영혼의 목소리, 그의 내면에서 솟아나는 상념의 진
행 방향에 귀를 기울이는 것 같았다. "필요한 게 도대체 뭐
야?" 그가 들은, 말로 표현될 수 있는 분명한 첫 번째 개념
이었다. "필요한 게 뭐야? 필요한 게 도대체 뭐야?" 그는
되뇌었다. "도대체 뭐냐고? 시달리지 않는 것. 사는 것." 그
는 스스로 답했다. (『이반 일리치의 죽음』[2])

죽음을 바라보는 톨스토이의 시선은 반대로 삶에 대한
성실하고 도덕적인 모습으로 반영되어 나타난다. 이것은

문학작품에 나타나는 이미지라기보다는 스스로가 만들어가는 모습이라고 볼 수 있다. 톨스토이에게서 산다는 것은 죽음을 극복하고 밝고 유쾌한 삶의 시간으로 되돌아간다는 의미는 아니다. 그에게 죽음의 문제는 삶의 문제로 이어져 있으며, 삶을 살아가는 지표로 작용한다. 산다는 것은 쇼펜하우어의 말처럼 고통이며, 삶의 끝은 죽음인 것이다. 도스토옙스키처럼 죽음 이후 영혼의 부활과 종교적 귀의로 구원의 삶을 사는 것이 아니라, 살아 있는 동안 올바르고 선하게, 나아가 도덕적으로 자신의 몸과 마음을 다스리자는 것이 톨스토이가 삶을 이해하는 본질이라고 할 수 있다.

톨스토이의 인생에서 이와 같이 '산다는 것'의 의미가 변한 것은 '회심回心', 즉 '정신적 위기'를 겪은 이후의 일로 그의 삶은 그 전과 후로 나눌 수 있다. 1879년에 쓰기 시작해서 '살아 있는 기쁨'을 기만으로 단죄한 『참회록』(1882년 제네바에서 간행)은 톨스토이 '회심'의 극적 표현인데, 이 이후 그에게서는 도덕가적인 면이 강하게 나타나기 시작했다.

톨스토이의 생애를 전반적으로 살펴보면 농부로 살고 싶어 하는 그의 욕구가 중년기와 노년기의 주요 특징이며 그의 종교적, 탈문학적 사상의 주류를 이룬다고 생각하는 경향이 있다. 그의 내면에는 루소의 사상을 바탕으로 농부처럼 단순한 삶을 살려는 열망이 크게 작용했다. 그의 소설 『안나 카레니나』에 등장하는 레빈과, 『전쟁과 평화』에 나오는 플라톤 카라타예프의 삶의 모습은 톨스토이가 살고 싶은 이미지라고 할 수 있다.

원래 카라타예프는 작품의 마무리 단계에서 구상된 인물이었다. 소설 속에서 그는 스물한 살 나이로 징집되어 30년을, 최소한 25년 이상을 군에 복무하고 있었다. 말하자면 그는 1780년대부터 군복무를 하고 있었다. 전투 경험이 많은 노병이었던 것이다. 하지만 톨스토이에게 카라타예프는 군인이 아닌 농민이었다. 카라타예프는 포로가 된 농민이고 피에르는 포로가 된 귀족이다. 포로가 되면서 카라타예프는 농촌의 가부장적 환경으로 돌아오게 된다. 카라타예프는 병사로서 짊어진 모든 것을 기꺼이 내던져버리고 "자기도 모르게 이전 농민의 모습으로, 민중적 모습으로 되돌아갔다." 그의 말에는 군인다운 점이 없었다. 톨스토이는 다음과 같이 말한다.

그가 하는 말의 중요한 특징은 그 단순함과 적절함에 있었다. 그는 자기가 말한 것이나 말하려는 것에 대해 절대로 어떤 생각도 하지 않는 것 같았다. 그래서인지 그의 빠르고 정확한 어조에는 특별한, 거역할 수 없는 설득력 같은 것이 담겨 있었다. (『전쟁과 평화』[3])

카라타예프에게는 독특한 "담백함과 진실함의 정신"이 들어 있다. 톨스토이는 피에르의 생각을 통해서 카라타예프의 모습 속에 야스나야폴랴나의 농민 아이들의 순수함을 투영시킨다. 피에르의 꿈에서 현실의 사건과 꿈들이 서로 연결되어 나타난다.

삶이 모든 것이다. 삶이 바로 신이다. 모든 것은 변하고 유동한다. 이 움직임이 신이다. 삶이 존재하는 한 신성을 자각하는 즐거움도 존재한다. 삶을 사랑하는 것은 신을 사랑하는 것이다. 수난을 당하면서, 죄 없는 수난을 당하면서 이 삶을 사랑하는 것은 무엇보다 힘들지만 무엇보다 행복한 일이다.
'카라타예프!' 피에르는 문득 그를 생각했다.
그러자 오래전에 잊고 있던, 스위스에서 피에르에게 지리를 가르쳤던 온화한 노교사의 모습이 갑자기 피에르의 마음속에 생생하게 떠올랐다. "잠깐만", 노교사는 그렇게 말했다. 그리고 피에르를 바라보며 지구의를 가리켰다. 지구의는 일정한 형태를 갖지 않은 살아서 흔들거리는 구였다.

서로 다닥다닥 붙어 있는 물방울들이 이 구의 표면을 이루고 있었다. 이 물방울들은 계속해서 이리저리 움직이다가 여러 방울이 하나로 합쳐지거나 하나가 여러 개로 갈라지기도 했다. 각각의 물방울은 어떻게든 넓은 공간을 차지하려고 자신을 넓게 펼치려고 애를 썼지만 다른 물방울들도 역시 마찬가지여서 각각의 물방울은 다른 물방울에 흡수되어 없어지거나 다른 물방울을 흡수해들이거나 했다.

"삶이란 바로 이런 것이지." 노교사는 이렇게 말했다. (『전쟁과 평화』)

자연 속 자기존재의 중심점에서 휴식을 찾다

카라타예프와 유사한 인물을 소설 『카자크인들』에서도 찾을 수 있다. 나이 든 카자크 예로슈카가 그 인물이다. 그는 어떤 면에서 카라타예프의 선구자다. 그는 이 소설의 주인공 올레닌과 보다 가까운 인물로 제시된다. 올레닌은 그를 통해 가까운 이웃에 대한 톨스토이의 보편적인 사랑의 사상을 처음 듣게 된다.

"그런데 내 생각에는, 비록 자네는 군인이긴 하지만 역시 인간이고 마음속에 영혼을 가지고 있다네. (…) 나는 유쾌한 사람이고 난 모두를 사랑하네." (『카자크인들』[4])

예로슈카는 내적 가치를 소유한 자연에 가장 가까운 사람이며, 이른바 톨스토이 관점에 가장 충실한 민중 이미지의 근본적인 표현자다. 그의 세계관의 토대는 인간을 무엇보다도 그것의 법칙이 퍼져 있는 자연계의 일부로 지각하는 것이다.

"짐승을 예로 들어볼까. 동물은 타타르의 갈대밭에도 살고 우리 갈대밭에서도 살아. 가는 곳이 바로 집이야. 하나님은 모든 것을 인간이 기쁘게 누리라고 만드셨어."(『카자크인들』)

절대적 가치의 세계관을 가진 예로슈카는 나방과 인간에게서 의미상으로 동일한 삶의 불꽃을 보면서 모든 살아있는 것을 동정한다.

"불에 탄단 말이다, 바보야, 이쪽으로 날아라, 자리는 많아." 두꺼운 손가락으로 조심스럽게 날개를 잡아 놓아주려고 하면서 그가 부드러운 목소리로 말했다. "제 몸을 죽이는구나. 나는 네가 불쌍타."(『카자크인들』)

이러한 철학의 담지자가 수많은 전투를 겪었음에도 활

기차게 살면서, 비록 고령일지라도 힘과 용감함을 유지하는 것은 분명 우연이 아니다. "자연이 첫 번째이고 인간은 두 번째이며 인간은 자연의 법칙에 따라 살아야만 하며 자신의 방식으로 그것을 개조하지 말아야 한다"고 하는 예로슈카의 한마디는 철학적일 정도의 비유적 표현을 보여준다. 이처럼 예로슈카는 통일성의 이상과 인간적 삶의 가치, 균형과 정당성의 법칙의 지배에 대한 신봉자다. 이 늙은 카자크인의 일련의 행동들은 민중들의 자연적 삶과의 융합의 전형적인 예인 것이다.

『카자크인들』의 주인공 올레닌은 예로슈카의 섭리의 조화와 개인적 선의 비전과 마주한다. 숲으로 홀로 사냥을 나온 그는 이유 없는 행복과 그가 옛 어린 시절 습관에 의해 스스로를 축복하고 누군가에게 감사를 하는 모든 것에 대한 이상한 사랑의 감정에 압도된다. 자연과 합일해 단둘만 남아 있는 상황에서 자신을 더 깊이 성찰하기 위해서 올레닌은 육체적 불편함에 동반하는 자연스러운 혐오감을 잊어야만 했다. 아마도 이것이 바로 사람들로 하여금 자연으로부터 분리되도록 만드는 가장 큰 요인일 것이다. 올레닌은 밀림의 숨 막힐 것 같은 대기 속에, 특히 "모기떼로 가득한 대기 속에" 몸을 내맡겨야 했는데, 그 끔찍하게 많은 모기떼들이 그를 마을로 다시 되돌아가게 만들 뻔했지만 그는 모기들이 무는 것을 극복해냈다. 아니, 사실상 그가 그 고통을 받아들임으로써 사냥에 대한 그 특유의 애정을 정당화하는 자연의 법칙도 함께 받아들인 것이다.

자연 속에서 생명체들의 삶은 그들 각자의 개성과는 관계없이 서로 뒤섞이고 뒤얽힌다. 마치 사슴이 사는 굴 옆의 나무들을 야생 포도넝쿨이 온통 타고 올라가듯이. 그들은 서로서로 먹고 또 먹힌다. 모기들이 올레닌의 피를 빨아먹고, 그는 꿩을 사냥한다. 그리고 다른 꿩들은, 그의 상상으로 살펴볼 때, "죽은 동료들의 냄새를 맡을 것이다." 그러나 꿩들은 동료들의 죽음 때문에 고통스러워하지는 않는다.

톨스토이가 소설 『카자크인들』에서 가장 가혹한 자연의 법칙이라고 평가될 수 있는 것을 완전히 인정하고 받아들이고 있는 데 반해, 인간 사회에서, 예를 들면 장편소설 『전쟁과 평화』에서 작용하고 있는 동일한 약육강식의 법칙을 비판하는 것을 비교해보는 일은 매우 흥미롭다. 문명화된 상류사회에서와 마찬가지로 자연에서도 인간들은 배타적으로 자신만을 위해 살아간다. 숲 속 사슴굴 속에 누워 있는 올레닌은 자신을 다음과 같이 생각한다.

'다른 모든 사람들과는 달리 특별한 드미트리 올레닌'이라는 생각이 든다. 이러한 상황들은 다음 사실에 의해서만 확인할 수 있는데, 인간 사회에서 사람들은 자신의 커져가는 욕망을 만족시키기 위해 불법적으로 서로서로를 사냥한다. 그리고 동일한 그 욕망이 사람들로 하여금 타인의 합법적인 요구를 짓밟도록 강요한다는 점이다. 사슴굴 속에 누워 있는 올레닌의 열망은, 역설적이게도 적나라하고 동물적인 이기주의가 다른 존재들을 이해하기 위한 근거가 되는 최소한의 지점까지 축소된다는 사실이다. 그들, 이 단순한 존재들, 꿩이나 그를 쫓는 모기들조차도, 그들 하나하나는 '다른 모든 존재들과는 다른, 역시 특별한 드미트리 올레닌인 것이다, 바로 나처럼.' (『카자크인들』)

이제는 올레닌이 상상 속에서 자신을 모기의 위치에 놓고 모기의 관점에서 자신을 바라보는 것은 쉽다. 모기를 또 다른 '드미트리 올레닌'으로 받아들인 후, 그는 이러한 생각을 뒤집어 다음과 같이 느낄 수 있게 된다.

자신이 결코 러시아의 귀족이 아니고 모스크바 사교계의 일원도 아니며 누구누구의 친구이자 친척도 아니라는 것, 그 역시 지금 그의 주변에 살고 있는 바로 그 모기, 바로 그 꿩 아니면 사슴과 똑같은 존재에 지나지 않는다는 것.
(『카자크인들』)

이렇게 해서 그는 예로슈카 아저씨의 의식 속으로, 늙은 카자크인의 절제와 동정의 윤리의 원천 속으로 동화해 들어간다. 그것은 모든 육체적인 존재의 동족성과 필멸성을 이해하는 것이다.

"그들처럼, 예로슈카 아저씨처럼, 나도 살다 죽을 거야. 그래, 그가 진실을 말한 거야. 그저 풀이 자라날 뿐이지."
(『카자크인들』)

사슴굴 속에서 올레닌은 자연으로 돌아간다. 이제 고유한 의지를 가지고 있는 의식적이고 능동적인 '나'가 등장한다. '나'는 자신의 열망에 대해서 피력한다. "나는 한 가지만을 원해. 바로 행복이야." '나'는 진정한 행복을 어떻게 이룰 수 있는가를 곰곰이 생각한다. 그가 통과한 아래로 가는 길 ─ 자기 존재의 적나라한 본질에 대한 이해로의 길 ─ 이 과장된 열정의 무모함을 그에게 열어 보였고 바로 그 일이 올레닌에게 일어났다. 그래서 그는 이 발견을 향해 나아가는 자신의 길을 이해할 능력을 얻게 된다.

48

'풀이 자랄 뿐이니 뭐 어떻다는 건가?' 그는 계속 생각했다. '모든 사람은 어쨌든 살아야 하고 행복해져야 한다. 왜냐하면 나는 오직 한 가지, 행복만을 바라기 때문이다. 내가 무엇이든 마찬가지다. 죽으면 풀이 자라나는 다른 모든 것처럼 짐승에 불과할 뿐 다른 아무것도 아니라 해도, 혹은 내가 단일한 신의 일부가 끼워 넣어진 액자라고 해도, 어쨌든 가장 나은 방식으로 살지 않으면 안 된다. 행복해지려면 어떻게 살아야 하며, 이전에 나는 무엇 때문에 행복하지 않았던 걸까?' (『카자크인들』)

자연의 심장부에서 그리고 자연 속 자기존재의 중심점에서 휴식을 찾으면서 올레닌은 자신의 미래 삶의 방향을 정하는데 그것은 행복의 열망을 충족시키고 모든 자연적 존재의 주요한 열망을 만족시킨다는 것이다.

'단순하고 근면한' 민중인, 농사꾼, 농부의 삶

이러한 참된 삶의 깨달음을 톨스토이는 『전쟁과 평화』의 주인공 안드레이 볼콘스키 공작을 통해서도 보여주고 있다. 안드레이 공작은 소설 초반에 또 다른 주인공 피에르 베주호프 백작과 마찬가지로 나폴레옹에게 매혹된다. 나폴레옹 숭배 속에서 자신의 존엄과 영광에 대한 그의 꿈이 표현되며 그의 불멸의 야망과 완전히 이기주의적인 개인주의, 그리고 주변에 대한 관심의 결핍 등이 표현된다. 그의 이러한 세계관은 보로지노 전투에서 파괴되고 에필로그에서의 행복한 가족의 삶에 의해 결정적으로 와해된다. 안드레이 공작은 언제나 이기주의, 자기애의 순간과 정신적 계몽, 사랑의 순간 사이에서 방황한다.

아우스쩨를리쯔 전투의 비관적 순간에 프랑스군 대대를 공격하도록 한 안드레이 볼콘스키의 위업은 군인적 용감함과 영웅적 당당함으로 가득 차 있다. 안드레이 공작은 이 전투에서 치명적인 부상을 입는다. 땅바닥에 쓰러진 그는 갑자기 자기 위에 끝없이 펼쳐진, 회색 구름이 흘러가는 높은 하늘을 보게 되며 이때 처음으로 자신의 '나폴레옹'적 야망의 부질없음을 의식하게 된다.

'어쩌면 이렇게도 조용하고, 평온하고, 엄숙할까. 내가 달리고 있었던 때와는 전혀 딴판이 아닌가?' 하고 안드레이 공작은 생각하였다. '우리들이 뛰기도 하고, 외치기도 하고, 싸우기도 하던 것과는 전혀 판이하다. 그 프랑스병과 포수가 적의에 불타고 공포에 질린 낯으로 서로 세간을 잡아당기고 있었던 것과는 전혀 다르다. 이 드높고 끝없는 하늘을 흘러가고 있는 구름은 전혀 다르다. 어째서 나는 여태까지 이 높은 하늘을 보지 못했을까? 그러나 이제 간신히 그것을 깨달은 나는 얼마나 행복한가! 그렇다! 이 끝없는 하늘 이외의 것은 모두 허무하다. 모든 것이 기만이다. 이 하늘 이외에는 아무것, 아무것도 없다. 그러나 그 하늘마저도 없어졌다. 정적과 평안 이외에는 아무것도 없다. 아 훌륭하다!'(『전쟁과 평화』)

"잴 수 없이 높은" 하늘의 형상은 그것의 조용함과 고요함, 장엄함과 함께 소설의 모든 전쟁 장면을 넘어 평화와 전쟁의 모티프들의 항쟁의 복잡한 시스템으로 삽입된다. 이 작품의 주요한 사상 중의 하나는 전쟁, 영웅주의, 군인의 특별한 사명에 대한 안드레이 공작의 환멸과 회심回心이다. 만일 전에 그가 공훈을 세우고 군대를 구원하는 것을 꿈꿨다면 이제 그는 전쟁은 나의 집이 부서지고 모스크바를 파괴하기 위해서만, 그때만이 가능한 무서운 필연성이라는 생각에 도달하게 된다. 그는 군인 집단은 무위도식, 잔혹함, 방탕함으로 특징지어진다는 것을 이해한다. 따라서 안드레이의 마지막은 당연하다. 죽기 직전 그는 생각한다. "'이게 정말 죽음이라는 걸까?' (…) '나는 죽으면 안 된다. 죽고 싶지 않다. 나는 삶을 사랑하고 있다. 그리고 이 풀과 흙과 공기를 사랑하고 있다.'" 그래서 우리가 그의 임종의 질문을 읽을 때 애석함의 뜨거운 감정이 우리를 감싸게 된다. "왜 나는 이 세상의 삶에서 떠나기를 그토록 안타까워했던가?"

이후 전사자로 간주되었던 안드레이 공작은 완전히 다른 사람이 되어 집으로 돌아온다. 그때 그의 아내는 아들 니콜라이만을 그에게 남겨놓고 죽는다. 모든 진실성에도 불구하고 아내 앞에서 자신의 죄를 속죄하고자 하는 그의 행동은 헛된 것으로 남겨지게 된다. 그는 가족의 행복이 가정 그 자체 속에 있음을 나중에야 깨닫게 된다. 그러나 나타샤와의 사랑도 그의 죽음으로 결실을 맺지 못하게 되며, 가족의 행복은 끝내 안드레이에게 주어지지 않는다. 비록 그의 삶이 비극적인 결말로 끝나지만, 톨스토이는 그의 회심을 통해 참된 삶의 의미가 무엇인지를 다시 한 번 환기시켜준다.

톨스토이가 생각하는 참된 삶의 의미는 단편 『사람은 무엇으로 사는가』 속에서도 잘 드러나고 있다. 이 작품은 하늘의 천사 '미하일'이 하나님의 명령에 의심을 품고 그것을 이행하지 않아 인간세계에서 '세묜'이라는 구두장이와 함께 살며 하나님이 던진 질문 - 사람의 마음속에는 무엇이 있는가? 사람에게 주어지지 않은 것은 무엇인가? 사람은 무엇으로 사는가? - 에 대한 답을 찾고 다시 승천

한다는 이야기다. 첫째, '사람의 마음속에는 무엇이 있는가?'라는 질문의 답을 미하일은 추위와 굶주림에 떨던 자신을 보살펴준 세묜과 마트료나 부부 안에서 찾게 된다. 그 답은 바로 '사랑'이었다.

둘째, '사람에게 주어지지 않은 것은 무엇인가?'라는 질문의 답은 세묜의 구둣방에 부자가 찾아왔을 때 알게 된다. 그 부자는 1년이 지나도 해어지지 않고 실밥이 터지지 않는 장화를 주문했지만, 그에게 정작 필요한 것은 죽을 때 신을 슬리퍼였다. 그는 돌아가는 길에 마차 안에서 죽게 되어 있기 때문이다. 미하일은 거기서 사람에게 주어지지 않은 것은 '자신에게 진정 필요한 것이 무엇인지 알 수 있는 지혜'라는 것을 깨닫는다.

셋째, '사람은 무엇으로 사는가?'라는 질문이다. 6년 뒤 그 집을 찾아온 착한 부인의 일화에서 미하일은 그 답을 깨닫는다. 미하일은 그 6년 전, 쌍둥이 딸을 낳은 한 여자의 목숨을 거두어오라는 하나님의 명을 받고 영혼을 거두러 갔다. 하지만 그 여자는 가련한 목소리로 애원했고, 미하일은 처음 한 번 그 여자의 청을 듣고 차마 목숨을 거두지 못했다. 하나님께선 다시 한 번 가서 영혼을 데려오기를 권했으며, 미하일은 끝내 그 여자의 목숨을 거두었다. 미하일은 그때 그 여자가 죽으면 남은 두 여자아이를 키워줄 사람이 없다고 생각했다. 하지만 미하일이 데려간 그 여자의 쌍둥이 두 딸을 한 착한 부인이 애지중지하며 키워주고 있었다. 미하일은 마지막 답을 깨달았다. 그 답은 "사람은 자신의 계획과 고민과 생각으로 사는 것이 아니라 누군가 그 사람을 사랑해주는 사람이 있어 그 사랑으로 산다"는 것이었다. 미하일은 세 가지 답을 깨닫고는 하늘로 올라가고 만다.

톨스토이가 생각한 참된 삶은 언제나 농민의 삶과 연관되어 있다. 1862년 톨스토이는 루소가 언급한 "어린이에게는 완벽하고 순수한 인간의 요소가 존재한다"는 말이 옳다고 생각했다. 자유로운 인간에 대해 꿈꾸면서 톨스토이는 폭력에 의해 아직 일그러지지 않은 농민 아이들에게서 그런 인간을 보았다. 그가 보기에 농민의 세계는 최초의 형태를 파괴시키지 않고 자유롭게 성장하는 생명력의 결합이었다.

실제로 톨스토이는 자기 영지의 농노들에게도 친화적이었다. 1856년 3월, 알렉산더 2세는 크림전쟁의 종료를 알리며 가까운 시일 내에 전면적으로 농노를 해방하겠다고 선언했다. 이에 대부분의 귀족들은 반발했으나 톨스토이는 자기 영지의 농노들을 해방하려는 구체적인 계획을 세우고 가족들의 반대에도 불구하고 몇 가지 방안을 마련한다. 우선 지금까지 농민들이 해오고 있는 부역을 그만두게 하고 대신 1년에 30루블의 토지세를 내게 하고, 25년이 지난 뒤에 각자에게 적당한 땅을 나누어준다는 것이다. 하지만 이런 그의 계획을 농노들은 달가워하지 않았다고 한다.

농부와 가깝게 지내고 그들의 단순한 삶을 닮아가려는 의지는 톨스토이에게서 '단순화 또는 간소화'로 나타난다. 이것은 현대문명의 이기를 대부분 거부하며 간결한 농민적 생활을 사는 것이다. 이와 같은 선택은 윤리적, 종교적, 환경적인 요인 등에 따른 것이다. 단순화는 톨스토이주의 추종자들이 금욕주의라고 부르지 않기 때문에 금욕주의와는 구별된다. 한마디로 이와 같은 삶의 형태는 톨스토이 가르침의 결과라고 할 수 있다. 톨스토이는 더 나은 삶이 '단순하고 근면한' 민중인, 농사꾼, 농부의 삶이라고 생각했다.

'고슴도치'의 신념으로
'여우'처럼 낯설게 살기
— 이강은

산다는 것은 몰입이자 반성이다

톨스토이는 매우 정력적이며 맹렬하게 인생을 살아간 인물이다. 그는 자신에게 주어진 개인적, 사회적, 역사적 조건 속에서 누구보다 열심히 인생을 살아갔다. 한 편지에서 그는 "얼음이 깨지고 있다면 유일하게 살 수 있는 방법은 더 빠르게 걸어가는 것뿐"이라고까지 말한다. 또한 시인 페트에게 보낸 편지에서 삶의 위선성과 일상의 속물성을 비판하면서도 이렇게 편지를 맺는다. "삶을 있는 그대로 믿어라, 바로 그겁니다! 나는 삶을 있는 그대로, 그 속되고 혐오스럽고 위선적 상태 그대로 받아들입니다." 아마도 이런 태도는 『안나 카레니나』의 레빈의 심정과도 같은 것이었을 터다.

그러나 이것은 진실이 아니었을 뿐만 아니라 결코 굴복해서는 안 될 사악하고 역겨운 어떤 힘의 잔혹한 조롱이었다. 이런 힘에서 벗어나야 했다. 벗어나는 것은 각자의 손에 달려 있었다. 이렇게 악에 매여 있는 자신을 끝내야 했다. 그 유일한 수단은 바로 죽음이었다.

그리하여 행복한 가정을 가진 건전한 인물이었던 레빈은 몇 차례 자살을 하려는 생각을 품게 되었다. 그는 목을 매게 될까봐 밧줄을 숨겨놓았고 혹시라도 총으로 자살을 하게 될까봐 총을 가지고 다니기를 두려워했다.

그러나 레빈은 총을 쏘지도 목을 매지도 않았다. 그는 그대로 계속 살아갔다.[5]

톨스토이 역시 끝없이 삶에 절망하면서도 레빈과 마찬가지로 '목을 매지도 않았고', '그대로 계속 살아갔다.' 그는 삶을 비극적이고 위선적인 것으로 인식하면서도 그 삶에 투신하지 않을 수 없다는 점을 자주 강조했다. 그것은 세바스토폴 전투 상황에서 그 자신이 보여준 목숨을 건 용기에서도 잘 나타난다. 「8월의 세바스토폴」에 등장하는 볼로쟈 코젤리초프의 용감한 꿈은 바로 젊은 시절 톨스토이 자신의 것이었다.

나는 쏘고 또 쏜다. 무척 많은 수의 적을 무찌른다. 그러나 그들은 여전히 나에게 돌진해온다. 이젠 더 이상 쏠 수가 없다. 끝났다, 살아날 길이 없다. 그때 갑자기 형이 군도를 휘두르며 달려나온다. 나도 소총을 집어들고 병사들과 함께 내닫는다. 프랑스 놈들이 형에게 달려든다. 내가 달려들어 한 놈을 죽이고 또 한 놈을 죽이고 형을 구한다. 그때 형이 내 옆에서 총탄에 맞고 쓰러진다. 나는 한순간 멈춰 서서 형을 아주 슬프게 바라보다가 다시 몸을 일으켜 외친다. '나를 따르라, 복수다! 세상에서 가장 사랑하는 형을 잃었다. 복수다. 적들을 박살내자, 아니면 우리 모두 목숨을 던지자!' 모두들 몸을 던져 내 뒤를 따른다. (…) 우리는 모두를 격퇴시키지만 마침내 나는 또 한 번, 그리고 또 다시 부상을 당하여 쓰러져 죽어간다. (…) 나는 피로 물든 형의 시체 옆에 나란히 눕힌다. 나는 몸을 조금 일으켜 이렇게 한마디 할 것이다. '당신들은 진정으로 조국을 사랑했던 두 사람을 알아보지 못했다. 이제 그 두 사람이 여기 쓰러졌다.'[6]

죽음의 순간에도 전혀 두려움 없이 주어진 임무를 수행하기 위해 돌진하는 볼로쟈의 용맹함, 바로 그것이 삶에 대한 톨스토이 자신의 태도였다. 톨스토이는 자신에게 주어진 조건과 상황에 밀착된 삶을 투쟁적으로 살아내기 위해 노력했던 것이다.

삶의 의미에 대한 '생각' 없는 삶은 '짐승의 생애'

톨스토이가 종교적, 도덕적 이상에 충실하고자 자신의 삶을 얼마나 완벽하게 규율하려고 노력했는지는 너무나 잘 알려져 있다. 그는 스스로 농민과 동일하게 노동하고 생활했으며 전 세계 형제애를 지향했고, 세계와 신과 인간의 통일된 세계를 신앙처럼 믿었을 뿐만 아니라 그런 세계의 실현을 위해 거침없이 돌진해갔다. 후기에 러시아 현실정치에 대한 거침없는 비판과 전쟁 반대, 징집 반대, 사형제도 반대 등과 같은 톨스토이주의의 핵심 정신은 삶에 대한 이러한 맹렬한 몰입의 태도가 낳은 것이기도 하다. 톨스토이의 이런 삶은 톨스토이로 하여금 새로운 삶의 철학으로 나아가게 만든다.

의지의 자유는 진실하고 영원한 신의 삶에 다름 아니다. 우리는 우리의 삶 자체에서 그러한 삶에 다가갈 수 있다. (…) 이것은 바로 우리를 통해 움직이는 우리들 속의 신이다. 사랑을 방해하는 자신 속의 모든 것을 억누를 때, 그리고 사랑에 몰두할 때 나는 신과 하나가 되며, 바로 그때 나

는 신과 하나가 되어 자유롭다.[7]

톨스토이는 이렇게 현실 삶 속에서 투쟁적으로 살아갔다. 사소한 일상생활에서부터 매우 엄격하게 규칙을 정하고 그에 대한 실천을 빠짐없이 기록하며 반성했다. 이런 몰입의 삶을 영위함에 있어 누구보다 강한 체력과 정신력을 지닌 톨스토이였다. 팔십이 되는 나이에도 평행봉과 철봉을 즐기는가 하면 매일 아침 말을 타고 수십 킬로를 내달리기도 할 정도였다. 이러한 톨스토이의 몰입적 인생관은 현재 주어진 삶과 생명을 가장 큰 행복으로 받아들이고 현재의 삶에 충실하라는 가르침으로 읽을 수 있다. 그는 인생에서 가장 중요한 때는 언제이며 가장 중요한 사람은 누구이며 가장 중요한 일은 무엇인가에 대해 "가장 중요한 때는 바로 지금이며 가장 중요한 사람은 지금 만나고 있는 사람이며 가장 중요한 일은 지금 하고 있는 일이다"라고 대답한 바 있다.

그러나 이러한 몰입의 삶은 근대인의 삶 속에서 완전하게 실현되지 못한다. 톨스토이는 자신의 몰입의 삶, 도덕적 완성에 대한 강렬한 욕망이 사실은 순수한 열망이 아니라 다른 사람에 대한 지배적 욕망, 즉 다른 사람보다 더 착한 사람이 되겠다는 욕망, 다른 사람보다 더 힘세고 명예롭고 더 중요하고 부유한 사람이 되겠다는 욕망으로 변해가고 있음을, 그러한 자신의 내면을 엄정하게 응시하고 있었다.

나는 지적 방면에서 자신을 완성하려고 노력했다. 나는 내 삶이 마주하는 모든 것을 배웠다. 내가 할 수 있는 모든 것을 배웠다. 내 의지를 완성하려고 애썼다. 그래서 나는 내 스스로 여러 가지 규칙을 만들어서 지키려고 했다. 또 모든 육체적 단련으로 체력과 민활함을 증진시키고 온갖 내핍을 통해 인내와 지구력을 기르면서 육체적 측면에서의 완성을 시도하였다. 그 모든 것을 나는 완성이라고 알고 있었다. 도덕적 완성이 두말할 것도 없이 첫째 목적이었다. 그런데 그것이 곧 일반적 완성의 욕망으로 바뀌어버렸다. 즉, 자기 내지는 신에 대해서 보다 착한 사람이 되겠다는 욕망이 아니라, 남에 대해서 보다 착한 사람이 되겠다는 욕망으로 바뀐 것이다. 남에 대해서 보다 착한 사람이 되겠다는 이 욕망은, 다시 순식간에 다른 사람보다 힘센 사람이 되겠다는 욕망, 다시 말해 다른 사람보다 더 명예가 있고, 더 중요하고, 더 부유한 사람이 되겠다는 욕망으로 바뀌어버린 것이다. (『고백』 중에서[8])

자신의 몰입의 삶에 대한 이러한 비판적인 응시는 톨스토이로 하여금 끝없이 삶의 진정한 의미에 대해 사고하도록 만든다. 톨스토이는 인생 자체도 열심히 살았지만 그보다 더 열심히, 집요하게, 열정적으로, 지속적으로 그 인생에 대해 '생각'했던 것이다. 이러한 삶 자체에 대한 사고는 톨스토이의 문학과 삶 전체를 삶이란 무엇인가, 어떻게 살아야 하는가에 대한 '생각 그 자체'로 볼 수 있게 한다. 그의 일기와 비망록, 서신은 물론이고 많은 문학작품들도 그 근본 주제가 바로 삶 자체에 대한 문제의식이었다고 보아도 무방하다. 인생의 의미에 대한 '생각'이 없는 삶은 톨스토이에게 '짐승의 생애'와도 같았다. 도스토옙스키가 인간에 대해 사고했다면 톨스토이는 삶에 대해 생각했다고까지 말할 수 있을 것이다. 아마 톨스토이만큼 인생에 대한 생각을 끊임없이 지속하고 인생에 대해 그만큼 많이 글을 쓴 작가는 세계적으로 다시 찾아보기 힘들 것이다.

정착으로서의 삶과 유목으로서의 삶

톨스토이의 삶에 대한 생각은 다시 두 측면에서 살펴볼 수 있다. 첫째, 무엇보다 삶 자체의 총체성과 완결성을 지향하고자 하는 생각이다. 그것은 모순적이고 위선적인 인간의 삶(자신을 포함해)을 보다 도덕적인 삶으로 완결하기 위한 사고, 즉 앞에서 말한 바와 같은 몰입적 삶의 완성을 위해 필요한 사고라고 말할 수 있다. 삶에 대한 몰입과정에도 인생에 대한 사고는 존재한다. 그러나 이 경우의 사고는 인생에의 몰입 자체를 보다 효율적으로, 보다 목적 의식적으로 수행하기 위한 것이다. 이러한 사고는 톨스토이의 세계관, 종교관, 인간관, 예술관 등으로 표출되며, 이 경우 우리는 그것을 체계적으로 재구성해낼 수 있다. 지극한 선을 향한 지향, 인류의 형제애에의 호소, 전쟁과 폭력에 대한 저항으로서의 비폭력 무저항정신, 신과 자기완성에 대한 가르침 등은 분명 삶에 대한 톨스토이의 사고로부터 나온 것이지만, 그것은 모순적인 현실 삶의 요소들을 어떻게든 하나의 이념적 원리로 총체적으로 연결하고 체계화하는 사고라고 말할 수 있다.

다른 한편 톨스토이의 삶에 대한 사고는 삶에 대한 있는 그대로의 수용과 관련되어 있는데 때로 그것은 비극적인 의식으로 나아간다. 삶에 대한 톨스토이의 비극적인 의식은 첫 번째 유형과는 정반대의 방향을 향하고 있다. 즉 첫 번째 사고가 삶의 완전성을 구축하기 위한 몰입적 삶을 향하고 있다면 두 번째 사고는 삶 자체의 모순성과 비완결성을 직시하고 있다. 그것은 있는 그대로의 삶, 자신이 어찌할 수 없는 삶의 비극성, 삶 그 너머에 대한 의식 혹은 느낌이라고 말할 수 있다. 이런 사고는 톨스토이가 평생토록 끝없이 떠나고자 했던, 그 어딘가로의 떠남과 연관된 것이라고 말할 수 있을 것이다.

이사야 벌린은 『전쟁과 평화』에 나타난 톨스토이의 역사철학을 분석하면서 모든 것을 하나의 핵심적인 비전, 즉 명료하고 일관된 하나의 시스템과 연관시키는 사람을 고슴도치형 인간으로, 생각이 분산적이고 모순적이기도 하지만 다양한 목표를 추구하며 다채로운 경험과 서로 다른 본질을 포착해나가는 사람을 여우형 인간으로 분류하고, 톨스토이를 "본래 여우였지만 스스로 고슴도치라고 믿었"[9]던 사람이라고 말한다. 리처드 거스터프슨Richard F. Gustafson은 톨스토이가 자신이 속한 세계 속에 완전하게 거주하고자 하는 '거주자resident', 혹은 시민으로서의 열망을 가지고 신과 인간, 자아와 세계의 완벽한 결합을 지향한다고 말한다. 그러나 다른 한편 삶과 세계, 신으로부터 완전히 단절된, 그들과의 일체감을 찾을 수 없는 고립감, 즉 '이방인stranger'으로서의 의식이 톨스토이를 지배하고 있다고 본다. 거주자로서의 열망이 모순되고 갈라진 세계를 하나로 통합하고자 하는 지향으로 나타나고 이방인 의식은 그 삶을 관찰하고 기록하며 다른 세계에 대한 끝없는 지향으로 나타나고 있다는 것이다.[10] 이사야 벌린과 거스터프슨의 개념 모두 톨스토이의 삶에 대한 두 가지 태도를 설명하는 것이라 할 수 있겠다.

톨스토이는 『참회록』, 『인생론』 등의 저작에서 최종적으로 인간의 삶에 대해 결론을 내린다. 즉 인간의 삶이란 주어진 생명에 최선을 다하는 것이고, 그 생명에는 신으로부터 받은 신의 요소, 최고의 영혼이 담겨 있으므로, 영혼의 명령(이성의 법칙, 신의 계율)에 따라 도덕적 자기완성으로 나아가는 것이야말로 오직, 그리고 진정한 삶이라는 것이다. 그러한 삶의 교훈을 오늘날 우리는 다음과 같이 요약할 수 있을 것이다.

1. 정착으로서의 삶 : 진실하고 선하게 인생을 열심히 용감하게 살아가기, 자신의 손에 굳은살이 박이도록 스스로 노동하고 근검절약하며 지극한 선을 위해 살아가기. 고슴도치처럼 강인한 신념을 가지고 이 세계에 거주하는 진실한 시민으로서 살아가기.

2. 유목으로서의 삶 : 인생에 대해 되돌아보고 반성하기. 끝없이 되묻고 분석하고 회의하며 끝없이 버리고 떠나기. 여우처럼, 이 세계에 낯선 이방인처럼.

행복이란
무엇인가
?

성자와 늙은 괴물 사이에서
평화를 꿈꾼 톨스토이

개체가 아닌 전 존재의 행복만이
진정한 행복

성자와 늙은 괴물 사이에서
평화를 꿈꾼 톨스토이
─김성일

가정은 모든 행복의 시작이자 완성이거늘

톨스토이에게 행복은 소피야와의 결혼과 자식들의 출생 및 성장의 순간 동안 주어졌다고 생각한다. 『참회록』이후의 시간들은 쾌락과 기쁨의 시간이기보다는 우울과 고통에서 벗어나기 위한 정신적 성찰의 시간이라고 볼 수 있기 때문이다. 일견 톨스토이가 행복을 추구하고 올바르게 살아온 것 같지만, 그 스스로는 행복과는 거리가 멀었다. 도스토옙스키가 정신적으로 정교에서 안정을 찾았다면, 톨스토이는 불완전한 인간으로서 완전하게 살아가려는 모습이 그 자신에게는 결코 만족스럽지 않았을 것이다.

죽음에 대한 지나친 사색과 그로 인한 삶에 대한 정신, 도덕적인 깨달음의 잣대는 톨스토이의 결혼생활에 충분히 반영되지는 못했는데, 삶에 대한 톨스토이의 철학과 사색을 작가 개인의 인생과 몇몇 작품에서 살펴보았다면, 행복에 관해 이야기하는 이번 장에서는 톨스토이의 결혼 생활과 가족을 중심으로 작가의 행복에 대해 살펴보겠다. 가정의 행복은 톨스토이가 결혼하기 훨씬 전부터 꿈꾸던 행복의 본질이었다. 그는 육체적인 욕구를 만족시키기 위해 결혼을 서두르긴 했지만 결혼을 통한 완전한 행복의 달성에 언제나 한 가닥 희망을 걸고 있었다. 결혼은 육체적인 행복, 정신적인 행복, 도덕적인 평화, 이 모든 것을 한꺼번에 보장해줄 수 있는 거의 유일한 길이었다. 결혼만이 그를 혼돈과 방탕의 늪에서 구원해줄 수 있었다. 그는 참된 결혼관을 『인생의 길』에서 다음과 같이 밝히고 있다.

자녀를 낳아 양육하는 것을 목적으로 하는 참된 결혼은 신을 향한 간접적인 봉사다. 즉 자녀를 통해 신에게 봉사하는 것이 된다. (…) 결혼은 아이가 태어남으로써만 시인되고 축복받는다. 설령 신이 우리에게 바라신 모든 것을 다 해내지 못한다 하더라도 적어도 자손을 통해 우리는 신의 사업에 봉사할 수 있다. 이런 자각에 의해 결혼은 비로소 시인되고 축복받는 것이다. 따라서 부부간에 자녀를 낳길 바라지 않는 결혼은 간음보다도, 아니 모든 방탕보다도 나쁘다. (『인생의 길』[11])

톨스토이가 가정의 행복을 개인의 행복보다 높이 둔 것, 가정을 모든 행복의 시작이자 완성이라 본 것, 여기에는 그 어떤 거짓도 없었다. 가정의 행복을 향한 그 절실함은 순수한 것이었다. 그가 아직 결혼도 하기 전인 서른 살에 쓴 『가정의 행복』은 그의 이런 염원을 그대로 보여준다. 『가정의 행복』은 마샤라는 아가씨가 이웃집 지주 세르게이와 만나 가정을 이루기까지의 세월을 담담하게 회고하는 형식으로 쓰였다. 두 사람은 이상적인 가정생활에 대한 꿈을 공유한다. 그들은 많은 걸 원했던 것이 아니다. 그저 서로 이해하고 사랑하는 삶, 적절한 노동과 휴식과 감사와 평화가 깃든 삶, 자식 낳아 잘 키우며 시골에서 오순도순 사는 삶, 이것이 전부였다. 그들의 생각은 전적으로 톨스토이의 생각이라 할 수 있다.

우리 둘은 이렇게 영원히 평온한 행복을 누릴 것만 같았다. 그러자 내게 떠오르는 것은 해외여행이나 사교계나 화려함이 아니라, 그와는 전혀 다른, 시골에서 보내는 조용한 가정의 행복이었다. 거기에는 무한한 자기희생과 서로에 대한 영원한 사랑, 모든 것 속에서 온유하게 우리를 돕는 신의 섭리를 끝없이 인식하는 것이 포함되어 있었다. (『가정의 행복』[12])

이것이 여자가 생각하는 바의 결혼이었다. 남자도 거의 같은 생각을 했다.

요즘 나는 행복감 때문에 밤잠을 이루지 못하는 때가 많소. 그럴 때면 우리가 어떻게 함께 살아갈 것인가를 줄곧 생각하오. 지금껏 살아오며 나는 행복을 위해 필요한 것이 과연 무엇인지 찾은 것 같소. 그건 바로 우리 시골의 한 외딴 곳에서 조용하고 고독하게 살면서, 선이란 것에 익숙하지 않지만 선을 베풀어주기가 아주 쉬운 사람들에게 선을 행하면서 사는 것이오. 또한 일을 하는 것인데 그 일이란 유익함을 가져오는 것이어야 하오. 그 밖에 휴식, 자연, 독서, 음악, 친지에 대한 사랑 등등. 이런 것들이 내게 행복이고 그보다 더 좋은 것을 나는 꿈꿔본 적이 없소. 거기에, 이것들 전부보다 최우선으로 당신 같은 친구와 이루는 가정이 있겠고, 사람이 원할 수 있는 모든 것이 있소. (『가정의 행복』)

소박한 염원이지만 꿈같은 염원이기도 하다. 너무나 이

상적인 결혼생활이다. 실제로 두 사람은 결혼 후 몇 달 동안은 이런 꿈결 같은 행복을 누리지만 얼마 지나지 않아 부인이 지루해한다. 시골생활의 적적함을 해소하기 위해 두 사람은 도시의 사교계에 출입하고, 그러다 보니 결혼 초기의 그 순결한 이상을 잃어버리게 된다. 그러나 두 사람은 갈등을 극복하고 아이들의 부모로서 새로운 행복을 가꾸어나간다. 열렬한 애정이나 순수한 열망, 그리고 완벽한 일심동체, 그런 것들은 없어졌지만 체념과 아쉬움 속에서 그들은 정신적으로 성숙해간다. 그러니까 나이 서른에 이미 톨스토이는 이상적인 결혼의 꿈과 동시에 그 꿈이 얼마나 허망한 것인가에 대한 자각심까지 갖고 있었다는 뜻이다.[13)]

톨스토이의 결혼생활 역시 그의 작품에서 그려지는 모습과 과히 다르지 않았다. 결혼 전 톨스토이는 완전한 결혼이 이루어지려면 부부 사이에 아무런 거짓도 없어야 한다고 철석같이 믿었기 때문에 과거 방탕의 기록물인 일기장을 소피야에게 생일선물로 건네 자기 일기를 읽는 기회를 주었다. 하지만 어린 신부는 그 일기를 읽고는 한동안 충격에서 깨어날 수 없었다. 그녀는 이렇게 썼다.

나는 그와 정혼하고 나서 그 일기를 읽었을 때 받은 충격에서 결코 벗어나지 못했다. 나는 남자들의 방종에 대해 처음으로 알게 되면서, 마음속에서 질투심과 공포심으로 겪은 그 지독한 격통을 지금도 생생히 기억한다.[14]

이렇게 가장 비참한 결혼생활이 시작되었다. 소피야 안드레예브나는 결혼생활 초기 8년 동안 남편에게 7명의 자식을 더 낳아주며 정서적 탈진과 호르몬 순환의 문제로 성격이 상당히 거칠고 신경질적으로 바뀌어갔다.

'성자' 톨스토이와 '늙은 괴물' 톨스토이

톨스토이의 삶의 행복이 점점 더 파국을 맞게 되는 몇 가지 사건이 연이어 생겨나게 된다. 그 첫 번째 사건이 1872년 후반에 발생한다. 이 사건은 그로 하여금 자신이 러시아인이라는 사실을 더 이상 견딜 수 없게 해, 마침내 거의 이민을 떠나도록 결심하게 만들었다. 톨스토이는 바로 전해에 사마라에 넓은 영지를 샀다. 그는 자신의 사마라 영지 외곽에 살던 몰로칸족에 매료되었는데, 그들은 러시아정교회나 정부 그리고 인간의 모든 행위를 싫어하면서 성경만을 믿는 담백한 생활을 하고 있었다. 톨스토이는 아주 짧게 이곳을 방문했었는데, 공교롭게도 이 기간 동안 경찰이 야스나야폴랴나에 난입한 것이다. 황소가 농장에서 난동을 부리다 젊은 목동을 뿔로 들이받았는데 진보인사를 자처하는 툴라 지방의 젊은 치안관이 부재중이던 톨스토이에게 법적 책임을 물어 그가 집으로 돌아오자마자 가택연금을 시키고 사건에 대한 구체적인 심리가 끝날 때까지 영지를 떠나지 못하게 했다. 톨스토이는 연금 기간 동안 『신은 진실을 알지만 다만 기다릴 뿐이다』라는 작품을 썼다. 이 이야기는 자신의 조국에서 소외를 겪으며 분노하는 톨스토이의 심정을 잘 드러내주는 작품으로서 형벌제도에 대한 환멸과 기독교에 대한 사랑과 증오의 교차를 잘 드러내주고 있다.

두 번째 사건은 1872년 톨스토이의 이웃에 살던 비비코프라는 지주의 정부 안나 스테파노브나 피로고바라는 여인이 버림을 받게 되자 기차에 몸을 던져 자살한 사건이다. 파리에서 단두대를 직접 목격했던 톨스토이는 여인의 잘린 시체를 직접 살펴보러 갔다. 이 사건 이후 톨스토이는 열차에 몸을 던진 안나라는 여인에 대한 소설을 쓰기 시작했다. 그리고 세 번째 사건은 톨스토이와 가까운 주변 사람들의 연이은 죽음이다. 자신의 고모와 두 딸과 아들의 죽음과 같은 꼬리를 물고 이어지는 죽음과 죽음, 권태기에 빠진 결혼생활과 견디기 힘들 만큼 따분한 일상. 바로 이런 상황에서 『안나 카레니나』가 창작되었다. 이 작품은 『전쟁과 평화』보다 훨씬 더 소설다운 소설이라고 할 만하지만, 동시에 톨스토이가 예술을 부정하게 되는 모든 단서를 담고 있다. 이 작품의 집필을 마칠 무렵 톨스토이는 정서적 위기를 겪었다. 그리고 곧이어 안나가 철로 위에서 자살로 최후를 마감하는 것처럼, 모든 점에서 그와 유사하게 일종의 예술적 자살을 시도했다.

『안나 카레니나』를 끝낸 뒤, 톨스토이는 정신적으로 완전히 탈진했다. 이제 문학적 형상으로 변형시킬 만한 개인의 경험은 다 고갈되었다. 대신 그는 형이상학적인 명제를 추구했다. '왜 우리는 이곳에 존재하는가?', '존재의 목적은 과연 무엇인가?', '신은 과연 존재하는가?', '선이란 무엇인가?' 등. 이제 톨스토이는 예술가에서 현자 혹은 성자로 발전해간 것이었다. 더불어 저녁식사 후, 아이들이 보는 가운데 소파에 같이 앉아 담소를 나누던 그 부부의 관계는 이제 서서히 멀어졌다. 톨스토이의 영혼적 위기가 바로 이런 현상을 불러일으킨 근본적 원인이었다. 톨스토이는 자신의 내면을 향해 쓰는 일기와 아내와의 전쟁을 치르기 위해 쓰는 일기 - 그들 각자는 자신의 일기를 상대방이 읽으리라 예상하고 거칠게 표현했다 - 를 쓰면서, 자신의 문학적 열정을 분출시키는 중요한 통로로 활용했다. 또한 아이들이나 가까운 지인들을 훈육하는 과정에서 매일 두 가지 상황이 번갈아가며 벌어졌다. 하나가 성자 레프 톨스토이에 의해 벌어졌다면, 다른 하나는 늙은 괴물에 의해 벌어졌다.

"단지 육신의 연결고리"로 변모한 가족

톨스토이는 자신의 내면 성찰에 더욱 주력해갔으며 자신의 내면으로 침잠했다. 『참회록』, 『나의 신앙』과 같은 자신의 내면 탐구와 자기계시를 추구하는 집필에 몰두한다. 그는 러시아정교회가 원래의 기독교적 정신과 일치하지 않는다는 사실을 알게 되면서 진정한 평화를 느꼈으며, 산상설교를 통해 예수가 가르쳐준 다섯 가지 위대한 계명을 스스로 실천하기로 결심했다. 그때부터 톨스토이는 이 단순한 교리에 따라 살 것과 궁극적으로 구원을 얻으리라는 것, 즉 교회가 자신에게 부여한 어떤 신비적이거나 초자연적인 혜택에 의해서가 아니라 신에게 이끌리는 삶을 살아가리라는 내면적 확신에 의해 궁극적으로 구원을 얻으리라는 것을 믿게 되었다.

1881년 3월 1일 벌어진 알렉산드르 2세의 암살과 관련해서 톨스토이는 새 황제 알렉산드르 3세에게 자신이 기독교에 대해 새롭게 이해한 신앙 체계를 대담한 수법으로 표현하는 편지를 보낸다. 즉 폭력에 대한 무저항주의를 설파한다. 당시 무정부주의자들 중 몇몇은 톨스토이에게 편지를 보내거나 그를 방문하고 그의 말에 매달리기도 했다. 무정부주의자를 미워한 소피야는 이 문제에 대해 단순명확하게 적개심을 드러냈다. 그녀는 정부가 자신의 남편을 이들과 연결시킬 경우 필연적으로 가족에게 엄청난 문제를 초래할 것을 두려워했기 때문이다. 황제에게 보낸 그의 편지를 놓고 벌인 두 사람의 논쟁은 그들 부부 사이가 점차 벌어지고 있었음을 반증한다. 이즈음 톨스토이 일기에는 "가족들이란 단지 육신의 연결고리일 뿐"이라는 그의 생각이 담겨 있다.

톨스토이의 아들 일리야는 이 무렵 가족사에 대해 이렇게 증언한다. "이 세상은 크게 두 진영으로 나뉘었다. 한편은 아버지 진영이며, 다른 한편에는 어머니와 나머지 모든 사람이 진을 쳤다." 딸들은 아버지 편을 들었다. 아버지에 대한 그들의 지지는 절대적이었지만, 곧이어 그들은 어머니와 하나님 같은 아버지를 더 이상 같이 섬기기 힘든 상황에 이르게 되었다. 남편에 대해 점점 악화되기 시작한 소피야의 감정과 동정심의 부재는 자식들을 더 이상 아버지에게 동조하지 못하고 거리를 두도록 이끄는 효과를 거두었다.

톨스토이는 여러 번 도망을 쳤다가는 다시 야스나야폴

랴나로 돌아갔다. 그들 부부는 함께 있으면 점점 더 말다툼을 벌이게 되었다. 이러한 상황에서 톨스토이에게 소울 메이트가 등장한다. 톨스토이가 후반기에 행복을 느꼈다면 아마도 그로부터 비롯된다고 해도 과언이 아닐 것이다. 그는 블라디미르 체르트코프라는 청년으로 그의 부모는 엄청난 재력가였으며 황실과의 돈독한 연분을 자랑하는 러시아 최고의 상류층이었다. 그는 톨스토이의 저술을 읽고 감명을 받아 마침내 지인을 통해 1883년 톨스토이와 만나게 된다. 첫 만남에서 톨스토이 역시 이 청년에게 운명적인 끌림을 느꼈으며, 이후 두 사람의 유대감은 톨스토이 생의 마지막까지 이어지게 된다. 체르트코프는 톨스토이의 교훈적인 사상에 매료되어 그의 사상을 확산시키기 위해 전력을 다한다. 그를 위한 출판사도 세우고, 그를 위해 국외로 추방되기도 했다. 추방령이 풀려 다시 러시아로 돌아왔을 때, 야스나야폴랴나의 영지 근처에서 지내면서 톨스토이의 가족생활과 일기에 대한 원고를 출판하도록 톨스토이를 종용한다.

처음에 그를 톨스토이 숭배자들 중 한 사람 정도로 여기던 소피야 부인도 점차 두 사람의 관계를 의심과 적의의 눈길로 바라보기 시작한다. 결국 체르트코프는 톨스토이 부부의 가장 심각한 갈등 요인이 되고 만다. 톨스토이는 매사에 그의 말을 따랐고, 체르트코프는 점차 늙은 톨스토이의 정신을 지배하기 시작했다. 톨스토이는 저작권, 유언장, 비밀일기 등 모든 것을 체르트코프에게 위탁했고 체르트코프는 톨스토이를 자신이 원하는 모습의 성자로 만들기 위해 온갖 무리수를 두면서 권력을 행사했다. 소피야 부인-톨스토이-체르트코프의 삼각관계는 톨스토이가 사망할 때까지 이십칠 년간 지속됐다.

톨스토이 작품의 행복한 주인공들은 모두들 고통의 과정을 거친 후 행복을 얻게 되는 인물들이다. 대표적으로 『전쟁과 평화』의 피에르와 나타샤, 『안나 카레니나』의 레빈과 키치 등이 그들이다. 하지만 비록 그 과정을 동일하게 거쳤을지라도 결코 행복한 결말에 이르지 못하는 인물들 역시 톨스토이의 작품 속에는 존재한다. 『전쟁과 평화』의 안드레이 공작과 『안나 카레니나』의 안나가 바로 그와 같은 인물들이다. 톨스토이와 소피야 부인의 결코 평탄치 않았던 질곡의 삶은 오히려 역설적으로 우리에게 행복의 진정한 모습이 무엇인지를 말해주는 듯하다.

〈톨스토이 가족의 아이들〉

1. 세르게이(1863~1947) : 작곡가이자 음악가.
2. 타티야나(1864~1950) : 1899년 결혼. 남편 미하일 세르게예비

치 수호틴은 1917~1923년 야스나야폴랴나 박물관-저택의 큐레이터를 지냄. 1925년에 그는 자신의 딸과 함께 망명.

3. 일리야(1866~1933) : 소설가. 1916년에 그는 러시아를 떠나 미국으로 이주.

4. 레프(1869~1945) : 작가 및 조각가. 프랑스, 이탈리아, 그 후 스웨덴으로 망명.

5. 마리아(1871~1906) : 1897년에 니콜라이 오볼렌스키(1872~1934)와 결혼. 폐렴으로 사망.

6. 표트르(1872~1873)

7. 니콜라이(1874~1875)

8. 바르바라(1875~1875)

9. 안드레이(1877~1916) : 툴라 현 소속 특별 위촉 관리. 노일전쟁 참가. 혈액 감염으로 페테르부르크에서 사망.

10. 미하일(1879~1944) : 1920년에 망명해 터키, 유고슬라비아, 프랑스, 모로코에서 살았다. 1944년 10월 19일 모로코에서 사망.

11. 알렉세이(1881~1886)

12. 알렉산드라(1884~1979) : 16년간 아버지의 비서였다. 유언에 따라 톨스토이 문학 유산에 대한 저작권을 받음. 1차 세계대전에 참전해 게오르기 3등 십자훈장을 받았으며 연대장 칭호를 수여받음. 1929년 소련에서 망명해 1941년 미국 시민권을 획득. 1979년 뉴욕에서 사망.

13. 이반(1888~1895)

개체가 아닌 전 존재의 행복만이
진정한 행복
—이강은

행복은 영원한 생명의 본질

『고백』에서 톨스토이는 초원에서 사나운 맹수의 습격을 받은 나그네에 대한 동양의 한 우화를 인용한다.

한 나그네가 초원을 지나가다 맹수를 만나 도망치다 오래된 마른 우물 속으로 뛰어든다. 그러나 우물 바닥에는 그를 단숨에 삼키려고 용 한 마리가 입을 떡 벌리고 있었다. 나그네는 우물 중간의 나뭇가지를 붙잡고 간신히 몸을 지탱할 수 있었다. 위로 올라갈 수도 아래로 내려갈 수도 없었다. 그런데 두 마리 쥐가 기어나와 그가 붙잡고 있던 나뭇가지를 갉아먹기 시작했다. 이제 곧 나뭇가지가 부러지면 그는 그대로 용의 입 안으로 떨어지고 말 운명이었다. 그러나 이 절체절명의 순간에도 그는 주위를 돌아보고 나뭇가지 잎에 꿀이 묻어 있는 것을 발견하고는 혓바닥을 내밀어 핥기 시작했다.

톨스토이는 우리의 삶이 바로 이와 같이 죽음이라는 피치 못할 종말을 앞두고 가느다란 나뭇가지에 매달려 있으면서도 눈앞의 달콤함에 빠져 있는 것과 같다고 말한다. 톨스토이는 인생의 위기에서 매순간 자살을 꿈꾸기도 했다. 현재의 삶이 그 어떤 의미도 없는 순간순간이라면 매순간 두려움에 떨며 사느니 차라리 스스로 죽음을 선택하겠다는 것이다. 그러나 톨스토이는 죽음이 아니라 자신의 삶의 본질적 의미에 대한 새로운 발견을 통해 이 위기를 극복해나간다.

톨스토이에 따르면 모든 생명의 본질은 행복의 지향이다. 자신을 유지하고 그에 필요한 조건을 충족하는 것이 행복이라면 그러한 행복의 지향이 생명의 본질이라는 것이다. 하지만 이 행복은 한 사람 한 사람의 개체의 행복이 아니다. 모든 개체가 각기 생각하는 행복의 추구는 결코 충족될 수 없는 것이고 궁극적으로 모든 개체의 행복을 파괴할 뿐이다.

죽음의 파국을 앞둔 상황에서 눈앞의 달콤함은 진정한 행복이 아니다. 모든 사람이 눈앞의 꿀 한 방울에 매달린다면 결코 그 꿀 한 방울조차 제 것이 될 수 없다. 그들은 서로를 파멸시키는 무한한 경쟁과 투쟁에 끌려들어갈 뿐이다. 그런 인생이란 악이자 무의미다. 인류의 선지자들은 사람들의 개체적 욕망 충족은 진정한 행복이 아니라고 가르쳐왔다. 진정한 인생의 본질은 하늘의 뜻을 전하는 것이라거나 이웃에 대한 사랑이라거나 이성의 법칙에 따르는 것이라는 가르침은 전 세계 어느 종교나 어느 철학에서도 공통적이다. 즉 인생의 행복은 결코 이룰 수 없는 개체의 욕망 실현이 아니라 진정한 생명의 의미를 깨닫는 것이다.

전 존재의 영원한 생명의 행복을 지향하라

톨스토이에 따르면 사람은 자기 자신 속에서만 생명을 느낀다. 따라서 처음에 사람은 행복이 오직 자기 한 개체 속에만 존재하는 것이라고 생각한다. 그것도 당연한 것이 살아 있다는 의식은 오직 자신 속에서만 진정으로 느낄 수 있기 때문이다. 다른 사람들의 생명은 그저 관찰의 대상일 뿐이다. 다른 사람이 살아 있다는 것은 이 관찰을 통해서만 알 수 있다. 사람은 다른 사람의 생명에 관해서는 그에 대해 생각하고자 마음먹을 때만 간접적으로 알게 되지만, 자신의 생명에 대해서는 언제나 자신 속에서 '알고 있고', 자신이 살아 있다는 사실을 '아는 것'을 단 한 순간도 멈출 수 없다.

모든 사람은 자신의 생명만을 진정한 생명으로 여기게 된다. 주위에 있는 다른 생명은 자신의 생존을 위한 조건 중의 하나로 여겨질 뿐이다. 어떤 사람이 다른 사람의 불행을 바라지 않는다면, 그것은 다른 사람의 고통받는 모습이 자신의 행복을 저해하기 때문이다. 다른 사람에게 좋은 일이 생기기를 바라는 희망도 자기 자신에 대한 희망과는 전혀 다른 종류의 것으로 다른 사람의 행복이 자기 자신의 행복을 증대시켜줄 것이라는 희망의 표현일 뿐이다. 모든 사람은 자신의 것으로 느끼는 그 생명 속에서의 행복, 즉 자신의 행복만을 필요로 하고 중요하게 여긴다.

그런데 사람은 자신의 행복을 성취하고자 애쓸수록 자신의 행복이 다른 존재들에 의존해 있다는 것을 깨닫지 않을 수 없다. 다른 존재를 관찰하고 지켜보면서 사람은 사람뿐만 아니라 동물까지도 생명에 대해서 자기와 똑같은 관념을 가지고 있다는 것을 알게 된다. 모든 생물체가 똑같이 오로지 자신만의 생명과 자신만의 행복을 느낄 뿐이며, 오로지 자신의 생명만을 진정 중요한 것으로 여기고, 다른 존재들의 생명은 자신의 행복을 위한 수단이라고 보고 있는 것이다. 또한 사람은 자신과 마찬가지로 모든 존재들이 언제든 자기의 작은 행복을 위해 다른 존재의 보다 큰 행복과 심지어 생명까지도 제거할 태세를 취하고 있다는 것을 알게 된다. 그렇게 사고하는 자기 자신까지 포함해서 말이다.

이런 사실을 알고 나면 사람은 어쩔 수 없이 이렇게 생각하지 않을 수 없다. 만일 사실이 그렇다면, 그것이 의심할 바 없는 사실이라면, 하나도 아니고 수십도 아닌 무수히 많은 세상 존재들이 각자 자신의 목적을 달성하기 위해 매순간 나를 제거할 태세를 갖추고 있다는 말이 된다. 그런데 자신만을 위해 생명이 존재한다고 생각하는 것은 나 역시 마찬가지다. 이런 사실을 알고 나면 사람은 자신의 생명에만 매달리는 개체로서의 행복이 쉽게 얻어질 수 없는 것일 뿐만 아니라 언제든 다른 존재에 의해 박탈당할 수 있는 것임을 확실히 알게 된다. 결국 사람은 자신을 포함한 이 세상의 모든 생명계가 서로 파괴하고 잡아먹으려는 개체들로 연결되어 있다는 것을 알게 된다. 그런 생명계가 그에게 행복을 줄 수 없을 뿐만 아니라 오히려 커다란 해악이 되리라는 것을 분명히 알게 되는 것이다.

그러나 그뿐이 아니다. 혹시라도 자기 생명을 잃을 두려움 없이 다른 개체들과 싸워 이길 수 있는 유리한 조건을 차지하고 있다 하더라도, 사람은 곧바로 이성과 체험을 통해 그가 자신의 쾌락을 위해 다른 생명으로부터 빼앗은 행복은 결코 진정한 행복이 아니라 행복의 유사품에 불과하다는 것을 알게 된다. 행복의 이 유사품은 쾌락에 수반되기 마련인 고통을 더욱 생생하게 느끼도록 해줄 뿐이다. 나이가 들수록 사람은 쾌락은 점점 줄고 외로움과 권태, 노역과 고통은 점점 커져간다는 것을 더욱 또렷이 알게 된다. 그뿐만이 아니다. 육체의 힘이 소진되고 병에 자주 걸리기 시작하면서, 그리고 다른 사람들의 질병과 노쇠, 죽음을 지켜보면서 사람은 오직 진정으로 충만한 생명만을 느끼던 자기 자신의 존재 자체가 한순간 한순간, 일거수일투족에서 노쇠와 죽음으로 다가가고 있다는 것을 인정하지 않을 수 없게 된다.

게다가 사람의 생명은 그와 싸우는 다른 존재들로 인해 수천 가지의 우연한 파멸적 사건들과 거듭 증대되는 고통들에 처해 있다. 사람의 생명은 그 본질적 속성상 죽음으로의 행진이다. 개체의 그 어떤 행복일지라도 확실하게 파멸되어버리는 그런 상태로의 불가피한 접근인 것이다. 한 개체로서, 오직 자신의 생명밖에 느끼지 못하는 한 개체로서 사람은 자신이 싸워서는 안 되는 전 세계와 싸우고 있다는 것, 그저 행복과 유사한 형태만을 주고 항상 고통으로 끝나는 그런 쾌락을 추구하고 있다는 것, 붙잡을 수 없는 생명을 붙잡으려 하고 있다는 것을 인정하지 않을 수 없다. 사람은 그 자신만을 위한 행복과 생명을 희구하지만 한 개체로서 그는 결코 어떤 행복도 어떤 생명도 소유할 수 없는 존재임을 깨닫는다. 사람이 얻고자 바라는 그 행복과 생명을 가지고 있는 것은 그가 모르는 낯선 타자들뿐이다. 그런데 사람은 그 타자들에 대해 느끼지도, 느끼고 싶어 하지도 않고, 타자들의 생존에 대해서는 알 수도 없고, 알고 싶어 하지도 않는 것이다.

자신에게 가장 중요하다고 생각되는 것, 이것만이 필요하다고 여겨지는 단 하나의 것, 자기 생각에 이것만이 참으로 살아 있는 것이라고 여겨지는 것, 그것은 죽어서 뼈만 남거나 구더기가 되는 것으로 사실은 결코 그가 아니다. 반면 자신에게 필요하지 않다고 여겨지고 중요하지 않다고 여겨지던 것, 자신이 살아 있음을 느끼게 하지 못하던 것, 싸우고 교체되는 존재들의 전 세계, 바로 그것이 진정한 생명이고 영원히 살아남아 존재하는 것이다. 사람이 유일하다고 느끼는 생명, 사람의 모든 활동의 원동력이라고 믿어온 생명은 사실은 일종의 속임수이고 있을 수 없는 것이며, 그의 바깥에 있으며 그에 의해 사랑받지도 느껴지지도 못하는 생명, 그에게 알려지지 않은 생명, 바로 그것이

유일하고 진정한 생명이다. (『인생론』 중에서[15])

　이처럼 개체로서 개인이 생각하는 생명이란 헛된 망상
이라고 톨스토이는 말한다. 진정한 생명은 전 세계, 전 존
재가 함께 누리고 있는 보편적인 것이다. 따라서 인간이
진정한 행복을 느끼기 위해서는 태어나 소멸하는 육체가
아니라 전 존재의 영원한 생명의 행복을 지향해야 한다.

사랑이란
무엇인가
?

진정한 사랑은
인간의 삶 자체를 고양시키는 법

진정한 사랑은
인간의 삶 자체를 고양시키는 법
―이강은

남녀의 사랑은 아름답지만 비극이다

톨스토이는 사랑을 인간의 가장 위대한 속성이라고 말한
다. 동물적 존재로서의 인간이 이성적이고 도덕적인 인간
으로 진정한 생명의 법칙을 따르는 존재가 되도록 신에
의해 주어진 가장 중요한 속성이 바로 사랑이라는 것이
다. 따라서 톨스토이에게 사랑은 이웃에 대한 사랑, 인류
에 대한 사랑을 의미한다.

사상가로서의 톨스토이는 남녀의 육체적 사랑이나 결
혼조차 바람직한 것으로 보지 않았다. 그것은 진정한 사
랑이 아니라 사실은 자신의 욕망을 극대화하기 위한 이
기심의 발현에 지나지 않는 것이다. 그러나 문학가로서의
톨스토이는 남녀의 사랑과 그 본질에 대해 아주 깊은 관
심을 가지고 있고 이를 세밀하게 그려낸다. 그리하여 문

학적 사랑은 사상적 사랑과 달라 보이기도 한다. 하지만 그것은 모순적으로 다르다기보다 논의의 차원이 다르다고 보는 것이 더 옳을 것이다. 문학가로서의 톨스토이는 대략 오십대 초반까지, 그리고 사상가로서의 톨스토이는 그 이후로 나누어지기 때문에 그때마다 사랑에 대한 논의의 방향이 서로 달랐기 때문이다. 이웃에 대한 사랑이나 생명의 본질로서의 사랑에 대한 사상 체계는 이 책의 다른 항목에서 많이 다루고 있기 때문에 여기서는 남녀의 사랑에 국한해 톨스토이의 생각을 살펴보기로 하겠다.

우선 남녀의 사랑에 관한 최고의 소설로 꼽히는 『안나 카레니나』에 나타난 남녀의 사랑을 잠시 들여다보자. 이 작품에서는 여러 유형의 사랑이 등장한다. 우선 주인공 안나와 브론스키의 사랑이 가장 전면에 배치되어 있다. 이 둘의 사랑은 우리가 보통 말하는 열정적인 사랑이다. 이들의 사랑은 남녀 간의 전형적인 사랑으로 어떻게도 감출 수 없고 아무도 막을 수 없는 사랑이다.

안나는 어린 나이에 카레닌과 결혼해서 진정한 사랑이라는 것을 알지 못했다. 카레닌은 출세와 명예에 집착하고 결혼을 일종의 훈장 정도로나 생각하는 사람이다. 이들 부부의 사랑은 제도 속의 거래 이상이 아니었다. 브론스키는 약혼이 예정된 키티가 있었지만 안나를 보는 순간

온몸으로 그녀를 사랑하기 시작한다. 안나와 브론스키는 자신들의 사랑이 이루어지기 힘들다는 것을 인정하고 어떻게든 관계를 끊으려고 노력했지만 결코 진심까지 감출 수는 없었다. 그리하여 그들은 있는 그대로의 본성에 충실했고, 진심을 다해 서로를 사랑했다.

안나의 사랑은 아름답다. 톨스토이가 설사 그녀의 사랑을 육체적 욕망에 사로잡힌 사랑이라고 비난할 의도가 있었더라도 작품에 그려진 그녀의 사랑은 불가피하고 운명적인 매혹을 담고 있다. 정부의 고관인 남편과 결혼해 아이를 낳고 그저 그렇게 살아가는 것을 의무이자 명예로 믿어온 그녀에게 브론스키와의 사랑은 모든 것을 바꿔놓는다. 물론 안나는 자신의 안정된 생활로 되돌아가고자 애쓴다. 그러나 브론스키와의 새로운 감정을 체험한 뒤 안나는 더 이상 이전의 안나로 되돌아갈 수 없다. 그것은 사랑하지 않는 카레닌, 관료주의와 출세주의로 무장한 카레닌의 세계관과 그의 삶을 받아들인다는 뜻이다. 그렇게 된다면 그녀는 전과 마찬가지로 사교계의 꽃으로 명성을 유지하며 귀족적 삶을 영위할 수 있을 것이다. 하지만 그것이 과연 가치 있는 삶일까.

안나와 브론스키는 달려가는 기차처럼 자신들의 운명을 거부하지 못한다. 그러나 톨스토이는 이들의 사랑을 결코 행복한 결말로 이끌지 않는다. 매우 아름답게 그려 놓고는 비극으로 끝내버리는 것이다. 작가의 속마음은 무엇이었을까. 아마도 톨스토이는 이들의 사랑을 육체적 욕망에 기초한 사랑이라고, 그런 사랑은 결코 진정한 것이 되지 못한다고 말하고 싶은 것 같다. 물론 톨스토이는 통속적 윤리의 잣대를 들이대고 있는 것은 아니다. 오히려 그는 안나와 브론스키의 사랑을 통해 통속적 윤리의 부당함과 저속함을 비판하고 있다. 적어도 위선과 기만으로 가득한 귀족 사교계에 비하면 안나와 브론스키의 사랑은 훨씬 아름답고 고귀하게 그려져 있다. 당대의 도덕적 비난 속에 불륜의 멍에를 덮어쓰고 있지만 적어도 안나에게 사회 관습에 대한 노예적 굴종이나 인간적 거짓은 없는 것이다.

그렇다면 무엇이 부족해 이들은 비극적 운명을 맞이하는가. 톨스토이가 보기에 남녀의 사랑은 본질적으로 육체적 존재로서의 욕망의 표현이다. 그것은 현실에서 자연스럽고 불가피한 것으로 보이고, 때로는 고결하고 위대한 것으로 보이지만, 인간 존재의 진정하고 영원한 본질에 대한 인식을 가로막는 부정적인 것이다. 바로 이런 관점에서만 안나와 브론스키의 사랑은 결코 그 자체로 위대한 것이 되지 못한다. 이들은 자신들의 사랑에 몰입해 있

지만 그 몰입을 넘어 사랑의 본질적 의미를 성찰하는 데
는 이르지 못한 것이다.

우리 곁의 사랑, 그 사랑의 세 유형

톨스토이는 소설에서 다른 사랑 유형을 통해 이런 생각을
담아낸다. 키티와 레빈의 사랑이 바로 그것이다. 그 시대
귀족 지주들의 일반적 모습과는 달리 레빈은 농촌에서 새
로운 농업 경영을 시도하며 도덕적으로 살아가는 인물이
다. 레빈은 처음에 키티에게 청혼하지만 거절당한다. 그녀
는 브론스키와의 화려한 결혼을 꿈꾸고 있었기 때문이다.
그러나 키티는 브론스키에 대한 환상이 깨진 후 비로소
레빈의 사랑을 받아들인다.

　톨스토이는 안나와 브론스키 간의 사랑의 아름다움과
불가피성, 그리고 그 비극성을 폭주하는 기관차와 상징적
으로 연결한다. 그들은 그 기차를 타고 떠나거나(브론스
키) 그 기차에 몸을 던져 죽음에 이른다(안나). 그들은 기
차 바깥에서 기차를 타고 있는 자신들의 모습을 성찰할
수는 없었다. 반면 레빈과 키티는 농촌에서 근면하게 일
하며 살아간다. 레빈은 농지 경영의 새로운 방법을 도입
하고 농민들의 삶을 개선하기 위해 많은 노력을 기울인
다. 키티는 사치와 허영보다는 원래의 심성대로 선하고

검소한 생활을 좋아하며 가정을 행복하게 꾸려간다. 이들은 서로 믿고 의지하며 도덕적으로 부끄러움 없이 살아가는 견실한 부부의 사랑을 이룩한 듯하다.

『안나 카레니나』에는 안나와 브론스키, 레빈과 키티의 대립적인 사랑이 병렬적으로 그려지고 있다. 이렇게 대비되는 두 유형의 사랑을 보면 우리는 곧바로 톨스토이의 사랑에 대한 관점을 쉽게 정리할 수 있다고 생각한다. 톨스토이의 시선이 레빈과 키티에게 향해 있다는 것은 당연히 누구나 쉽게 이해할 수 있을 것이다. 그런데 톨스토이가 레빈이라는 인물을 통해 자신의 이념을 불어넣고 있다는 점은 분명하지만, 그렇다고 톨스토이가 안나와 브론스키의 사랑 대신 레빈과 키티의 사랑을 대안으로 제시하고 있다고 쉽게 결론 내리기는 힘들다. 톨스토이는 자신을 닮은 레빈을 결코 이상화시키지 않고 레빈의 각성이 지닌 비현실성, 레빈과 키티의 전원생활의 한계 등에 대해 예술가로서 날카롭게 묘사하고 있다.

다시 말해 레빈이 꿈꾸는 농민의 노동과의 혼연일체가 거듭 실패하거나 충분히 성공하지 못하고 있는 점을 놓치지 않고 그려내고 있다. 레빈과 키티의 행복한 사랑도 완전히 성공적인 것만은 아니라는 것이다. 게다가 오늘날 우리가 보기에 레빈과 키티의 사랑은 안나와 브론스키의

94

사랑에 비해 너무 심심하고 추상적이다. 안나와 브론스키의 관계가 극적으로 우리의 관심을 집중하게 만드는 역동적이고 입체적인 사랑이라면, 레빈과 키티의 관계는 평면적이고 비현실적으로 보인다. 왜 그렇게 보이는 것일까? 톨스토이가 레빈과 키티의 사랑을 이념이 아니라 구체적인 현실에서 그려내기 힘들었기 때문이 아닐까? 아니 사상가가 아닌 예술가로서 톨스토이 자신이 사랑의 가치에 대해 안나와 키티 사이에서, 브론스키와 레빈 사이에서 망설이고 주저했기 때문이 아닐까?

안나의 오빠 오블론스키와 아내 돌리는 또 하나의 다른 유형의 사랑법을 보여준다. 돌리는 남편의 부정을 알고 분노하며 짐을 싸지만 행동에 나서지는 못하고 다시 적당히 타협해 현실에 안주하며 살아간다. 오블론스키는 진정한 참회나 반성을 하지 않고 어떻게든 사태를 마무리 지으려 한다. 속물적이고 현실적인 사랑이다. 물론 이들의 사랑이 속물적이고 저급한 모습으로 그려지기만 하는 것은 아니다. 두 사람 다 선하고 평범한 인물로 그려지고 있을 뿐이다. 어쩌면 톨스토이는 이러한 사람들의 사랑도 현실적으로 불가피한 한 측면이라고 보고 있는 것 같다. 즉 톨스토이는 카레닌의 세계가 극단적인 속물적 세계이고 나아가 지배적 권력으로 작동하는 세계라면, 그래서 더욱 안나와 충돌하게 되는 세계라면, 돌리와 오블론스키가 속한 세계는 평범한, 지배적이지 않은, 그래서 특별히 다른 누구에게 해를 입히지 않는 그저 그런 사적 세계라고 생각하는 듯하다.

사랑의 비극은 인생을 깨우치게 한다

『안나 카레니나』는 '부정한 아내의 비극적 종말'이라든가, 혹은 '자연에 순응하는 레빈이 보여주는 사랑의 도덕적 우월성'을 보여주는 작품이라고 일방적으로 평가하기 힘들다. 안나의 사랑은 피할 수 없는 것이었고 그 결말 또한 필연적이다. '부정한 남편' 오블론스키를 수용하고 사랑 없이도 살아가는 돌리처럼 안나는 그럴 수 없었다. 특히 안나의 남편은 더욱이나 견딜 수 없는 '사물화된'(비인간적인) 카레닌이다(비인격적이고 사물화된 것은 카레닌뿐만 아니라 당대의 도시, 페테르부르크와 모스크바, 그리고 귀족들의 사교계 등도 포함된다). 격렬한 사랑의 감정을 지니고 있고 그 실현대상을 찾은 안나에게는 더 이상 그것을 막을 것은 아무것도 존재하지 않는다. 다만 진정한 사랑만이 그녀를 그녀로서 남을 수 있게 만든다. 그런데 그러한 사랑조차도 허구이자 위선이 되어버렸을 때 안나에게는 자살 이외의 선택이 있을 수 없게 된다.

하지만 진정한 사랑을 얻지 못한 것은 안나와 브론스키 뿐만이 아니다. 돌리와 오블론스키 역시 마찬가지이고, 톨스토이의 사상을 가장 잘 대변하고 있다고 보이는 레빈과 키티의 사랑 역시 미완의 것으로 남아 있기 때문이다. 결국 톨스토이는 세 유형의 사랑 중 어느 하나만을 극적으로 제시하지 못한다. 세 유형 모두 완전한 행복에 도달하지 못하고, 또 진정한 사랑으로 고양되지 못하고 있기 때문이다. 따라서 『안나 카레니나』에서 사랑에 대한 톨스토이의 생각은 세 가지 유형의 사랑 모두가 인간의 삶 속에 부분적으로 공존하고 있다는 것을 보여주는 것이라고 말할 수 있다. 그렇다면 그 세 유형의 사랑은 어떻게 새로운 사랑으로 나아갈 수 있을까. 우리는 그에 대한 톨스토이의 대답을 최후의 장편소설 『부활』에서 찾아볼 수 있다.

잘 알다시피 『부활』에서 주인공 네흘류도프 공작은 처음에 카추샤와 육체적 사랑에 빠진다. 그들이 나눈 한순간의 사랑은 안나와 브론스키 못지않게 정말 순수하고도 아름답다. 하지만 네흘류도프는 그 사랑을 잊고 평이한 귀족으로 돌아와 카레닌이나 오블론스키와 같은 생활에 젖어 산다. 그러나 그로 인해 운명적 타락을 겪게 되는 카추샤를 다시 만나면서 자신의 잘못을 알게 되고, 속물적인 자신의 삶 전체를 반성하게 된다. 그리고 그 모든 것을 다시 돌아보며 속죄의 길을 찾아 시베리아 유형길에 오른 카추샤를 따라간다. 그리고 그곳에서 진정한 사랑과 새로운 삶의 길을 찾아 부활한다.

결국 톨스토이가 말하는 진정한 사랑은 인간이 끊임없이 완성을 찾아 나아가는 과정이다. 비록 그는 남녀의 육체적 사랑을 부정하지만, 불가피하게 사랑하게 된다면 그 사랑에 그대로 빠져 있는 것이 아니라 그것을 통해 보다 완전한 사랑의 의미로 나아가야 한다는 것이다.

죽음이란
무엇인가
?

죽음의 공포는
그릇된 삶에 대한 공포일 뿐

영원한 정신적 생명은
죽음과 무관하다

죽음의 공포는
그릇된 삶에 대한 공포일 뿐
―김성일

현실의 생생한 사건으로서의 '죽음'

일반적인 작가들의 경향을 살펴보면, 문학에서 예술적 아름다움을 추구하는 작가들과 사회적 참여, 의식과 사상적인 경향을 자신의 글에 투여하는 작가들이 있다. 러시아의 대문호 레프 톨스토이의 경우는 이 두 가지 속성을 모두 가지고 있는 작가라고 할 수 있다. 톨스토이의 인생은 그가 쓴 소설들만큼이나 흥미롭고 배울 만한 가치가 있어 흔히들 그를 간디에 비유해 말년의 톨스토이 사상만을 높이 평가하기도 한다. 그러나 그에 대한 평가와 그 의미는 작가 톨스토이와 인간 톨스토이의 삶을 통해 다시 한번 살펴볼 필요가 있다. 왜냐하면 그는 너무도 인간적인 인물이었기 때문이다. 우선 그가 죽음을 어떠한 시각에서 바라봤으며, 스스로의 죽음은 어떠한 과정으로 진행되었

100

는가를 살펴보자.

톨스토이의 가문은 백작 작위를 받은 명문 귀족가문이었다. 그의 족보에 따르면 '인도리스'라는 독일 기사가 1353년, 아들 형제와 3천 명의 사람들을 거느리고 러시아로 이주해왔는데 그가 톨스토이 집안의 시조라고 한다. 그리고 인도리스의 증손되는 사람에게 모스크바 대공 바실리 2세가 뚱뚱하다는 뜻으로 톨스토이라는 별명을 주자 그것을 성으로 사용하기 시작했다(러시아어로 톨스토이는 '뚱뚱하다'는 뜻이며, 레프는 '사자'다. 레프 톨스토이를 한국말로 하면 '뚱뚱한 사자'라고 할 수 있다).

죽음에 대한 톨스토이의 생각은 그가 살아온 인생의 모습을 반영하는 거울이라고 할 수 있으니, 톨스토이에게 죽음의 문제는 그의 문학과 삶을 나타내는 본질적인 문제였다. 어느 시대, 어느 작가에게서든 죽음이란 주제는 삶의 모습을 규정하는 것이지만 톨스토이에게는 죽음이 추상적인 상념이 아닌 현실의 생생한 사건이었다.『안나 카레니나』에서 스티바와 레빈이 나누는 죽음에 대한 대화에서 스티바는 죽음을 이해할 필요 없는 것으로 받아들인다.

"이 세상의 생활이 극히 즐거운데 무엇 때문에 저승에 대한 두렵고 과장된 말들이 필요한지 이해할 수 없었다."

(『안나 카레니나』[16])

　반면 톨스토이의 생각을 그대로 보여주는 레빈은 죽음
에 대해 깊이 사색한다.

　"오늘내일 사이에 죽으면 뒤에는 아무것도 남지 않게 된다
는 것을 알게 되면 모든 것이 다 무의미하게 느껴지는 거
야. (…) 결국 사람이란 오직 이 죽음이라는 것을 생각하고
싶지 않기 때문에 사냥이나 노동으로 마음을 달래면서 일
생을 보내는 거야."(『안나 카레니나』)

　죽는다는 것은 삶의 종결로서, 삶은 죽음을 피하기 위
해 오직 즐거움으로 시간의 무료함을 달래는 것이라고 생
각한다. 이와 같은 레빈의 죽음에 대한 공포와 혐오감은
톨스토이가 경험한 가족의 죽음에 그대로 나타나 있다.
그의 맏형인 니콜라이와 셋째형인 드미트리의 죽음은 톨
스토이의 감정을 무감각하게 만들었다. 작품에서 레빈 역
시 형을 잃게 되는데 그의 다음과 같은 언급에서는 슬픔
보다 공포가 크게 나타난다.

　죽음, 만물의 피할 수 없는 종결은 처음으로 불가항력을

지니고 레빈의 앞에 나타났다. 그리고 이 죽음은, 비몽사몽간에 아무런 의미도 없이 다만 습관적으로 하느님을 부르기도 하고 악마를 부르기도 하면서 신음하고 있는 사랑하는 형의 내부에 있는 이 죽음은, 지금까지 그가 생각했던 것처럼 그렇게 멀리 있는 것은 결코 아니었다. 죽음은 자기 자신 속에도 있었다. 그는 그것을 느꼈다. (『안나 카레니나』)

톨스토이는 1830년에 어머니를 여의고, 1837년 아버지의 죽음, 1856년 드미트리 형의 죽음과 1860년 니콜라이 형의 죽음, 1874년 자신의 보모였던 타티야나 아주머니의 사망, 1873~77년 사이 자신의 아이들인 넷째 표트르와 다섯째 니콜라이, 조산한 딸아이의 죽음까지 가족들의 죽음을 경험하게 된다. 톨스토이의 죽음에 대한 사색은 혈육들을 잃은 슬픔과 죽음으로 인한 공포로 나타나며, 나아가 삶에 대한 회의적인 감정을 극복하기 위한 것으로 볼 수 있다. 죽음과 삶의 새로운 철학적 명제들과 사상은 그의 작품인 『참회록』과 『인생론』에서 직접적으로 언급되고 있다.

삶과 죽음은 결국 하나로 귀결된다

작가의 나이 50세 이후 '정신적 위기'를 겪은 후 도덕주의자로 변모하는 과정은 삶에 대한 회의와 의문에서 비롯되었는데, 기실 우리가 알고 있는 톨스토이에 대한 좋은 이미지는 정신적 위기 이후에 도덕적으로 변화된 모습이 대부분이다. 젊은 날의 톨스토이는 도박과 술, 사창가를 전전했다. 1849년(21세) 2월, 대학졸업자격을 얻기 위해 페테르부르크대학에 원서를 제출하고 형법시험 두 과목에 합격하고는 기분 좋은 나머지 도박판에 뛰어들어 많은 돈을 잃고 말았다. 이후 영지인 야스나야폴랴나에 돌아가서 여유로운 생활을 보내다가 만사에 권태로움을 느끼고 세 가지 계획을 세우게 된다. 그 계획의 첫 번째가 자기보다 돈 많은 사람과 도박을 벌이는 것, 둘째는 부유한 귀족의 딸과 결혼하는 것, 셋째는 편하고 보수가 좋은 직장을 구하는 일이었다.

1854년(26세), 『소년시대』를 탈고한 후 톨스토이는 도박에 빠지고 사창가를 찾아다녔다. 어쩌다가 정신을 차리지만 그때뿐이었다. 그리고 1856년(28세), 형 드미트리의 죽음으로 톨스토이가 받은 충격은 너무도 컸다. 형의 죽음으로 인해 무절제한 생활이 다시 시작되었으니, 술에 만취하고, 집시여자들에게 빠져들고, 도박판에 끼어들었다. 이와 같은 그의 태도에 주변 사람들과 사교계의 비난이 심해졌다. 당시 톨스토이는 삶에 대한 회의와 죽은 가족으로 인한 고통으로 방황하는 시간을 보내게 되는데 이와 같은 방황은 그의 작품에서 죽음을 극복하고 죽음과 대면하는 인물들에게서 구체적으로 재현되고 있다.

죽음에 대한 끊임없는 번민의 상황은 그의 소설 『세 죽음』, 『이반 일리치의 죽음』에서 자주 언급되며, 『안나 카레니나』에서는 자신의 분신으로 여기는 레빈의 모습을 통해 보여주기도 한다. 다음은 『참회록』 중 일부다.

어떻게 살아야 하며 무엇을 해야 하는지 전혀 짐작조차 가지 않는 회의의 순간, 삶이 멈추어버리는 듯한 순간이 나를 찾아오게 된 것이다. 그리하여 나는 안정을 잃고 의기소침하게 되었다. 그러나 이런 상태가 곧 지나고 나면 나는 다시 이전과 같은 생활을 되풀이했다. 그런데 이러한 회의의 순간이 보다 더 빈번하게 늘 같은 형태로 되풀이되기 시작했다. 삶이 멈추어버린 듯한 이런 상황에서 늘 똑같은 의문 - '무엇 때문에?', '그래서 그 다음에는?'이라는 - 이 솟아오르곤 하는 것이었다. (『참회록』[17])

죽음은 삶의 문제로 회의와 비관을 불러오게 되어 톨스

토이는 여러 번 자살을 결심한다. 그러나 삶을 정리하지 않고는 죽을 수 없다는 생각에 그는 망설이게 되고, 이와 같은 생각은 레빈의 자살에 대한 사유와 유사한 측면이 많다.

내가 자살을 급하게 결행하고 싶지 않았던 것은, 그전에 꼭 온 힘을 기울여 사상적인 혼란을 정리하고 싶었기 때문이다. 그런 사상적인 정리를 하지 못했더라도, 그다음에 자살해도 늦지 않다고 생각했기 때문이다. 그래서 행복한 인간이었던 나는 밤마다 옷을 벗고 혼자 있는 동안 내 방의 선반과 선반 사이 횃대에 목을 매지 않기 위해 내 주변에서 밧줄이나 줄은 모조리 치워버리고, 순간적으로 내 생명을 끊을 수 있는 자살 방법에 지지 않도록 총을 들고 사냥하러 나가는 것도 그만두었다. 내가 무엇을 바라고 있는지 스스로도 알 수 없었다. 나는 생을 무서워했다. 생에서 달아나려고 안간힘을 썼다. 그러면서도 여전히 뭔가를 생에 기대하고 있었다. (『안나 카레니나』)

『참회록』에서는 다음과 같이 자살을 권유하기도 한다.

나와 쇼펜하우어가 삶을 거부하는 것을 방해할 사람은 아무도 없다. 자살하라. 그러면 그런 생각에 골머리를 썩일 일도 없을 것이다. 삶이 싫으면 자살해라. 살면서 삶의 의의를 깨달을 수 없다면 삶을 끊어버리는 게 낫다. (『참회록』)

『전쟁과 평화』를 탈고한 후, 1869년 여름 톨스토이는 쇼펜하우어의 서적들을 읽고 삶에 대한 깊은 고뇌와 회의에 빠져들게 된다. 아르자마스로 여행하던 중 그의 공포감은 절정에 달하게 된다.

"새벽 두시였습니다. 나는 너무도 피곤해서 잠에 들고 싶었는데 느낌은 퍽 좋았습니다. 그러나 갑자기 절망감, 두려움, 공포가 밀려왔습니다. 이전에는 전혀 경험해보지 못한 것이었습니다. 나중에 이 느낌에 대해 당신에게 자세히 말해줄 생각입니다. 이전에 나는 그처럼 고통스러운 느낌을 겪어본 적이 없었습니다. 신이 다른 사람들에게는 그것을 경험하지 못하게 해주시기를 기도했습니다."[18]

이 같은 '공포의 15분'에 대한 기억은 망각하고 싶은 것이지만, 자기 자신에 대한 두려움이 공포만큼이나 강했다.

"도대체 이 무슨 어리석은 일인가?" 나는 나 자신에게 되뇌었다. "내가 왜 이런 우울증에 빠져야 하지? 도대체 나는 무엇을 두려워하는가?" "바로 나지." 죽음의 목소리가 대답했다. "내가 바로 여기에 서 있거든!"[19]

아르자마스에서의 경험은 무서운 것이었지만 톨스토이는 피할 수 없는 숙명인 죽음과 대면하게 되고, "삶과 죽음은 결국 하나로 귀결된다"는 명제에 다다른다. 톨스토이는 자신의 모든 행위와 느낌, 모든 업적과 열망이 어느 날 갑자기 죽음에게 삼켜지고 허망하게 부서질 것이라는 염려 없이는 일상의 어떤 일도 생각하지 못하게 되는데, 이와 같은 톨스토이의 생각은 러시아의 "생명의 저항할 수 없는 본능"과 "죽음에의 과도한 두려움" 사이의 모순에서 오는 영적 표현인 동시에 톨스토이의 이후 삶을 변화시키는 계기가 된다. 변화된 삶은 현재를 겸허한 시간으로 인식하고 금욕주의의 도덕적, 종교적 혁명을 받아들이며 이와 같은 사상을 바탕으로 죽음에 이르기 전에 올바른 인생의 경험들을 쌓아가도록 그 길을 제시하고 있다.

'죽음'은 참되고 겸손한 삶으로 이끄는 위대한 계기
톨스토이가 말하는 죽음은 그것을 받아들이는 관점에 따라 부정적인 죽음과 긍정적인 죽음, 이상적인 죽음으로 나눌 수 있다. 죽음을 거부하는 자세는 부정적인 죽음으로, 죽음을 순순히 받아들이는 자세는 긍정적인 죽음으로, 그리고 죽음 이후라도 자신의 몸을 이루는 물질 형식은 변함이 없다는 것을 인식하고 즐겁게 받아들이는 자세는 이상적인 죽음으로 유형화시켜볼 수 있다. 톨스토이의 작품 『세 죽음』에서는 죽음에 대한 수용 자세를 이러한 세 가지 유형으로 구체화시키고 있다. 귀부인 쉬르스킨스카야의 죽음에 대한 두려움과 거부는 부정적인 죽음인 반면, 가난한 마부 호베도르가 자연스럽게 맞이하는 나의 죽음은 긍정적인 유형이라고 할 수 있다. 그리고 인간의 죽음이 부정적인 죽음과 긍정적인 죽음으로 나뉠 수 있다면 도끼로 쓰러진 나무의 죽음은 자연적이며 이상적인 죽음으로 그려지고 있다.

『안나 카레니나』에서 레빈의 형 니콜라이의 죽음, 『세 죽음』에서 귀부인의 죽음, 『이반 일리치의 죽음』에서 일리치의 죽음은 사실적인 묘사를 통해 그려지는데, 각각에서 죽어가는 이들은 모두 자신의 죽음을 거부하지만 옆에서 그들의 고통스러운 순간을 지켜보는 이들은 환자들이 빨리 죽어주기를 바라는 마음을 그대로 노출한다. 이와 같은 시각은 『이반 일리치의 죽음』에서 극명하게 묘사되며 작가의 일기에도 그대로 반영된다.

비록 친한 동료가 죽었지만 막상 사망 소식을 접하자 사람들은 으레 그렇듯이 자기가 아니라 그가 죽은 데 대해 안도하는 듯했다. (『이반 일리치의 죽음』)

산다는 것은 죽는 것이다. 잘 산다는 것은 잘 죽는 것이다. 그러므로 사람은 잘 죽도록 노력하지 않으면 안 된다. (『일기』)

또한 『인생론』에서 톨스토이는 죽음의 공포에 대해 다음과 같이 말한다.

죽음의 공포는 죽음 자체에 대한 공포가 아니라 지금까지 살아온 그릇된 삶에 대한 공포이다. 그 증거로서 가끔 죽음의 공포 때문에 자살하는 사람이 있다. (『인생론』[20])

죽어가는 이반 일리치의 절규와 고통은 죽음에 이르지 못하고 남아 있는 살아 있는 시간에 대한 무료함과 통증으로 나타난다.

이반 일리치는 홀로 남아 연신 신음했다. 그건 끔찍한 통증 때문이 아니라 심적 고통 때문이었다. '항상 그래. 밤이

110

나 낮이나 도무지 잠이 안 오니. 차라리 좀 빠르면 좋으련만. 뭐가 빨라? 죽음, 어둠 말이야. 아냐. 안 돼. 그래도 뭐가 됐든 죽음보단 나아!' (『이반 일리치의 죽음』)

게라심은 고통스러워하는 이반 일리치에게 다음과 같이 말한다.

"우리 모두 언젠가는 죽습니다. 그러니 수고 좀 못할 이유도 없지요?" 이런 그의 말에는 자기가 하는 일이 죽어가는 사람을 위한 것이기 때문에 번거롭지 않고, 언젠가 자기 차례가 되면 누군가 자기를 위해서도 그렇게 해주기를 바란다는 소망이 담겨 있었다. (『이반 일리치의 죽음』)

게라심의 이 말 때문에 일리치는 죽기 전까지 가족보다 하인인 그를 더 신뢰하게 되고, 죽음의 순간을 고통이 아닌 현실로 직시하게 된다. 스스로의 죽음을 받아들이게 되는 것이다. 죽음으로 인한 삶의 고통을 톨스토이는 소설 속의 인물들과 자신의 회고록에 기록함으로써 마지막 순간을 연습하고 있었는지도 모른다. 하지만 톨스토이의 마지막은 일리치의 마지막처럼 지켜봐주는 사람이 있는 가운데 운명하지는 못했다.

1910년 7월 22일, 82세의 톨스토이는 유언장을 작성하고 10월 28일 새벽에 가출을 결심한다. 그리하여 부인에게 작별 편지를 남기고 셋째딸 알렉산드라와 의사 마코비츠키와 함께 여행을 떠난다(톨스토이의 가출은 러시아 사회와 문단에 커다란 스캔들로 남았다). 10월 31일, 랴잔과 우랄 간 철도의 작은 역인 아스타포보에서 내렸고, 11월 3일에 마지막 일기를 남기고 11월 7일 오전 6시 5분 관사에서 그가 그토록 공포스러워하던 죽음을 맞이한다. 다음은 공식적인 그의 유언이라 할 수 있는 부인에게 보내는 마지막 편지글이다.

1910년 10월 28일 야스나야폴랴나
나의 가출이 당신을 슬프게 할는지도 모르오. 참으로 안 된 일이지만 그 길밖에 딴 도리가 없다는 것을 이해해주기 바라오. 집에서의 나의 처지는 정말 더 이상 견딜 수가 없소… 나는 지금까지 살아온 것처럼 사치스러운 생활을 더 이상 계속할 수가 없단 말이오. 그래서 나는 나와 같은 또래의 노인들이 흔히 하는 일을 하려고 하오. - 말하자면 내 생애 마지막 나날을 호젓하게 그리고 조용하게 지내기 위해 속세를 떠나겠소.[21]

톨스토이는 수백 번의 죽음을 묘사하기 위해서 그토록 수없이 격동하는 영혼 그 내부의 가장 섬세한 사고의 섬유질을 파고들어 자신의 죽음을 앞서 체험하는 동시에 작품으로 형상화했고 또 그것과 공감하는 삶을 살아야 했다.

  공포와 고통 속에서 시작된 죽음에 대한 사색은 삶에 대한 회의와 위기의 연장으로 나타난다. 살아 있다는 것의 감정을 겸손하고 겸허하게 받아들여 '선'의 마음으로 바꾸게 되는 계기가 톨스토이가 보는 죽음의 의미라고 볼 수 있다. 또한 톨스토이의 작품에서 나타나는 죽음은 소멸로 죽음을 부정하지 않는다는 점에서 기독교적이기는 하지만 죽음 이후의 부활을 염두에 두지 않는다는 점에서 종교적이라고도 할 수 없다.

  이와 같은 톨스토이의 죽음에 대한 사고는 현실에서 삶의 태도를 바꾸게 했으며, 도덕적이고 순박하며 겸손한 자세로 스스로를 낮추게 되는 계기가 된다. 작가의 삶은 죽음에 대한 직접적인 사색과 경험을 바탕으로 참된 삶의 방향으로 전환하고 있기 때문에 톨스토이에게서 삶의 문제는 그가 극복한 죽음의 문제에 대한 정확한 투영이 되는 것이다.

영원한 정신적 생명은
죽음과 무관하다

—이강은

죽음은 생명이 아닌 육체의 소멸일 뿐

톨스토이는 어렸을 때부터 가까운 사람들의 죽음을 겪어야 했다. 부모를 모두 일찍 여의고, 마음으로부터 의지했던 형들의 죽음을 지켜봐야 했고, 자식의 죽음도 여러 차례 겪어야 했다. 세바스토폴 전투에서는 직접 수많은 적군을 죽이는 체험도 했다. 그는 50대 초반 문학적 성공의 정점에서 죽음의 공포로 인해 심대한 정신적 위기를 맞이한다.

죽는다는 것은 무엇인가. '나'라는 존재는 왜 죽어야 하고, 죽음 이후에 '나'는 어디로 가는가. 톨스토이는 수많은 죽음을 목도하고, 자신의 죽음을 생각하며, 이 죽음의 문제를 해결하지 않고서는 인생을 한 걸음도 더 나아갈 수 없다고 생각한다. 동서양의 수많은 종교서와 철학서를 탐독하고 스스로 자신의 이성과 논리를 동원해 톨스토이는 죽음이란 현상을 관찰하고 그 본질을 탐구해나간다.

무엇보다 육체적 존재로서의 '나'는 불가피하게 죽음이라는 소멸을 맞이한다. 이것은 생명이 있는 모든 것에게서 확인할 수 있는 분명한 진실이며 보편법칙이다. 그러나 죽음에 대한 의식은 인간에게만 존재한다. 오직 인간만이 미래에 닥칠 자신의 소멸을 미리 생각할 수 있는 것이다. 그런데 이 죽음에 대한 의식은 무엇보다 죽음에 대한 두려움, 공포를 불러온다. 그러나 톨스토이는 죽음은 누구도 피해갈 수 없는 법칙이라는 것을 인정하고, 죽음 자체는 결코 두려움의 대상이 아니라고 본다. 그가 보기에, 죽음에 대한 생각과 공포 자체가 죽음보다 더 두려운 것이다.

죽음에 대한 공포는 사실상 육체적 소멸, 육체적 욕망의 소멸을 뜻한다. 죽음이 악이며 공포로 여겨지는 것은 우리가 동물로서의 육체적 존재의 법칙만을 자기 삶의 법칙으로 받아들이는 경우뿐이다. 우리가 인간이면서도 동물로 전락하는 경우, 이 경우에만 죽음이 두려운 것이 된다. 다시 말해 죽음에 대한 두려움은 주로 현재의 육체적 욕망의 상실과 관련되어 있다. 따라서 인간의 삶을 정신적인 삶으로 전환한다면 결코 죽음은 두려움의 대상이 아니다. 정신적인 삶은 결코 소멸하는 법이 없기 때문이다. 그 경우 죽음은 두려움이 아니며, 오히려 그 불가피한 법칙의 인식은 인간에게 하나의 은총이다.

톨스토이는 죽음에 대한 공포는 단순히 육체적 욕망의 소멸에 대한 공포일 뿐이므로, 삶을 정신적 가치에 대한 욕망으로 전환시킨다면 그러한 공포에서 벗어날 수 있다고 확신한다. 인간은 죽음 이후 육체가 썩어서 흙이 되어버린다는 사실을 분명히 알고 있다. 죽음 뒤에 우리에게는 수백만의 생물에게 일어나는 것과 똑같은 일밖에 일어나지 않는다는 것도 잘 안다. 인간은 자신의 생명 이전에 자신이 무엇이었는가를 알 수 없듯이 죽음 이후에 대해서도 알 수가 없다. 우리에겐 그것을 알 수 있는 이성의 역량이 주어지지 않았으며 알 필요가 없다는 것을 의미한다. 죽음 뒤에는 '나'로 불리던 의식이 다른 개체로 옮겨가거나, 아니면 더 이상 독자적인 '나'가 아니라 신과 하나로 융합하거나 하는 일이 일어날 뿐이다. 그 어느 쪽이라 하더라도 두려울 바가 없다. 영혼은 시간의 바깥에 존재해 과거도 미래도 없다. 영원한 존재 자체일 뿐이다. 그렇게 보면 죽음이란 여행 방법의 변경에 지나지 않는다.

죽음과 죽음 이후에 대한 톨스토이의 이런 이성적 논리와 확신은 인간과 삶, 신에 대한 그의 논리적 확신과 깊이

116

연관되어 있다. 인간은 전생을 알지 못하고 다음 생을 알지 못한다. 아니 알 필요도 없다. 오직 현생에서의 최고의 노력을 통해 신의 영혼에 가까이 다가가는 것만이 현생의 과제다. 그 어떤 것도 이루지 못해 그저 소멸해버리든가, 아니면 다른 개체로 생명이 이전해 다시 또 신의 영혼을 위한 노력을 계속하든가, 아니면 그것을 넘어 신과 융합되어 영원한 신의 세계로 가든가, 그것은 지금 '나'에게 알 수도 없는 일이고 알 필요도 없다. 그러니 톨스토이에게 죽음은 결코 두렵지 않은 일이며, 오직 지금 주어진 생명의 한계 내에서 최대한 신의 영혼을 자신 속에 실현하는 것만이 신이 부여한 과제인 것이다.

"죽음 대신 빛이 있다"

중편 『이반 일리치의 죽음』은 톨스토이의 이런 믿음을 탁월하게 보여준 작품이다. 고위 판사로 남부럽지 않게 출세하고 세상의 갖가지 욕망을 과하지 않게 적절하게 향유하며 살아갈 줄 아는 이반 일리치는 보다 높은 지위를 얻고 새 집을 구한 순간 이유를 알 수 없는 병을 얻게 된다. 서서히 죽어가는 그의 눈에 가족과 동료, 자신의 주변세계는 어떻게 비쳐지는가. 그는 후회와 원망, 증오와 고통 속에서 힘들게 하루하루를 살아간다. 어느 순간 이반 일리치는 모든 사람에 대해 미안해하며 모든 것을 용서하고 싶은 마음이 든다. 이제까지 결코 가져보지 못한 감정이다. 비록 그 감정이 표현되지 못하지만 이반 일리치는 그런 깨달음을 갖는 순간 죽음의 고통으로부터 벗어난다.

언제나 똑같은 생활이었다. 하루를 살면 하루 더 죽어가는 그런 삶이었다. 한 걸음씩 산을 오른다고 생각했지만 사실은 한 걸음씩 산을 내려가고 있었던 거야. 그래, 맞다. 세상 사람들은 내가 산을 오른다고 보았지만 내 발밑에서는 서서히 생명이 빠져나가고 있었던 거야… 그래, 결국 이렇게 됐지. 죽는 일만 남은 것이다!
그런데 왜? 왜 이렇게 된 것이지? 그럴 리가 없다. 삶이 이렇게 무의미하고 역겨운 것일 수는 없는 것이다. 삶이 그렇게 무의미하고 역겨운 것이라면 왜 이렇게 죽어야 하고 죽으면서 왜 이렇게까지 고통스러워해야 한단 말이냐? 아니다, 뭔가 그게 아니다.[22]

그가 살아온 인생이 잘못된 것일 수 있다는 생각은 전에는 전혀 불가능한 것이었다. 하지만 이제 그것이 진실일지도 모른다는 생각이 그를 사로잡았다. 높은 사람들이 훌륭하다고 여기는 것에 맞서 싸우고 싶었던 마음속의 어렴풋한 유혹들, 생각이 나자마자 신속하게 털어버렸던 그런 은밀한 유혹들, 어쩌면 바로 그런 것들이 진짜고 나머지 모든 것은 다 거짓이었을지 모른다. 자신의 일과 삶의 방식, 가족, 사교계와 직장의 모든 이해관계도 다 거짓인지 모른다. 이반 일리치는 자기 자신에게 그 모든 것을 변호하려고 애를 쓴다. 그러다 갑자기 자기가 변호하려는 이 모든 것이 너무나도 허약한 것이라는 느낌을 갖게 된다. 그리하여 그는 그 무엇 하나 변호할 수가 없다.

그러자 돌연 모든 것이 환해지며 지금까지 그를 괴롭히며 마음속에 갇혀 있던 것이 일순간 밖으로, 두 방향으로, 열 방향으로, 온갖 방향으로 한꺼번에 쏟아져나왔다. 가족들이 모두 안쓰럽게 여겨지고 모두의 마음이 아프지 않도록 해주고 싶었다. 이 모든 고통으로부터 자신도 벗어나고 가족들도 다 벗어나게 해주어야 했다.
'이 얼마나 간단하고 훌륭한 일인가!'
그는 이렇게 생각했다.
'그런데 통증은? 통증은 어디로 갔지? 어이, 통증, 너 어디 있는 거야?'
그는 조용히 귀를 기울였다.
'아, 여기 있었군. 그래, 뭐 어때, 거기 있으라고.'

'그런데 죽음은? 죽음은 어디 있지?'

그는 오랫동안 곁에서 떠나지 않던 죽음의 공포를 찾으려 했으나 찾을 수 없었다. 죽음은 어디에 있지? 죽음이 뭐야? 죽음이란 것은 없었기 때문에 이제 그 어떤 공포도 있을 수 없었다.

죽음 대신 빛이 있었다.

"그래, 바로 이거야!"[23]

마치 죽어보기라도 한 사람처럼 죽음에 대해 놀라운 묘사력과 통찰력을 가진 것은 톨스토이가 얼마나 죽음의 문제에 대해 깊고 면밀하게 숙고했는가를 잘 보여준다. 특히 톨스토이의 이런 성찰은 단순한 이론적 사고가 아니라 믿음과 실천 그 자체였다. 톨스토이의 유언은 바로 이런 믿음과 실천을 묵묵히 증언한다.

1) 내가 죽는 바로 그곳에서 장례를 치를 것. 만일 도시에서라면 가장 값싼 공동묘지를 찾아 가장 값싼 관에 가난한 사람들 장례와 마찬가지로 치를 것. 그 어떤 꽃도 놓지 말고 화관도 올리지 말 것이며 그 어떤 추모의 말도 생략할 것. 만일 가능하다면 성직자도 부르지 말고 교회의식도 행하지 말 것. 그러나 만일 장례를 치러줄 사람들이 받아들

이지 않아 어쩔 수 없다면 아주 간소한 교회의식을 받아들
이되 가능한 단순하고 값싸게 실시할 것.

2) 나의 모든 저작들, 문학작품과 모든 종류의 저술, 출판
된 것이든 미출판된 것이든 모든 저작들에 대한 저작권은
사후 그 누구의 것도 아니라는 점을 선언한다. 원하는 사
람은 누구든 무료로 출판하거나 재출판할 수 있다.[24]

톨스토이는 인간의 생명과 삶에 대한 성찰 끝에, 죽음이
인간의 육체적 생명과 그 속에 내재한 동물적 생명의 끝
일 뿐 결코 영원한 정신적 생명은 죽음과 무관하다는 확
신에 도달했고, 그 확고한 신념에 따라 살고 죽은 것이다.

절망을
극복하는 방법은
무엇인가
?

절망은 현실 아닌
'현실에 대한 욕망'으로부터 오는 것

절망은 현실 아닌
'현실에 대한 욕망'으로부터 오는 것
―이강은

무릇, 욕망이 절망을 낳는 법

절망이란 희망을 잃은 상태를 말한다. 하지만 실제로 희
망을 잃은 상태가 절망이라기보다 희망을 잃었다고 생각
하는 생각 자체가 절망인 경우가 많다.

『안나 카레니나』의 여주인공 안나는 브론스키와의 사
랑이 끝났다고 생각하고 기차에 몸을 던진다. 더 이상 어
떤 희망도 그녀에게 존재하지 않는다고 생각했던 것이다.
하지만 사실 브론스키로서도 어찌할 수 없는 상황이었다.
안나를 사랑했지만 브론스키로서는 자신에게 주어진 사
회적 상황을 수용하지 않을 수 없었다. 그러나 어쨌든 브
론스키는 여전히 안나를 사랑하며 사교계의 모욕적인 상
황을 벗어나 안나와 함께 시골에서 삶을 유지하고자 노력
한다. 그러나 안나가 보기에 브론스키의 그런 노력은 진

심이 아니다. 안나는 브론스키가 더 이상 자신을 사랑하지 않고 오직 마지못한 의무감으로 자신을 대하고 있다고 생각한다.

'내 사랑은 차츰 열정적이고 이기적으로 변해가는데 그이의 사랑은 점점 식어가고 있다. 그리고 이것이 우리들의 마음이 멀어지는 원인이다.' 그녀는 이렇게 생각을 계속해 갔다. '이것은 이제 어떻게 할 수도 없다. 나의 모든 것은 그이 한 사람에게 있기 때문에, 나는 언제나 내게 더 많은 것을 주기만을 바라고 있다. 그런데 그이는 점점 더 내게서 멀어져가려고 한다. 우리들은 말하자면 결합될 때까지는 양쪽에서 서로에게 접근하였지만, 그러고 나서는 억누를 수 없는 기세로 제각기 다른 방향으로 떨어져 가버렸던 것이다. (…) 만약 그이가 나를 사랑하지 않고 의무라는 관념에서 나에게 부드럽고 친절하게 대해줄 뿐 내가 바라고 있는 감정은 없다고 한다면, 그렇다, 그것은 오히려 증오보다 천 배나 더 나쁘다! 그것은, 지옥이다!'[25]

안나가 브론스키를 사랑한 것도 진심이고 브론스키가 안나를 사랑한 것도 진심이었다. 그러나 그들의 진심어린 사랑은 일정한 시간이 지나면서 변한다. 남편이 이혼을 거부하고 아들의 양육권도 주지 않으며, 사교계의 비난과 모욕도 견디기 힘들다. 하지만 남자인 브론스키의 사회적 상황은 전혀 변함이 없다. 오히려 더욱 남자다운 모습으로 비쳐진다. 이런 상황에서 점점 궁지에 몰린 안나는 브론스키를 질투하고 의심하며 자신과 브론스키를 괴롭힌다. 안나는 어떤 희망도 없다는 절망감에 빠져들기 시작한다. 자신에 대한 회의와 브론스키에 대한 불신, 그로 인해 브론스키를 괴롭히는 자신의 모습에 대한 환멸, 남편과 아들에 대한 수치심 등으로 안나는 더 이상 삶을 유지할 수 없다. 그녀에게 죽음은 모든 것을 해결해주면서 남은 사람들에게 자신을 주장하는 유일한 방법으로 여겨진다.

'남편과 아들의 치욕과 불명예도, 나의 이 무서운 치욕도, 죽음은 모든 것을 구제해준다. 죽자. 그러면 저이(브론스키)도 뉘우치겠지. 나를 불쌍히 여기리라, 사랑해주리라, 나를 위해 괴로워해주리라.' 스스로를 가여워하는 듯 희미한 미소를 띤 채, 그녀는 안락의자에 앉아 왼손의 반지를 뺐다 끼었다 하면서 자기가 죽은 뒤에 그가 느낄 감정을 여러 모로 생생하게 마음에 그려보고 있었다.[26]

안나는 이렇게 절망감에 빠져 달려오는 기차에 몸을 던

진다. 그러나 사실 안나가 느끼는 절망은 실제 존재하는 현실에 대한 절망이라기보다 자신이 상상하고 추정하는 현실에 대한 것이다. 남편과 아들에 대한 문제도 나름 해결 대책이 모색되고 있었고, 브론스키도 안나와의 새로운 생활여건을 조성하기 위해 노력하고 있었다. 그러나 안나는 자신이 생각하는 사랑이 허물어지면서 상상의 절망감에 빠진다. 급기야 아편에 손을 대면서 절망감을 달래던 그녀는 자신의 상황을 점점 극적인 것으로 인식하기 시작한다. 그런 그녀에게 상상의 현실은 더 이상 출구가 없어 보였던 것이다. 절망은 현실 자체가 아니라 현실에 대한 욕망으로부터 발생한다. 즉 절망의 원인은 현실 자체에 있다기보다 자기 자신에게 먼저 존재하는 것이다. 안나는 절망의 순간에도 자신의 절망적 행위가 타인들에게 어떤 반응을 불러일으킬지 궁금해한다. 즉 절망의 순간에도 그녀는 욕망하고 있는 것이다.

그런데 톨스토이는 안나의 절망에 어떤 시선을 보내고 있는 것일까? 육체적 사랑에 몸을 맡긴 한 여인의 비극인가? 아니면 진실한 사랑을 찾아가는 여인을 받아들이지 못하는 당대 사회의 보수성에 대한 비난인가? 아마 이 질문에 대한 하나의 답을 찾기란 쉽지 않을 것이다. 분명 두 측면을 다 가지고 있기 때문이다. 작품에는 안나와 브론스키의 현실적이고 육체적인 사랑에 대비해 레빈과 키치의 이상적이고 정신적인 사랑이 그려져 있다. 이런 점에서 톨스토이가 안나의 사랑이 가진 육체성의 한계를 보여주고자 했다는 점은 분명하다. 현재 누리고 있는 삶에서 육체적 욕망을 극대화한 결과는 결코 행복으로 나아갈 수 없고 참담한 절망과 비극으로 끝날 수밖에 없다는 톨스토이 사상이 반영된 결과다.

불행과 고통 또한 진정한 삶의 한 부분이다

톨스토이는 『고백』을 통해 자기의 삶을 참회한다. 그가 보기에 오십여 년의 자신의 삶은 내적, 도덕적 관점에서 보면 결코 진실하지도, 도덕적이지도 못했다. 자신은 언제나 현생에서 누리고 있는 육체적 욕망을 충족하기 위해 살았고, 신앙 역시 일종의 욕망이었을 뿐이다. 하지만 아무리 그 욕망을 충족해도 욕망은 줄어들지 않고 더욱 커져갈 뿐이다. 더구나 더 이상 그걸 욕망할 수조차 없게 만드는 죽음이 다가오고 있다. 톨스토이는 여기서 육체적 욕망을 쫓아온 자신의 모든 삶이 아무 의미가 없는 것이었다는 절망에 빠진다.

절망으로부터 벗어나는 길은 절망의 모습을 이성적으로 직시하는 것이다. 왜 절망하고 있는가. 톨스토이는 자신이 느끼는 절망은 육체적 생명에 의거하는 행복만을 추구한 결과라고 판단한다. 그것은 결코 충족될 수도 없는 것이고 줄어들지도 않는 것이다. 『고백』을 통해 톨스토이는 자신의 정신적 위기가 허구적 삶을 추구한 결과이며, 보다 진정한 생명의 본질을 깨닫는다면 절망이란 존재하지도, 존재할 수도 없는 것이라는 생각에 도달한다.

인간에겐 동물적 생존법칙과 이성적 생명법칙이 동시에 작용한다. 그런데 동물적 생존법칙만을 유일한 삶의 법칙으로 여긴다면 인간은 고통과 절망으로부터 벗어날 수 없다. 사실 동물은 동물적 법칙에 의거해 살아가지만 그로 인해 고통과 절망을 느끼지 않는다. 동물들 간에 먹고 먹히는 생존투쟁이 존재한다 하더라도 동물들은 때론 타자를 약탈하고 때론 자신도 타자에게 약탈당할 뿐, 그로 인해 괴로워하거나 절망하지는 않는다. 동물들은 마땅히 따라야 하는 자신의 법칙에 충실할 뿐이다. 그들이 괴로워하고 절망하는 듯이 보이는 것은 인간의 눈에 그렇게 보이는 것일 뿐이다.

그러나 인간은 자신의 동물적 생존법칙에 따르면서 고통과 절망에 힘들어한다. 동물적 생존법칙만을 믿는다면 고통스러운 절망에 빠질 이유가 무엇이 있겠는가? 동물과 같이 주어진 외부조건에 맞추어 때로는 잡아먹고 때로는 잡아먹히며 생명의 법칙을 따르면 그뿐 아닌가. 하지만 인간에게는 그러한 삶이, 있어야 할 마땅하고도 진정한 삶이 아니라는 이성이 작동하기 때문에 그것이 괴롭고 절망스러운 것이다. 그렇다면 인간의 고통과 절망은 진정으로 고통스럽고 절망스러운 것이 아니라 진정한 삶을 추구하는 이성의 존재가 있다는 것을 증명하는 것이 된다. 다시 말해 고통과 절망은 인생에서 배제되어야 할 부정적인 어떤 것이 아니라 인생의 의미를 깨닫게 해주는 필수적인 이성적 인식인 것이다.

여기서 인간에게는 두 가지 선택이 있을 수 있다. 자신이 겪고 있는 고통과 자신의 생명 사이의 연관을 인정하지 않고, 수많은 고통을 아무 의미 없는 괴로움이라고 견디며 살아가는 것이 하나이다. 다른 하나는, 나의 잘못된 행위들로 인한 결과들, 즉 나의 죄가 내 모든 고통의 원인이라는 것을 인정하고, 나의 모든 고통은 나와 다른 사람들의 죄에 대한 속죄이자 구원이라는 것을 인정하는 것이다.

고통에 대해 인간이 취할 수 있는 태도는 이 두 가지뿐이다. 하나는 고통의 외적 의미를 알지 못하기 때문에 그것은 있을 수 없는 것이라는 태도이고, 다른 하나는 고통의 내적 의미란 내 진정한 생명을 위한 것임을 인정하고, 그것을 마땅히 있어야 할 것으로 바라보는 태도이다. 전자는 나의 개별적이고 개체적인 생명의 행복을 행복으로 인정하는 태도에서 나온다. 후자는 과거와 미래의 모든 내 생명의 행복이 다른 사람들과 다른 생명들과 불가분한 연관 속에 있다는 것을 인정하는 태도에서 나온다. 전자의 견해에 입각하면, 인간은 고통에 대해 그 어떤 설명도, 어떤 활동도 하지 않고, 그 무엇으로도 해결될 수 없는 점증하는 절망과 분노에 빠져 있을 수밖에 없다. 하지만 후자에 입각하면, 고통은 진정한 생명 운동을 구성하는 인간 활동, 즉 죄의식과 잘못으로부터의 해방, 이성의 법칙에의 복종 등과 같은 활동을 유발한다. (『인생론』 중에서[27])

톨스토이는 인간이 삶의 고통과 절망을 통해 오히려 삶의 본질적 의미를 깨우쳐갈 수 있다고 말한다. 고통과 절망은 인간으로 하여금 자신의 이성적 활동을 촉진하는바, 그것을 통해 인간은 자신과 세계의 모든 고통과 절망에 대한 자신의 원죄의식을 깨닫고 그것을 극복하는 활동으로 나아가게 된다는 것이다.

건강이란
무엇인가
?

몸에 대한 집착이
몸을 병들게 한다

몸에 대한 집착이
몸을 병들게 한다
—이강은

톨스토이의 '사상으로서의 건강법'

건강은 생명을 유지하고 생명의 행복을 발현하는 토대다. 그러나 건강은 그 자체로 중요한 것이 아니며 영원한 건강이란 불가능한 것이다. 어떤 인간도 병과 노약과 죽음을 피할 수 없다. 그럼에도 불구하고 우리는 마치 영원한 젊음을 유지할 수 있다는 듯이 지나치게 건강 자체에 집착한다. 건강에 대한 염려가 일종의 두려움과 공포가 되어 오히려 현실의 삶을 방해하는 경우도 자주 있다. 그러나 진정한 행복은 다만 건강을 유지하는 데 있지 않다. 건강은 진정한 삶의 행복을 달성하는 최소한의 도구일 뿐이다.

평균수명이 길지 않았고, 그중에서도 문학가들이 대체로 요절하곤 했던 러시아에서 톨스토이는 82세까지 사는 보기 드문 장수를 누렸다. 그는 칠십이 넘은 나이에도 평

132

행봉을 하고, 말을 타고 매일 수십 킬로를 내달리기도 했다. 그의 이런 육체적 건강이 타고난 것이라고만 말할 수는 없을 것이다. 톨스토이는 평소 육체적 노동을 강조하고 스스로 일상적 노동에 몸을 아끼지 않았다. 생활은 매우 질서 있고 체계적이었다. 지나친 감정의 과잉을 경계했고 과식과 육식을 경계했다. 오십대를 넘어서며 그는 금주와 금연을 단행하고 채식주의를 준수했다. 이와 같은 금욕적 삶이 자연스럽게 그에게 건강을 선물했을 것이다.

톨스토이가 육체적 건강을 위해 특별히 노심초사하거나 집착한 것은 결코 아니다. 오히려 그는 육체적 삶 자체에 대한 집착을 경멸했다. 톨스토이의 건강법은 오히려 건강에 신경 쓰지 않는 것이었다고까지 말할 수 있다. 우리들이 요즘 자주 말하는 건강법은 톨스토이에 따르면 지나친 과잉으로 건강에 해로운 것이다. 톨스토이가 금주와 금연, 채식주의에 따른 것도 건강 자체를 위해서가 아니라 그렇게 하지 않는 것이 정신을 마비시키고 과잉 욕망을 초래해 육체의 쾌락에 빠지도록 하기 때문이었다. 말하자면 그의 건강법은 사상으로서의 건강법이었던 셈이다.

육체의 건강은 정신으로부터 온다

톨스토이에 따르면 육체에 대한 집착은 결코 충족될 수

없다. 그런 집착은 욕망에 욕망을 더하는 결과를 낳을 뿐
이다. 따라서 최소한의 필요 이상으로 육체적 욕망에 매
달리는 것은 죄악일 뿐더러 건강에도 결코 좋지 못하다.

특별히 식욕이 나지 않는데도 불필요한 음식, 맛있는 음식
을 먹기 시작하면 대번에 위가 상해서 식욕과 먹는 기쁨을
잃고 만다. 또한 걸어서 갈 수 있는 곳에 탈것을 타고 나서
거나 부드러운 잠자리, 부드럽고 맛있는 음식, 사치스러운
실내장식 등에 익숙하거나, 스스로 할 수 있는 일을 남에
게 시키거나 하게 되면 어떻게 될까. 노동 뒤의 휴식의 기
쁨이나 추위 뒤의 기분 좋은 따뜻함, 건강한 숙면을 잃게
되고, 점점 쇠약해져 희열과 평안과 자유가 증대되기는커
녕 점점 더 줄어들고 만다.[28]

이런 말은 오늘날의 건강법으로도 충분히 타당하고 남
음이 있다. 사치스러운 잉여의 삶을 부정한 톨스토이는 스
스로도 매우 검소한 생활을 했고, 평생 딱딱한 나무침대
에서 잠을 자곤 했다. 특히 톨스토이는 육체노동이 건강의
필수 요소라는 점을 자주 강조하고 스스로 실천했다.

만약 건강한 상태로 지칠 때까지 일한다면 맑은 물에 적신

134

한 조각의 빵이 당신에게는 부자의 진수성찬보다 한층 맛있게 느껴지리라. 또 갈대 침대는 온갖 진귀한 것으로 만든 새틴 침대보다 부드러우며, 작업복은 벨벳이나 모피 옷보다도 편하고 기분 좋게 느껴질 것이다.

지나치게 육체를 편하게 하면 약해진다. 또 육체를 너무 혹사해도 약해진다. 그러나 이 둘 가운데 하나를 꼭 선택해야 한다면 편하게 놔두는 것보다 혹사하는 편이 낫다. 만약 충분히 먹지 못하고, 충분히 잠도 못 자고 과격한 노동을 했을 경우, 당신의 육체는 당신에게 잘못된 점을 금방 나타내 보이도록 만들지만, 육체를 편하게 내버려둔 경우에 육체는 훨씬 나중에야 그 병약해짐을 당신에게 나타내 보일 것이기 때문이다.[29]

이 또한 아주 설득력 있는 말로 오늘날에도 여전히 매우 유효한 격언이 아닐 수 없다. 인간이 어쩔 수 없이 육체라는 형식을 유지해야 한다면, 그리하여 진정한 생명의 행복을(육체 자체의 만족이 아니라) 육체 속에서 구현해야 하다면, 그 육체를 바르고 건강하게 유지할 필요가 있다. 그런데 육체를 편안함 속에 방치하거나 지나치게 육체 자체에 집착한다면 오히려 육체를 훼손하게 된다. 건강하게 육체를 움직이고 그 속에 건강한 정신이 깃들게 해야 한다.

톨스토이는 모든 육체적 과잉이 육체적 건강을 해친다는 점을 경고한다. 담배와 술과 온갖 마약류가 인간의 올바른 이성적 사고를 저해할 뿐만 아니라 건강도 해롭게 만든다. 톨스토이는 이런 생각에 도달하자마자 술과 담배를 즉각 끊었다. 톨스토이는 인간이 자신의 동물적 육체를 위해 얼마나 잔인하게 동물을 죽이는가를 목격하고 그에 대한 참담한 심정을 토로했다. 그리고 동물에 대한 연민과 동정이 우리에게 주는 기쁨은 사냥이나 육식을 그만둠으로써 잃게 되는 쾌락보다 백배 천배 더 귀중하다고 생각하고 즉시 육식을 중단했다.

톨스토이는 이렇게 정신적 건강을 위해 육체적 건강을 강조한다. 육체는 언제나 근심을 낳을 뿐으로 그것을 만족시킬 수는 없다. 질병과 고통, 노쇠와 죽음을 피할 수도 없다. 인간의 진정한 생명은 육체적 생명이 아닌 영원 속에 존재한다. 육체는 영원한 생명이 거쳐가는 임시 숙소에 지나지 않는다. 그러니 육체와 육체적 욕망에 집착하기보다 영원한 생명이 지향하는 바, 즉 선과 행복을 지향하는 이성(신)의 뜻을 행하는 데 더욱 힘을 기울여야 한다. 그것이 육체적 건강을 바르게 하는 길이기도 하다. 톨스토이의 이러한 건강법은 육체적 건강에 맹목적으로 집착하는 오늘날의 우리에게 매우 구체적인 가르침을 주고 있다.

2부

나와 우리

톨스토이는 자신의 유한성을 분명하게 인식하는 것, 즉 세계 속에서 자신의 처지를 분명히 아는 것으로 내가 지금 '나'의 것이라고 생각하는 그런 삶에는 어떤 이성적 목적도 가치도 없다는 것을 깨달을 수 있다고 판단한다. 무한한 세계에서 순간에 지나지 않는 자신의 삶에 대해 확고하게 인식하는 사람이라면 한순간에 지나지 않는 덧없는 동물적 욕망이 아니라 최고의 정신적 가치인 이성의 법칙에 따르는 것이 진정한 '나'의 생명을 빛내는 길임을 알 수 있다는 것이다.

나는
누구인가
?

파우스트의 힘과
부처의 자유를 소망한 톨스토이

'진실한 인간적 생명'으로
다시 태어나라

파우스트의 힘과
부처의 자유를 소망한 톨스토이
—김성일

'나는 도대체 어디에 있는 것일까?'

　- '나는 지금 어디에 있는 거지?'(『전쟁과 평화』, 로스토프)

　- '나는 도대체 어디에 있는 것일까?'(『전쟁과 평화』, 안드레이)

　- '나는 어디에 있는 것일까?'(『전쟁과 평화』, 피에르)

　- "'전혀 어울리지 않는 곳에 있다'는 의식은 러시아에서 톨스토이보다 앞서 살았던 많은 작가들에게 반복되는 주제였다."(앤드류 노먼 윌슨)

　- "48년 동안 레프 니콜라예비치와 살았지만, 나는 그가 진정 어떤 사람인지 알지 못했다."(아내 소피야 안드레예브나)

레프 니콜라예비치 톨스토이 백작은 1910년 11월 7일 아침 6시 5분 폐렴으로 생을 마감했다. 그는 작은 마을 아스타포보의 간이역 근처에 있는 역장의 소박한 철제침대에 누워 있었다. 82년 전 태어나 인생의 대부분을 보냈던 자신의 집이 있는 영지 야스나야폴랴나로부터 약 320킬로미터 떨어진 곳에 있는 것이다. 11일 전 그는 몇몇 가능한 목적지를 염두에 두고 성급히 비밀스럽게 영지를 떠났다. 결국 그는 48년간 함께 살아온 아내 소피야 안드레예브나로부터 완전히 벗어나 도망자가 되었으며, 그녀가 마침내 톨스토이를 따라잡았지만 기차역 대피선에 머물고 있는 특별열차를 벗어나지는 못했다. 그녀로 인해 매우 위중한 상태인 톨스토이에게 무슨 일이 생길지도 몰라 만나는 것이 금지되었기 때문이다. 톨스토이가 의식을 잃은 후에야 마침내 그녀는 남편을 볼 수 있었다.

죽어가는 톨스토이가 무의식 속으로 사라져가는 동안 그녀를 못 들어오게 했던 사람들 — 일군의 의사들과 그녀의 아들 세르게이 르보비치, 그녀의 딸 알렉산드라 르보브나(샤샤), 남편의 소중한 동료이자 수제자로서 그녀가 가장 견디기 힘들어하는 적인 블라디미르 체르트코프 — 사이에서 소피야는 애처로운 표정을 지었다. 그런데 이 우울한 장면은 한 인간의 비극적 죽음과는 안 어울리지

140

않는가? 그렇다면 이 죽음은 주목할 만큼 풍부했던 삶의 마감을 표현하는 아주 진부한 멜로드라마, 그로테스크한 익살극일 뿐인가? 아니면 이 두 가지 요소를 모두 다 갖고 있는 것인가? 톨스토이를 죽음으로 이끌어간 마지막 11일은 이러한 질문에 확실한 대답을 주는 충분한 증거를 제공한다.

톨스토이 삶의 많은 다른 측면들과 마찬가지로 그의 마지막 삶의 나날들은 당혹감을 불러일으키기에 충분하다. '무엇 때문에 삶이 이러한 파국으로 치닫게 되었는가?', '시작이 어떠했기에 이러한 끝을 맺게 되었는가?', '레프 톨스토이는 누구인가?' 이러한 질문에 대한 대답으로, 본질적으로 구별되는 두 가지 관점을 통해 톨스토이의 삶을 살펴보고자 한다. 하나는 톨스토이 자신의 관점이며 다른 하나는 그와 동시대를 산 두 명의 젊고 뛰어난 작가인 막심 고리키와 이반 부닌의 개인적 관찰에 의한 것이다. 그들은 톨스토이를 그의 말년에 알게 되었다. 특별히 이 두 작가가 그의 개성을 어떻게 평가했는지 논의하기 전에 톨스토이 스스로 자신의 삶을 해석하려고 했던 최초의 맥락속으로 들어가보자. 그래서 톨스토이 삶의 보다 중요한 전기적인 몇 가지 세부사항들로부터 우선 시작하고자 한다. 이렇게 함으로써 톨스토이 삶에 대한 요약된 평가와 함께 이 두 매우 유능하고 기민한 동시대인들이 그를 어떤 종류의 문화적 인물로 증언하는가에 대한 평가를 내리고자 한다.

스스로의 삶을 분류한 톨스토이

톨스토이의 가장 두드러지는 개성 중 하나는 사물을 끊임없이 분류하고자 하는 경향이다. 여기서 그의 이러한 경향은 그만의 재능과 만난다. 그의 정확하고 명확한 분류는 아마도 더 나을 수 없을 정도로 놀랄 만했으니, 영국의 저명한 사상사가인 이삭 벌린 경의 말에 따르면 톨스토이는 "이 지상의 다양한 대상과 상황들을 충만한 다양성으로 보았다. 그는 그 각각의 본질을 이해하고 그것을 그것이 아닌 것들과 어떠한 유사성도 없이 명확하게 분류하는 방법을 알았다." 이러한 설득력 있는 분류 경향은 톨스토이가 자신의 삶을 몇 가지 시기로 의미 있게 분류하는 그의 말년에 아주 뚜렷해졌다. 그러나 이 점에서 보다 명백하고 훨씬 더 중요한 것은, 삶의 근원적인 패턴을 확인해 삶이 경험의 단순하고도 우연한 응집에 불과한 것이 아닌, 근본적인 구조를 가진 상징이라는 것과 경험의 혼란스러움이 명확하게 분류되고 한순간에 해소되는, 일종의 감춰진 주된 서사로서 삶을 이해하고자 하는 톨스토이의 관심일 것이다.

톨스토이가 자신의 삶에 관한 그러한 주된 서사를 찾았던 것은 놀랄 만한 일이 아니다. 이러한 탐구는 그의 가장 위대한 소설적 창조의 주요한 테마들 중 하나다. 인간의 가능성 층위에 훨씬 더 넓고 보다 더 다양한 초점을 맞춘 이와 같은 탐구가 그의 소설작품들 속에서 초래하는 좌절은 다음과 같은 사실 속에서 나타난다. 톨스토이는 자신의 삶을 분류하는 단 한 가지의 불변적인 방법만을 생각하지는 않았다. 그는 몇 가지 분류를 고려했는데 이 중 1903년 톨스토이가 자신의 삶을 네 시기로 분류했던 것이 가장 적절할 것 같다.

이 분류가 비록 톨스토이의 초기 전기 작가인 파벨 비류코프의 요구에서 비롯된 것이기는 하지만, 전기傳記, 특히 한 사람의 삶의 진실을 설명하려는 자서전의 애매모호한 독특한 해석보다 선행하는 것이라는 점에서 매우 흥미로운 것이다. 자서전에 대한 톨스토이의 회의론은 다음과 같은 가정에 주로 근거한다. '우리가 우리 삶의 추악한 측면을 감추고 우리가 잊고자 애쓰는 얼룩진 우리의 과거를 씻어내고자 하는 것은 아주 자연스럽다.' 그는 비류코프의 요구에 대해 다음과 같이 쓰고 있다.

나는 그의 요구를 정말로 충족시키고자 했다. 그래서 나의 상상력으로 내 전기를 구성하기 시작했다. 우선 나 자신도 모르는 사이에 나는 내 삶의 좋은 일들만을 가장 자연스러운 방식으로 회상하기 시작했다. 나는 내 삶의 어둡고 나쁜 측면과 행동들을 단지 이러한 선함의 그림자로 이해하였다. 그러나 내 삶의 사건들을 보다 더 진지하게 숙고하자 그러한 전기가 - 비록 직접적인 거짓말은 아닐지라도 - 선에 대한 부정확한 강조와 기술, 그리고 악에 대한 침묵 내지는 그것을 숨기는 것의 결과로서 거짓말이라는 것을 깨달았다. 내가 내 삶의 사악함을 전혀 감추지 않고 완전한 진실을 쓰는 것을 생각해보자마자 나는 그러한 전기가 불러일으킬지 모르는 느낌에 전율하게 되었다.[1]

위의 진술이 많은 선례를 갖고 있는 자서전에 대한 의심을 표현하고 있지만, 자신의 치부에 대해 개의치 않고 『고백록』 속에서 자기 삶 전체를 변호하고자 했던 루소의 유명한 주장에 대해 경멸적인 비판을 전혀 하지 않으면서도 비류코프에 대한 응답으로 스스로 착수한 자서전 프로젝트를 완료할 수 없는 이유에 관해 어떤 생각을 나타내고 있다는 사실을 보면, 이와 같은 주저함이 진정 톨스토이적인 것이라고 말할 수 있을 것이다. 톨스토이가 많은 일에 대해 침묵하고 있다는 인상은 피하기 어렵다. 그의 방대한 일기가 입증하는 것처럼 그가 자신에 대해 그렇게 많은 글을 썼다는 사실을 고려해볼 때 이것은 특히 아이러니하다. 그러나 톨스토이 작품에 대한 가장 저명한 비평가들 중 한 사람인 보리스 에이헨바움에 따르면 그의 일기 – 혹은 적어도 초기 일기 – 는 고백의 입장이라기보다는 그의 소설 작품에서 나타나고 있는 의식의 표상과 분석 기술을 통해 젊은 톨스토이가 실험했던 일종의 실험실로서 기능한다. 에이헨바움의 관찰은 톨스토이의 자전적 저술들의 보다 흥미로운 측면을 지적해준다. 그것은 그의 소설과 내밀한 관련성을 갖고 있다.

소설과 진실, 그 사이를 경계하다

이 점에서 그의 일기 쓰는 작업과 소설 쓰는 작업 사이의 명확한 교대가 존재한다. 톨스토이는 자신의 주요 소설에 집중하지 않을 때 주로 일기를 썼다. 예를 들어 『전쟁과 평화』에 집중하던 5년 동안 톨스토이는 일기 쓰는 것을 거의 완전히 중단하다시피 했다. 소설의 진행이 막히거나 좌절되는 경우 그는 일기 쓰기를 다시 시작했다. 이렇듯 번갈아 이루어지는 교대는 우리가 톨스토이 저작 속 소설과 진실 사이에서 끌어내고자 하는 그 경계에 관한 교묘하고 훌륭한 문제를 불러일으킨다. 이 경계는 만일 우리가 그 이슈를 계획적인 자아형성의 측면에서 논의할 경우 그 중요성이 명확해진다. 자서전에서의 가장 두드러진 거짓말은 우리가 스스로 갖고 있는 자신의 모습에 맞지 않는 삶의 측면들을 무의식적으로 억압하길 원하지 않기 때문에 충분한 설명을 하지 못한다는 점에 기인하는 것이 아닌, 일반적으로 소설에 적합한 서사규칙을 통해 만들어지는 그러한 모습을 우리가 우선적으로 요구한다고 하는 점 때문인 것이다. 이러한 폭넓은 의미에서 자기표현의 모든 행위는 본질적으로 폭로 혹은 거짓인 것일까? 그것이 다른 것이 될 수 있을까?

톨스토이가 이 문제를 정확히 알았다는 사실은 그가 애호하는 시들 중 하나인 표도르 츄체프의 시 「침묵Silentium」에 의해 암시된다. 이 시의 유명한 구절은 다음과 같다. "말로 표현된 생각은 거짓이다." 이 구절은 교대로 톨스토이가 열렬히 숭배했던 또 다른 작가인 스탕달의 유명한 아포리즘과 상관성을 갖는다. "모든 영향력 있는 사람은 말하자마자 거짓말을 하며 심지어 쓸 때조차도 그러하다."

여기서 문제가 되는 것은 무엇인가? 한편으로 우리가 톨스토이의 자전적 저술과 그의 소설 작업 사이의 관계가 소설과 진실의 관계로 정의하기 힘들다고 주장할 경우 우리는 톨스토이의 자전적 저작을 엄밀한 의미의 소설작품으로 받아들여지는 복잡한 기반을 가진 특별한 종류의 소설화로서 해석할 수 있다. 이 점에서 톨스토이의 자전적 저작은 자아형성의 복잡한 형태로서 정당하게 해석될 수도 있다. 다른 한편으로 만일 우리가 톨스토이의 자전적 작품이 삶에 대한 초월trans(분리가 아닌) 스크립션scription이라고 주장한다면 매우 달갑지 않고 특이한 상상력의 침입으로부터 리얼리티를 구하면서 자서전과 소설 사이의 온전한 구분을 쉽게 주장할 수 있다.

많은 톨스토이 숭배자들은 첫 번째 가능성에서 움츠려든다. "러시아 땅의 위대한 작가"로서 모든 형태의 술책과 가짜를 격렬하게 공격했던 톨스토이가 자신의 삶에 대한 소설을 무심코 혹은 무의식적으로 창작했다는 과실을 범할 수는 없는 것이다. 그들에게 있어 또 다른 오히려 덜 소박한 톨스토이는 존재할 수 없다. 더구나 그러한 톨스토이가 존재한다고 주장하는 것은 유다로 하여금 톨스토이 사상 속 가장 심오한 흐름에 맞춰 즉각적이고 피할 수 없는 "그곳" 세계에 대해 무조건적으로 경의를 표하는 연기를 하도록 하는 것이나 마찬가지다. 그러나 그런 종류의 톨스토이를 생각하는 것은 그러한 직접성, 일종의 경험의 전前개념적(혹은 전前언어적) 근본에 대한 향수에 사로잡히는 것이다. 그렇게 함으로써 톨스토이의 창조적 자극의 굉장한 변화무쌍한 에너지를 간과하게 된다. 보다 유사하거나 혹은 적어도 공정한 가정은 톨스토이가 어떤 경우든 종종 그렇게 하는 것처럼 그는 한꺼번에 양쪽 방향을 향해 움직인다는 사실이다.

이 점에서 톨스토이의 저작들은 모두 다 동일하게 실제와 소설 사이의 명확한 경계를 주장하지만, 그와 동시에 삶을 분류와 형성으로서 접근해 구성하고자 하는 미묘한 노력으로 인해 그 경계가 모호해지기도 한다. 여기서 톨스토이가 자신의 형성과정을 네 부분으로 나눈 것은 언급할 가치가 있다.

이런 취지에서 나의 삶을 돌이켜보면, 즉 내가 행해온 선과 악이라는 관점에서 나의 삶을 찬찬히 들여다본다면 내 인생을 네 시기로 나눌 수 있다. 1) 놀랍고도 - 특히 이어 다가오는 시기와 비교했을 때 - 순진무구하며 기쁨에 가득 찬, 시적인 시기로 어린 시절부터 14세까지의 시기. 2) 구역질나는 방탕에 빠져 있던 시기이며 강한 허영심, 과시, 무엇보다도 성욕에 사로잡혀 있던 끔찍한 시기. 3) 결혼 이후부터 영적 탄생에 이르기까지의 약 18년간의 시기로 세속적인 관점에서 보았을 때 도덕적이라고 부를 수 있는 시기. 이 18년 동안 나는 올바르고 명예로운 가정생활을 이끌어왔고 공공의 비난을 살 만한 그 어떤 비도덕적인 행위에도 굴복하지 않았다. 반면에 가정을 향한 이기적인 관심, 자산을 증식시키는 것, 문학적 성공을 얻고 다양한 만족을 맛보는 것에만 나의 모든 주의를 제한했다.

그리고 마지막으로 내가 지금 현재 살고 있는 네 번째 20년의 시기로 이 시기 안에서 나는 죽기를 원하고 있고 이 시기에 속해 있는 지금의 관점에서 내 과거 삶의 전체 의미를 관조하고 있다. 또한 인생의 초기에 내가 얻은 나쁜 버릇들과 관련한 것 말고는 나는 내 인생을 그 어떤 식으로든 바꾸고 싶지 않다.[2]

이 4가지 구분 속에는 몇 가지 특징적인 톨스토이적 요소가 존재한다. 순진함에의 특권, 육신과 정신의 욕망 양자에 대한 공포, 그리고 위에서 언급한 바와 같이 삶 속에서 모든 행위가 더불어 조화를 이루는 방법을 설명하는 최후의 목적을 얻고자 하는 경향 등이 그것이다. 그러나 이것은 단지 표면일 뿐이다. 우리가 톨스토이 삶의 입증된 사실들(또한 약간의 위경적인 사실)을 주목할 때, 그의 다소 다른 삶은 이러한 분류가 부적절하다고 암시하기도 한다.

"투쟁이 있는 곳에 삶이 있다"

만일 익숙한 유명인을 마음속 깊이 느낄 경우, 톨스토이와 같은 인간을 어떻게 평가할까? 고리키의 『레프 톨스토이에 대한 회상』은 주목할 만하다. 왜냐하면 이 책이 하나님의 경건한 사람 이미지 뒤에 숨은 노련한 소설의 대가를 폭로하려고 하기 때문이다. 샘솟는 창의력과 반항적이고 까다로운 영혼 혹은 사악한 영혼을 톨스토이는 결코 완전히 감출 수 없었다. 이 책에서 고리키는 신 그 자체와 보다 더 닮아 있는 또 다른 톨스토이를 조명하고자 한다. 그는 톨스토이가 "신 - 만군의 주나 올림포스 신이 아닌 황금빛 보리수나무 아래 단풍나무 옥좌 위에 앉아 있는, 러시아인의 오래된 신 - 처럼" 보인다고 말했다. "다른 모든 신보다 위엄 가득한 모습이 아닌 아마도 보다 더 노련한 모습의 신."

노련함에 대한 강조는 결정적이며 신선하고도 도발적이다. 이것은 가면을 쓴 인간으로서의 톨스토이를 가리킨다. 그 가면 뒤로 고리키가 단지 간접적으로만 묘사할 수 있는, 인간 사이에서 벌어지는 일에 대한 냉정하고 압도적인 시선이 존재하고 있다. 그러므로 고리키는 침묵을 강조한다. 톨스토이는 많은 문제들에 대해 자기 생각을 털어놓지 않는다. 심지어 자기 주변 사람들에게 알리려고

150

했던 문제에 대해서도 일시적인 농담으로 넘기기 일쑤였다. 『레프 톨스토이에 대한 회상』에는 이러한 주장을 입증할 만한 매우 흥미로운 구절이 있다.

언젠가 내가 그에게 물었다. "포즈니쉐프가 의사들이 수십만 명의 사람들을 죽였고 죽이고 있다고 말할 때, 당신은 그의 말에 동의하십니까?"
"그게 당신을 매우 흥미롭게 하는 건가 보지요?"
"대단히."
"그렇다면 난 당신에게 말하지 않겠소!"
그리고 그는 씽긋 웃으며 손가락을 낀 채 엄지손가락을 빙빙 돌렸다.[3]

그리고 이렇게 말한다.

만일 그가 바다에서만 사는 물고기라면 결코 내해内海, 특히 소금기 없는 강물에 머물지 않는다. 이곳에서 톨스토이는 그가 흥미롭지도 유용하지도 않다고 말한 것을 찾는 담수 물고기 떼에 둘러싸여 있다. 그러나 그의 침묵은 그들을 놀라게 하거나 감동을 주지도 않는다. 그는 세상사를 멀리하는 진정한 은자처럼 감동적인 침묵의 대가다. 비록

그가 반드시 논의를 해야만 한다고 느끼는 주제들에 대해
많은 얘기를 할지라도 사람들은 그가 침묵하는 훨씬 더 많
은 주제가 있음을 여전히 알아챈다. 누구에게도 말하지 않
는 일들이 있다. 그는 확실히 그를 두렵게 하는 생각을 갖
고 있다.[4]

　그다음으로 생겨나는 것은 톨스토이의 유동적이고 애매
하며 본질적으로 이교적인 측면을 제거하는 사람들을 위
해 톨스토이 자신과 그의 추종자들이 만들어내는 일종의
신화창조를 피하는 톨스토이에 대한 해석이다. 고리키가
이 예술가에 관해 가장 오래된 몇 가지 낭만주의적 상투어
구들을 이용하는 것처럼 보일지라도, 그가 종교적 예언자
혹은 해설자의 역할이 우습거나 소박하게 생각되는 톨스
토이, 신앙의 덧없음과 필연성을 완전히 깨닫고 있는 톨스
토이를 발견하는 한 그러한 상투어구들을 뛰어넘는다.
　이러한 톨스토이에 날카롭게 대립되는 것은 부닌이 자
신의 책 『톨스토이의 해방』에서 그리고 있는 톨스토이다.
부닌도 고리키처럼 그의 위대함에 끌리지만 그는 톨스토
이에게 신과 같은 신화적 지위를 부여하지 않고자 애쓴
다. 부닌의 톨스토이는 떠들썩한 탐구자, 지칠 줄 모르는
일류 소설의 탐구자들의 판박이다. 그의 목표는 자유, 이

러한 제한된 삶의 한계로부터의 자유다. 환언하면 부닌의 톨스토이는 매우 인간적인 인물이며 불만족에 잠들지 못하는 희생자다. 그는 이러한 불만족으로부터 벗어나는 어떠한 길도 찾을 수 없지만 여전히 그 길을 찾도록 운명지어져 있다. 이러한 톨스토이는 명백히 신이 아닌 인간이며 『전쟁과 평화』에서 창조된 것 같은 세계의 저자가 아닌 『안나 카레니나』의 저자와 같이 인간의 영속성과 그러한 창조물의 가능성에 절망하는 작가다.

파우스트와 부처는 부닌이 톨스토이의 개성의 한계를 정하고자 할 때 교묘하게 사용하는 반대되는 극이다. 톨스토이의 파우스트적 측면은 강제된 질서를 통해 세계를 분류하고 지배하려는, 그리고 인간과 동물을 지배하고자 하는 톨스토이 욕망의 순수한 잔인함에 의해 예시된다. 부닌은 톨스토이의 강렬함과 이상함, 그의 날카로운 눈, 고릴라 걸음처럼 빠르고 서툰 독특한 걸음걸이 묘사에 탁월하다. 톨스토이는 예리하지만 세련되지 못하고 다른 사람들이 볼 수 없는 것을 보는 능력이 탁월했다. 그러나 이 재능을 사용하는 데는 서툴렀다. 이 서투름은 결점이 아니라 오히려 그의 비범한 재능과 그것과 동일한 그의 비범한 평범성 사이에서 벌어지는 톨스토이의 극단적인 갈등을 강조할 뿐이다. 부닌은 고리키의 공공연한 신화 만들기를 피하지만 그도 여전히 인간의 초상을 훌륭하고 불온하게, 그렇지 않다면 기괴하게 다른 것과 구별된 것으로 묘사한다.

그러나 부닌은 또한 자신의 과도한 개성을 극복하거나 억누르려고 부처처럼 자기 자신을 비우거나 집착으로부터 자유로워지고자 하는 톨스토이의 영웅적인 시도를 전달하고자 한다. 그 결과 생겨나는 혼합물은 이러한 대립되는 경향들 사이의 깊은 분열을 명확하고 다소 소박하게 심리학적으로 해석하고 규명해준다. 이 대립적 경향이란 공격적인 것과 정적인 것, 이 지상의 삶을 형성하고 지배하려는 난폭한 의지의 표현과 그 의지로부터의 자유와 그와 동일하게 이 지상의 현실에 집착하는 희망이다.

톨스토이의 개성에 대한 이 두 평가 모두에 공통된 특징은 그들이 톨스토이에게 불안이 중심적인 자리를 차지하고 있었음을 인지했다는 사실이다. 이것은 예수의 차분한 추종자가 되는 것과는 거리가 멀고, 그가 갈등의 소산이었고 부단한 투쟁의 소산이며 쉘링의 유명한 말, "투쟁이 있는 곳에 삶이 있다"의 실례가 된다는 것이다.

'진실한 인간적 생명'으로
다시 태어나라

—이강은

나는 하나가 아니라 여럿이다

톨스토이의 첫 작품은 『어린 시절』(1852)이다. 비록 필명으로 발표되었지만 이 작품은 분명 톨스토이 자신의 어린 시절을 그린 자전적 작품이다. 대부분의 작가들은 자신의 인생을 돌아보는 자전소설을 최고의 문학적 과제로 삼는다고 한다. 많은 자전소설들이 작가들의 문학적 정점에서 집필되는 것은 대체로 그런 이유에서일 것이다. 그런데 톨스토이는 겨우 스물다섯이 되지 않은 나이에 자신이 늙었다고 생각하면서 첫 작품으로 자전소설을 쓰고 있다. 이것은 톨스토이가 어려서부터 자신이 누구인지, 왜 태어났고 어떻게 살아가야 할 것인지에 대해서 끊임없이 질문하고 이에 몰두해왔다는 것을 말해준다.

　이 자전소설에서 주인공 '나'는 어린아이 시점으로 자

기 자신 속에 일어나는 여러 가지 마음상태를 보여준다. 한 어린아이가 느끼는 자의식이 어떻게 발생하고 변화하는지, 도덕적 내면적 성장이 어떻게 이루어지고 있는지 놀랄 만큼 정교하게 묘사하는 것이다. 당시 문학평론가로 활동하던 도브롤류보프는 이 작품 하나만 보고도 인간 심리를 그려내는 톨스토이 문학의 남다른 특성을 '영혼의 변증법'이라고 탁월하게 간파해냈다. 누구나 자신이 자라온 과거를 기억하고 있고, 그 기억 속에서 '나'라는 자의식이 성장해왔다는 것을 알고 있다. 이런 자의식을 통해 현재 '나'의 정체성이 형성되고, 또 미래의 '나'가 형성되어가는 것이다. 이런 점에서 『어린 시절』 이후, 『유년시절』 『청년시절』로 이어지는 톨스토이의 자전소설 삼부작은, 자신을 돌아보고 자신의 정체성을 반성하며 현재의 나와 미래의 나를 사고하려는 사람이라면 꼭 한 번 읽어볼 가치가 있는 작품이다.

그런데 이 자전적 삼부작에서 '나'는 세 차원에서 그려진다. 우선 어린아이로서 순수하고 미숙한 '나'가 있다. 소설의 주인공으로서 '나'는 형제들과 부모, 집안사람들 사이에서 여러 가지 사건을 겪으며 그들을 관찰하고 자기 내면에서 생겨나는 마음의 변화를 우리에게 보여준다. 이 주인공 '나'는 철없던 어린 소년으로부터 자신의 삶과 주변 사회를 비판적으로 살펴보는 청년으로까지 그 의식의 변화와 성장을 보여주는데, 당연히 이 '나'는 소설에서 변하지 않는 고정된 의식이 아니라 상황과 조건에 따라 계속해서 조금씩 변모하는 의식이다.

그런데 소설의 주인공 '나'와 더불어 때때로 현재의 '나', 글을 쓰고 있는 작가로서의 '나'가 등장해서 어린 '나'의 행동을 반성도 하고, 어린아이로서 느낄 수 없고 판단할 수 없는 상황에 대해 설명을 덧붙이기도 하며, 삶의 도덕적 목적을 직접 토로하기도 한다.

다시는 돌아오지 않을 즐겁고 행복했던 어린 시절! 어찌 그 추억을 자랑하지 않을 수 있으며 어찌 그 추억을 회상하지 않을 수 있으랴. 그 시절의 추억들은 내 영혼에 청신한 기운을 불어넣어주기도 하고, 나를 보다 높은 곳으로 끌어올려주기도 하고, 더없이 감미로운 열락의 세계에 잠기게도 한다.

이 회오감과 자아완성에 대한 나의 강한 욕구는 성장기인 이때 가장 중요한 새로운 정신적 감각이었다. 그리고 이 내면의 소리는 나 자신이나 타인, 세계에 대한 내 견해에 새로운 원칙을 가르쳐줬다. 축복받을 환희에 찬 목소리여!

나의 영혼이 이 세상의 허위와 방종에 지배당하려 하는 우울한 때에 홀연히 그 목소리는 몇 번이나 모든 부정에 항거하여 분연히 일어나 과거를 고발하고 현재의 분명한 길을 제시하고 미래에 선과 행복을 약속해주었던가? 그대는 그 목소리를 언제라도 과연 멈출 수 있을 것인가?[5]

소설의 주인공인 과거 속의 '나', 그리고 지금 회상하며 평가하는 '나'는 소설 속에서 이렇게 분명하게 구분되어 나타나는 경우가 많다.

톨스토이 문학은 '나'에 대한 끊임없는 성찰

그렇다면 과거의 '나'와 현재의 '나'는 동일한 인물일까, 그렇지 않을까? 동일하기도 하고 동일하지 않기도 하다. 법적인 주체로서, 혹은 뭔가 '나'라고 부르는 존재의 연속성 속에서 이 둘은 동일하다고 말할 수 있다. 우리는 신분증이나 번호로써, 혹은 관계를 맺고 있는 주변 사람들에 의해 확인되는 바와 같은 동일성을 가지고 있는 것이다. 그러나 "나는 더 이상 어제의 내가 아니야"라는 말처럼 과거의 '나'와 현재의 '나'는 서로 다른 의식을 가진 존재라는 점에서 결코 동일하지 않다. '나'라고 생각되는 의식이나 육체는 동일한 것이 아니며, 매순간 변화하는 비동일성을 본질로 한다. 변화하는 비동일성이 없다면 그것은 더 이상 살아 있는 존재가 아니다. 그런 점에서 존재의 비동일성은 존재의 필수적인 속성이라고 말할 수 있다.

다른 한편, 다른 등장인물들이 바라보고 느끼고 평가하는 대상으로서의 '나'도 존재한다. 어린 '나'가 생각하는 자신에 대한 모습과 다른 사람이 평가하는 모습으로서의 '나'는 사뭇 차이가 난다. 이를테면 십대 후반이 된 주인공 '나'는 자신이 도덕적으로 아주 순결하며 종교적으로 경건한 사람이라고 생각하고, 다른 사람들도 그렇게 생각하지 않을까 기대한다. 『청년시절』에서 '나'는 고해성사에서 무언가 고해하지 않은 것 때문에 다음 날 아침 일찍 모든 죄를 고백하고자 수도원으로 신부를 찾아간다. 신부에게 두 번째 고해를 하고 '나'는 마차를 타고 집으로 돌아온다. 이 장면에서 '나'는 자신의 행위의 순결성에 스스로 만족해하며, 다른 사람들이 이런 '나'를 아름다운 청년이라고 생각하리라는 생각에 더욱 만족스러워한다.

나는 내가 깊은 감동을 느끼고 있음을 알고는 그 기분을 혹 깨뜨리지나 않을까 염려되어, 고해신부님에게 황급히 작별인사를 하고 그 감정을 간직하기 위해 누구에게도 눈길도 주지 않고 수도원 밖으로 나왔다. 그리고 다시 조금

전 타고 온 흔들거리는 얼룩 마차에 올라탔다. 그러나 마차의 흔들거림과 눈앞을 지나치는 온갖 사물의 모양들이 나의 그 기분을 깨뜨려버렸다. 그리고 나는 벌써 이런 생각을 하고 있었다. 지금쯤 그 신부는 이런 생각을 하고 있으리라. 나같이 아름다운 영혼의 소유자인 청년은 이제껏 본 적도 없지만 앞으로도 보지 못할 것이다.[6]

이처럼 '나'는 다른 사람의 눈에 자신이 어떻게 비치는지 지속적으로 신경을 쓰고 있다. 다른 사람의 시선이 '나'의 내면으로 들어와 '나'의 내면 형성에 영향을 미치고 있는 것이다. 그러나 자신이 생각하는 '나'와 다른 사람들이 바라보는 '나'는 서로 다를 뿐만 아니라 정반대이기도 하다. '나'의 선량하고 순수한 모습에 대해 무언가 찬탄을 얻어내려던 '나'는 '한없이 선량한 느낌'을 주는 마부로부터 "그건 나리님들의 일"이라는 냉담한 반응을 받고 만다. 또한 결국 집까지 와서는 전혀 예기치 않은 상황에 처한다.

감동과 경건한 감정은 사라졌으나 그런 기분을 맛본 나의 만족은 햇볕 속에 모든 사물이 거리마다 온통 드러나 있음에도 불구하고 내 뇌리에서 떠나지 않았다. 그러나 집에 도착하자마자 이러한 감정은 그림자도 없이 사라져버렸다. 마부에게 줄 40코페이카가 없었던 것이다. 마부는 내가 돈을 마련하기 위해 마당을 두 번이나 왔다 갔다 하는 걸 보고 이유를 깨달은 듯이 마차에서 내려왔다. 그러고는 내가 선량한 사람이라고 보았지만 내게 분명 모욕을 주려는 듯한 목소리로 요즈음엔 마차 삯도 주지 않고 내빼는 못된 사기꾼이 있다고 큰소리로 떠들어댔다.[7]

경건한 감정과 기쁨을 받았던 '나'는 어느새 '사기꾼'이 되어버린 것이다. 결국 그날 아침 그는 자신의 종교적 행위를 완전히 잊어버리고, "옷을 갈아입으려 했을 때 아직 옷이 고쳐져 있지 않아 입을 수 없게 된 것에 대해 나는 주위 사람들에게 마구 화풀이를 했기 때문에 오히려 잔뜩 죄를 지었다." 이렇게 자전소설에서 '나'는 세 가지 양상으로 나타난다. 어린 주인공으로서의 '나', 성장한 현재 작가로서의 '나', 그리고 다른 사람들의 눈에 비친 '나'가 그것이다. 아니 그 모든 '나'를 하나의 '나'로 느끼고 있는 또 다른 '나'가 있을 수도 있다.

톨스토이 문학은 '나'에 대한 끊임없는 성찰이라고 말해도 과언이 아니다. 자전소설뿐만 아니라『안나 카레니나』와『전쟁과 평화』등과 같은 위대한 소설에서도 톨스토이는 바로 '나'의 문제를 깊게 연관시키고 있다. 그의 대부분의 저작을 '자전적'이라고 말해도 과언이 아닐 정도로, '나'의 삶의 의미와 본질, 가치와 목적에 대해 전 생애에 걸쳐 톨스토이만큼 집요하게 매달린 작가도 드물 것이다.

'나'의 삶의 의미와 본질이 공동체나 종교에 의해 선험적으로 규정되어 있고, 그에 대해 어떤 의심도 품지 않았던 고대사회나 중세사회에서는 '나'에 대해 그렇게 열심히 생각하고 반성할 필요가 없었을 것이다. 또한 어린 '나'나 성장한 '나', 다른 사람이 보는 '나' 사이에 어떤 차이나 변화도 있을 리가 없다. 이런 점에서 톨스토이의 '나'가 위에서 보듯이 여러 가지 다양한 모습으로 변화하고 차이가 나는 것은, 톨스토이가 자아의 정체성과 동일성을 새롭게 구축해야 하는 근대사회의 작가라는 점에서 필연적이다.

톨스토이는 인간이 자신의 삶을 자신의 이름으로 스스로 생각하고, 스스로 의미 부여해야만 하는 근대사회의 한가운데에서 가장 치열하게 가장 깊은 곳까지 자신을 들여다본 사람이다. 그리고 그는 다양한 모습으로 관찰되는 '나'를, 수많은 '나들'을 어떻게 하나의 위대한 동일성으로 다시 구축할 것인지를 온 저작을 통해 고뇌한 작가다. 그와 같은 성찰의 결과는 『인생론』으로 구현된다.

162

나의 이성은 영원한 생명

톨스토이는 '나'는 무엇인가, 왜 여기에 있는가에 대한 질문에 대해 객관적이고 이성적인 논리에 근거해 대답을 찾는다. 철학이나 사상체계로서의 '나'에 대한 톨스토이의 생각은 철저한 이성적 관찰과 객관적 논리에 입각한 인간에 대한 이해와 그에 대한 신앙적 믿음과 실천으로 요약된다.

우선 '나'는 현재 '나'라고 생각하는 하나의 의식이라는 것은 관찰 가능한 분명한 사실이다. '나'는 현재 느끼고 인지할 수 있는 육체적 존재 속에 '나'라는 의식으로 자리하고 있는 것이다. 그리고 인간은 '나'라고 의식하는 육체가 일시적이고 죽어가는 유한한 존재라는 사실도 분명하게 알 수 있다. 그러나 인간은 '내'가 어떻게 태어나서 무엇을 위해 살아가고 죽은 후 어떻게 될 것인지에 대해서는 알수가 없다. '나'라는 의식이 도대체 언제부터 내 속에 존재하기 시작했는지, 언제 소멸하며 무슨 의미가 있는지 결코 알 수 없는 것이다. 하지만 그럼에도 불구하고 '나'는 지금 여기 있다고 의식된다. 즉 자신이 누구인지 알지 못하면서 '나'라는 의식을 가지고 존재한다.

나의 '나'라는 것은 다름 아닌 바로 내가 의식하는 것 그

이상 다른 아무 것도 아니다. 내가 언제 어디서 태어났는지, 언제 어디서부터 지금 내가 생각하고 느끼는 것처럼 그렇게 생각하고 느끼기 시작했는지, 나는 결코 그 어느 것도 의식하지 못한다. 나의 의식이 내게 말해주는 것은, 오직 내가 존재하고 있으며 나는 지금 내가 서 있는 세계에 대한 관계 속에서 존재하고 있다는 것뿐이다. (『인생론』 중에서[8])

톨스토이의 이런 생각은 인간을 절대자로부터 부여받은 생명이라고 보는 전통적인 종교적 관점이 아니라 인간의 실존에 대한 근대적 관찰과 이성적 판단에 근거하는 것이다. 알 수 없지만 알고 있는 '나'라는 유한한 존재를 이해하기 위해서는 우선 '내가 그 속에 있다고 의식하는' 세계에 대해 이해해야 한다. 이 세계는 내가 접할 수 있는 작은 영역에서부터 전 세계, 전 인류, 전 생명체로 구성된 거대한 세계를 포함하는 것으로 시간적으로나 공간적으로 무한하다. 이 무한의 세계는 "시간적으로 언젠가 시작되었고 언젠가 끝날 것이지만 결코 시작되는 일도 없고 끝나는 일도 없으며, 공간적으로 역시 어딘가에서 끝나지 않으면 안 되겠지만 결코 끝나는 일이 없는 곳"이다.
　무한의 시간과 공간 속에 던져진 유한의 존재인 '나'는 자신이 늘 지금 현재처럼 존재하리라고 의식하지만, 반드시 일정한 시간 뒤에 죽음에 이를 것임을, 존재하지 않을 것임을 또한 분명히 알고 있다. 이성을 가지지 않은 동물적 생명은 이러한 존재 상황을 의식하지 못하고, 오직 생명이 부여하는 육체적(개체적) 향락을 누리는 활동만 수행한다. 그러나 인간은 불가피하게 쇠약과 노화와 죽음으로 나아가는 자신의 생명을 의식하고 있으며, 거기서 추구하는 행복과 쾌락의 가치가 자신의 생명의 본질이 될 수 없음을 알고 있다.

우리가 제각기 황제라든가 노동자, 재판관, 공장주, 교수, 학자, 예술가, 가족의 일원이라든가 하는 신분을 잊고 오직 한 가지, 바로 나는 얼마 전에 이 이해할 수 없는 세계에 나타났다가 마침내는 그곳에서 소실될 인간이라는 것만을 생각한다면, 나의 생명에 아무런 이성적 목적이 없으며, 아무것도 할 필요가 없다고 생각하게 된다. 모든 것은 헛되며 쓸데없다. 즉, 무엇을 해도 무의미하기만 할 뿐이지만, 살아 있는 한 역시 뭔가를 하지 않으면 안 된다. 마치 평생 마차바퀴에 매인 말의 행동 같은 것이다. (「초록지팡이」 중에서[9])

톨스토이는 이렇게 자신의 유한성을 분명하게 이성적으로 인식하는 것, 즉 세계 속에서 자신의 처지를 분명히 안다면 내가 지금 '나'의 것이라고 생각하는 그런 삶에는 어떤 이성적 목적도 가치도 없다는 것을 깨달을 수 있다고 판단한다. 무한한 세계에서 순간에 지나지 않는 자신의 삶에 대해 이성적으로 인식하는 사람이라면 한순간에 지나지 않는 덧없는 동물적 욕망이 아니라 최고의 정신적 가치인 이성의 법칙에 따르는 것이 진정한 '나'의 생명을 빛내는 길임을 알 수 있다는 것이다.

진실한 생명의 발현은 우선 동물적 개체성이 인간을 자신의 행복으로 이끌어간다는 점에 기초하여 나타나지만, 이성적 의식은 그 개체적 행복이 불가능하다고 말하며 뭔가 다른 행복을 가리킨다. 인간은 그에게 보이는 저 먼 곳의 뭔가 다른 행복을 곰곰이 응시하지만, 그것을 알아볼 힘은 없다. 처음에 그는 이 행복을 믿지 않으며 개체의 행복으로 되돌아간다. 이성적 의식이 진실한 행복을 가리키는 바는 불명확하지만, 개체의 행복이 불가능하다는 것에 대해서는 분명하고 확실하게 보여준다. 따라서 인간은 다시 개인적 행복을 부정하고, 그에게 지시된 새로운 행복을 다시 응시하게 된다. 이성적 행복이 무엇인지 분명하게 보이지

166

않지만, 개인적 행복이 붕괴되어버렸다는 것은 너무나 확실하여 개인적 생존을 지속한다는 것은 더 이상 불가능하다. 그리하여 인간의 내부에서 동물적 개체로서의 속성과 이성적 의식과의 새로운 관계가 설정되기 시작한다. 진실한 인간적 생명을 향하여 인간이 다시 태어나기 시작하는 것이다. (『인생론』 중에서[10])

'나'와 '나를 둘러싼 세계'에 대한 최대한의 이성적 인식의 노력 끝에 톨스토이는 '나' 속에는 동물적 개체로서의 속성(욕망)과 신적인 속성으로서의 이성적 의식, 즉 최고의 도덕적 의식인 영혼이 공존한다고 결론 내린다. 따라서 톨스토이에 따르면 동물적 속성을 극복하고 최고의 도덕적 의식을 실천하는 것이 바로 자기완성의 길이며 '나'를 '나'로 만들어주는 생명의 기본원리가 되는 셈이다.

이웃이란
무엇인가
?

참된 이웃, 그것은 바로
자기 자신이어야

도덕적 자기완성이
마침내 머무는 곳

참된 이웃, 그것은 바로
자기 자신이어야
―김성일

좋은 이웃을 찾지 말고 좋은 이웃이 되라

> 인간이 무엇을 해야 하는지 알고 있다면 인간이 알아야 할
> 모든 것을 알고 있는 것이다.
> - 레프 톨스토이

성서의 누가복음(10:25~37)에 나오는 선한 사마리아인
의 비유는 좋은 이웃을 찾지 말고 좋은 이웃이 되라는 것
이다. 강도를 만난 이웃에게 자신의 모든 것을 내어준 사
마리아인의 비유는 외부적 어려움과 편견, 자신의 내면적
벽을 넘어선 사랑의 승리를 보여준다. 참된 이웃으로서의
삶을 강조했던 톨스토이의 문학은 사마리아인처럼 실천
하는 사랑에 기반을 두고 있다. 톨스토이의 등장인물들은

대체로 개인의 삶보다는 공동체의 한 구성원으로 살아가는 삶 속에서 중요한 깨달음을 얻고 있다. 초기 작품들의 경우 주인공의 성장과 더불어 정신적 성숙이 중요한 부분을 차지한 반면, 후기로 갈수록 그의 등장인물들은 더 이상 개별적인 한 인간의 삶에 머물지 않고 이웃과 더불어 사는 삶 속에서 다루어진다. 사회의 구성원들, 그들의 삶이 모여 역사를 이루게 되면서 인생의 궁극적 목적과 정신적, 물질적 가치가 논의되는 것이다.

톨스토이의 『인생론』은 선이야말로 인생의 궁극적 목적이며 인간은 모두 이 선을 향해 정진해야 하고 이 목적을 달성하는 수단은 사랑이라고 주장한다. 사랑의 감정은 합리적 의식에 따르는 개성의 표현이다. 개인적인 목적만을 위해 사는 것은 합리적 존재로는 할 수 없는 일이다. 톨스토이는 각자가 자기 내부에 간직하고 있는 이성, 즉 신의 활동인 사랑에 의해서 선이라는 목적을 향해 노력하는 것이 인생이라고 말한다. 그는 개인적 행복과 참된 행복의 차이를 논하고 동물적 생존과 합리적 생존의 차이를 밝혀서 인간이 이성에 따라 살아야 한다고 주장한다. 인생의 목표를 현재에 두면서 사상을 위한 사상이 아닌 실천하는 사상이 되어야 한다고 강조하는 것이다.

로맹 롤랑이 예술적 성서라고 칭했던 『부활』은 바로 이러한 사랑의 실천과 진정한 이웃으로서의 가능성을 보여주고 있다. 톨스토이의 다른 소설들과 마찬가지로 『부활』은 도덕적 설파와 인간의 구원에 관한 메시지로 가득 차 있다. 토지와 농노문제 등 현실참여적이고 사회적인 문제를 다루면서 철학적이고 종교적인 문제까지 언급한다는 점에서 『부활』은 단순한 소설 영역을 넘어선 사상서로서 톨스토이의 세계관을 들여다볼 수 있도록 안내한다.

최고의 이웃을 보여주는 작품, 『부활』

사회지도층인 네흘류도프의 삶은 톨스토이의 인생을 그대로 반영하고 있다. 젊은 시절 방탕한 삶을 살았지만, 그가 망가뜨린 한 여인의 인생을 다시 마주하게 되면서 내면적 변화를 겪는 네흘류도프의 모습은 톨스토이의 청년 시절과 겹쳐진다. 소설의 전반부는 네흘류도프가 지난날 자신이 저질렀던 많은 죄들, 그 가운데서도 카추샤를 범한 죄를 회개하는 과정으로 전개된다. 그러나 정작 소설은 농민들과의 관계가 드러나는 후반부에서의 네흘류도프를 강조하고 있다. 참회하는 양심으로서 진지한 행보를 이어나가는 그의 모습에서 참된 이웃의 형상이 그대로 구현되고 있기 때문이다.

카추샤와의 대면은 네흘류도프가 과거에 어떻게 살았

는지를 보여주는 계기가 되는 동시에 지난날의 과오로 인한 죄책감과 개인적 변화를 이끄는 동인이 되고 있다. 전반부가 죄와 죄로 인해 일그러진 인생, 그리고 그러한 인생의 가해자라는 과거 사건에 초점을 맞추었다면 후반부는 네흘류도프의 오늘날을 보여주는 데 많은 지면을 할애한다. 자신의 과거를 반성하고 '현재'를 살아가야 하는 네흘류도프가 보여주어야 하는 모습은 단지 자신의 내면 안의 변화나 자신의 삶의 테두리 내에 머물러 있어서는 안 되는 것이었다. 그에게 제시된 임무는 바로 현실의 사회 속으로 들어가 변화된 인간으로서 의당 보여야 할 행동을 실천하는 것이었다. 바로 그것이 진정한 이웃이라면 어떻게 살아갈 것인가 하는 문제다.

『부활』은 여러 차례 영화화되기도 했는데, 대체로 카추샤와 네흘류도프와의 이야기가 주를 이루곤 했다. 극적인 이야기로 다루어지기에는 이들의 사랑과 용서가 어울리지만, 실제로 소설의 핵심은 변화된 인간 네흘류도프의 이후 삶에 있다. 전반부가 네흘류도프의 지적인 관찰과 정신적 통찰이라는 정적인 이야기인 데 반해, 후반부는 적극적인 행동가로서의 네흘류도프의 동적인 측면을 다루고 있다. 소설 앞부분은 지극히 개인적인 사랑, 즉 카추샤와의 불장난 같은 사랑에서 자신이 타락시킨 여인을 구원하고자, 그리고 그것을 통해 자신도 구원받고자 하는 희생과 용서, 구원이 주를 이룬다. 반면 후반부는 네흘류도프의 농장경영에 관한 이야기를 통해 농노제와 사유재산들의 거대한 주제들을 다룬다. 그리하여 이야기의 논지는 개인이 아닌 인류의 구원과 속박으로부터의 해방 등 종교적이고 철학적인 주제들로 확장된다. 지주였던 네흘류도프는 자신의 땅을 농민들에게 나눠준다. 그러한 가운데 귀족으로서의 자신의 사회적 지위에 대해 회의하고 주변 귀족들이 갖고 있는 생각을 부정적으로 바라본다.

톨스토이는 네흘류도프가 이제 공동체적 삶에서 무엇을 해야 할지를 보여주고자 했다. 『부활』에는 제정러시아 때의 비참한 소작농의 생활, 도시 노동자들의 절대적 궁핍과 말이나 소보다 못한 생활환경, 그리고 이로부터 야기되는 지주와 소작농, 자본가와 저임금 노동자 간의 계급 갈등이 상세하게 묘사된다. 네흘류도프가 이런 환경 가운데서 자신의 영지, 즉 땅을 포기하는 과정은 톨스토이의 공동체 사상을 그대로 드러낸다. 톨스토이는 더불어 사는 삶의 원형을 농촌공동체인 '미르MNP'에서 찾는다. '미르'는 러시아 농촌에 있던 자치공동체로 각 농가의 호주戸主를 책임자로 선출하고, 조세租税 및 그 밖의 부과는 연대책임을 지며, 각 농가에 토지를 할당하는 제도였다.

네흘류도프는 바로 이 '미르'의 주된 사상인 토지공유사상을 스스로 실천해 보임으로써 사회 속에서 자신의 위치를 찾아나간다.

톨스토이는 네흘류도프가 이러한 사상을 실천하는 데 있어 독단적이지 않고 많은 의견들을 수렴하고 또 시행착오를 거쳐 진정한 공동체를 구현해나가는 것을 보여준다. 네흘류도프는 자신의 영지에서 농민들과 수차례 회의를 거쳐 토지를 처리한다. 이 과정에서 그는 소작농들에게 시세보다 싼값으로 빌려주어 각자 독자적으로 농사를 짓도록 한다. 이것은 농민들의 독립 경영을 가능케 하는 선구적 조치였다. 그러나 농지를 빌릴 수조차 없는 가난한 소작농들이 존재하고 토지는 여전히 지주인 자신의 권리 하에 놓여 있으므로 이 역시 궁극적 해결책이 되지 못했다. 이어 그는 농민들에게 토지를 빌려주되 거기에서 발생하는 지대를 농민들의 공동 재산으로 인정하고 그 돈으로 세금을 지불하고 마을의 공공사업에 투자할 수 있도록 하면서 공동체 발전을 위하는 데 있어 보다 많은 장점을 지닌 길을 택한다.

이러한 과정을 거치면서 네흘류도프의 사랑은 인류애로 발전한다. 각 개별적 사건에 대한 이해와 판단은 그릇될 수도 있다. 인간은 신이 아닌 이상, 언제나 합리적인 최상의 판단을 할 수는 없기 때문이다. 잘못을 저지를 가능성도 언제나 도처에 놓여 있다. 하지만 원칙과 일관성이 유지된다면 개별 오류들은 바로잡힐 수 있다. 그 판단의 근거와 적용의 잣대로서 네흘류도프는 인류애를 발견한다. 때로는 비틀거리고 우왕좌왕하며 올바른 길을 찾기 위해 노력하지만, 깨달음이 구체화되고 초점이 모아지면서 미래가 분명해진다. 비록 미숙한 인간이지만 깨달음을 통해 실천해나가면서 타인들을 이해하고 받아들이고 자신을 버리는 삶에서 진정한 이웃이 되어가는, 그리고 이상적 공동체를 만들어가는 한 구성원으로서의 인간이 완성되는 것이다. 톨스토이는 이를 통해 인간정신의 고양과 승화를 보여주고 있다.

그리하여 톨스토이 문학의 집대성이라 할 수 있는 『부활』은 한 인간의 과거와 현재, 그리고 미래가 긍정적으로 발전될 수 있음을 보여준다. 인간의 미약함과 성숙치 못한 행동은 예상하지 못하는 의외의 파국을 불러일으킬 수 있고, 이러한 파국은 어떤 견지에서 보자면 아주 당연한 결과일 수도 있다. 그러나 이것을 인정하고 회개할 때, 즉 자신이 무엇을 해야 하며 어떻게 살아가야 하는가를 깨닫고 실천할 때 그는 타인과 더불어 살아가는 진정한 이웃이 될 수 있다. 타인의 삶을 파괴시키는 개인주의에 점철

되지 않고, 타인과의 교감과 그들을 위해 자신의 모든 것을 내어줌으로써, 특히 톨스토이 시대에 만연해 있던 지주와 귀족으로서의 기득권까지 포기함으로써 이상적 '미르 공동체'가 실현될 수 있는 것이다.

이 땅에 '화합과 섬김의 공동체'를

톨스토이는 진정한 이웃에 대한 정의를 독단적이지 않은 인류애로 표현한다. 그의 많은 주인공들은 자신보다 훨씬 낮고 천한 자들의 목소리에 귀기울이고 그들로부터 진정한 사랑을 배운다. 『주인과 하인』의 주인 브레후노프도 자신이 부리던 하인에게, 그리고 『전쟁과 평화』의 피에르도 농민 카라타예프에게 진정한 깨달음을 얻고 있다. 초기 브레후노프는 상당히 독단적인 주인의 모습으로 그려져 있다. 축제가 막 끝나자마자 브레후노프는 좋은 가격에 목재를 넘기기로 한 이웃의 지주에게 서둘러 가려 한다. 하인 니키타가 동행을 하는데, 예상치 못한 눈보라와 추위로 그들은 나아가야 할 길을 찾지 못한 채 마을을 여러 차례 돌다가 마침내 길을 잃고 만다. 성급한 마음에 니키타를 버려두고 떠났던 브레후노프가 다시 니키타에게로 돌아왔을 때 니키타의 몸은 얼어서 죽을 지경이 되어 있다. 브레후노프는 농부 니키타의 몸을 자신의 체온으로

176

녹이며 소생시킨다. 묘하게도 이 순간 브레후노프는 정신
적 위안을 경험하며 니키타가 살아나는 것이 자신도 사는
것이라는 자긍심을 느낀 채로 죽어간다. 살아남은 니키타
는 그의 자식과 손자들을 돌본다. 여기서도 톨스토이는
미래의 삶에 대한 가능성을 열어준다.

『전쟁과 평화』의 피에르 역시 감옥에서 만난 카라타예
프에게서 진정한 러시아적 삶을 깨닫게 된다. 삶 그 자체
로 소박하고 진실한, 선량한 카라타예프에게서 당대의 우
상화된 나폴레옹이 아닌 모든 편견과 신분을 뛰어넘은 진
정한 이웃을 발견한다. 『부활』의 네흘류도프 역시 죄수들
과의 허물없는 대화를 통해, 그리고 바쿠에 있는 자유로
운 사상을 지닌 이름 없는 익명의 특파원의 편지내용을
통해 권력에 집착하는 사람들보다 더 강렬한 영혼의 목소
리를 듣게 된다. 톨스토이가 말년에 가출을 해 3등석 기
차 칸에 몸을 싣고 행한 일도 바로 평범하고 낮은 신분의
사람들에게 귀를 기울이고 대화를 나눈 것이었다. 이처럼
톨스토이는 많은 말이나 자랑, 권력이 아닌 낮고 천한 이
들의 친구로서의 삶을 강조했다. 과거 러시아 농민공동체
가 그랬던 것처럼 함께 나누는 삶 속에서 서로에게 진정
한 이웃이 되어야 한다는 것이다. 그것이야말로 삶을 순
리대로 살아가는 것을 의미했다.

톨스토이는 개인의 특출함과 영웅적 행위, 그리고 계급적 지위가 중요한 것이 아닌 공동체 속에 어우러지는 개인이 중요하다는 사실을 일깨운다. 모두가 더 낮아지고 섬기는 자세, 브레후노프와 네흘류도프처럼 진정 자신을 버릴 때 고매한 이상을 발견할 수 있으며, 그것은 수많은 사람들을 살리는 자양분이 될 수 있다. 그렇기 때문에 개개인의 깨달음은 더욱 중요하다. 작은 물방울 하나하나가 모여 강을 이루고 바다를 만들듯, 성숙한 개인 한 사람 한 사람이 이상적 공동체를 만들어낼 수 있으며, 그 참된 이웃들이 모인 공동체는 이상세계를 실현할 수 있다. 누가 참된 이웃인가? 그것은 바로 자기 자신이어야 한다는 것을 톨스토이의 주인공들은 먼저 행해 보인다. 그렇게 만들어진 화합과 섬김의 공동체가 이 땅에 진정한 천국을 이룰 수 있는 것이다.

도덕적 자기완성이
마침내 머무는 곳

— 이강은

이웃에 대한 사랑은 자신의 구원이다

톨스토이는 대학 2학년을 중퇴하고 고향 마을인 야스나
야폴랴나로 돌아와 칩거하며 독서와 노동으로 소일하다
가 농민과 농민 자제들 교육에 나선다. 교재도 만들고 잡
지도 만들어본다. 처음부터 어떤 목적의식이나 사상을 가
지고 시작한 것은 아니었다. 당시 루소에 심취해 있던 톨
스토이는 선하고 도덕적인 삶에 대한 지향을 지니고 있었
는데, 그런 지향을 마음 한편에 간직한 채 주변 농민의 현
실을 지켜보면서 자연스럽게 자신이 할 일을 찾아냈다고
말하는 것이 옳을 것이다. 그러나 20대 초반 톨스토이에
게는 여러 욕망이 함께 내재해 있었다. 한편으로는 선하고
도덕적인 삶에 대한 막연한 희망이 존재했고, 다른 한편으
로는 기울어진 집안의 사회적 지위와 명예를 회복하고 싶

은 출세의 욕망이 존재했다. 게다가 때때로 육체적 욕망에 사로잡혀 부도덕한 일에 빠지는 경우도 없지 않았다.

오십대 초반의 정신적 위기 이후 톨스토이는 그리스도 교의의 핵심을 무엇보다 이웃에 대한 사랑과 비폭력으로 이해하고 있었다. 이에 따라 톨스토이는 보다 목적의식적으로 농민에 대한 사랑을 실천하고자 했다. 농민의 삶과 지위를 향상하는 일에 앞장서고 농민 교육 학교를 세워 본격적인 교육활동에 나섰던 것이다. 특히 그가 세운 자유학교는 어떤 교육 이념에 입각한 교육이 아니라 학생들이 자유롭게 스스로 학습 대상을 찾고 함께 토론해서 문제를 해결하는 교육방법을 채택했다(이 학교는 오늘날까지 유지되고 있다). 다양한 교재를 편집하고 아동용 단편소설을 많이 집필한 것도 이러한 목적을 위해서였다.

1891년 전국적인 대기근이 발생하자 톨스토이는 자신의 가용한 재원을 동원해 무료급식소를 설립하고 가족과 함께 기아구제활동을 전개한다. 톨스토이는 자식들과 함께 기근이 발생한 농촌을 찾아다니며 헌신적으로 급식소를 조직하고 운영했다. 톨스토이가 기아상태의 농민들과 함께 먹고 생활하는 모습은 러시아 국내뿐만 아니라 전세계에 커다란 반향을 불러일으켰는데, 이로 인해 수많은 지식인과 상인, 예술가들이 톨스토이의 기근구제활동에 동참하고 대대적인 모금활동을 전개했으며, 그 결과 국내외에서 적지 않은 후원금이 답지했다. 하지만 이런 활동에도 불구하고 당시 기아로 사망한 인구가 50만에 이르렀다고 하니, 심각한 기근과 끔찍한 농촌 현실에 대한 정부의 태도와 정책은 매우 불만스러운 것이었다.

각종 위원회와 지방정부, 교회조직 등은 미온적으로 행동했고 제한된 기금조차 부패한 관료들이 착복하기 일쑤였다. 일부 상인들은 기근을 돈벌이에 이용하기도 했다. 톨스토이는 참혹한 농민들의 생활상을 목도하고 정부의 무능과 귀족사회의 악행에 분노하며 국내외 신문과 잡지에 이러한 현실을 고발하고 정부를 비판했다. 하지만 친정부 언론은 이런 톨스토이를 무정부주의자, 정부전복활동을 획책하는 혁명분자, 교활하고 이중적이며 부도덕한 인물로 매도하기 시작했다. 정부와 교회 역시 의심스러운 눈초리로 톨스토이를 바라보기 시작했다. 톨스토이와 정부, 교회, 지배 귀족들과의 결정적인 갈등이 시작된 것이다.

그러나 톨스토이는 이런 비난과 의심에 전혀 개의치 않고 양심적 지주와 지식인, 자원봉사자와 함께 지속적으로 기근구제활동을 전개한다. 1892년 7월까지 일 년여 동안 톨스토이가 농촌지역에 설립한 무료급식소는 246개소에 이르며 매일 1만 3천 명의 사람들이 급식을 제공받았다.

아동을 위한 124개소의 특별급식소도 설립해 매일 3천 명의 아이들에게 급식을 제공했으니, 이런 활동은 정부의 공식적인 활동을 능가하는 것이었다.

나의 신은 모든 사람을 사랑하고 있다

사실 톨스토이의 이런 직접적인 기근구제활동은 그 당시 가지고 있던 자신의 신념에 반하는 것이었다. 톨스토이는 어떤 물질적 원조나 도움도 인간을 보다 선하고 도덕적으로 만들 수 없다고 믿고 있었다. 삶에 대한 물질적 구원, 죽어가는 아이들을 구원하고 병자를 치료하며 노약자들의 삶을 보조하는 것은 선이 아니라 선의 특징 중 하나일 뿐이다. 그림을 그리기 위해서는 물감을 캔버스에 떨어뜨려야 하는 것은 사실이지만 그런 행위 모두가 그림이 되는 것은 아니다. 물질적 구원, 생계를 지원하는 것 등은 선의 일상적 결과이지 선 자체는 아니다. 그러나 무너져가는 농촌, 죽어가는 농민들을 직접 눈앞에서 지켜보면서 톨스토이는 행동에 나서지 않을 수 없었다.

톨스토이는 이에 대해 스스로 답할 필요가 있었다. 톨스토이는 직접 농민을 물질적으로 지원하기 위한 행동에 나서면서 "선은 항상 희생을 수반하는, 자신의 동물적 생명을 바치는 것으로서 신에게 봉사"하는 것이며 그것은

"마치 초가 자신을 태워 빛을 내는 것과도 같다"고 스스로를 변호한다. 비록 선을 행하는 것은 아니지만 최소한 눈앞에서 죽어가는 생명을 살리기 위한 어쩔 수 없는 물질적 지원이 필요하다, 하지만 그것을 선으로 착각하거나 선의 전부라고 믿어서는 안 된다는 다짐이었던 것이다.

사실 이 당시 톨스토이의 사상은 이웃에 대한 사랑이라든가 비폭력 무저항주의로부터 논리적으로 한 발 물러서고 있었다. 그리스도의 산상수훈의 핵심을 사랑으로, 이웃에 대한 사랑으로 요약했던 톨스토이는 그런 생각을 농민과 하나가 됨으로써 실천하고자 했다. 하지만 후기에 들어서 톨스토이는 이웃에 대한 직접적인 사랑에서 자신의 신, 자신 속에 존재하는 최고의 영혼에 도달하는 것, 즉 도덕적 자기완성으로 사상적 무게중심을 이동하고 있었다. 농촌계몽활동에서 시작해 직접적인 기근구제활동으로 나아갔음에도 불구하고 톨스토이는 점차 각 개인의 도덕적 자기완성에 보다 중요한 의미를 부여하기 시작했던 것이다.

신에 대한 사랑은 나아갈 방향이고 이웃에 대한 사랑은 단지 그 외적 표현이다. 이웃에 대한 사랑은 그 자체로는 의미를 가지지 않는다. 나는 나 자신을 사랑한다. 그런데 왜 이웃을 사랑해야 한단 말인가? 오직 자신의 신에 대한 사랑만이 의미를 가진다. (…) 나는 자신을 사랑한다. 그리고 만일 나 자신 속에 존재하는 나의 신을 사랑한다면 모든 것이 비로소 분명해진다. 그때에야 각성한 사람의 영혼 속에 싸우고 있는 욕망과 이기주의와 자기헌신 등의 문제가 해결된다. 나의 신은 모든 사람을 사랑하고 있다. 따라서 나도 그를 사랑하는 모든 사람들을 사랑한다.[11]

이처럼 후기 톨스토이는 도덕적 자기완성에 보다 방점을 두기 시작한다. 하지만 물론 이것은 이웃에 대한 사랑이라는 교의를 포기하는 것은 아니다. 톨스토이는 이웃에 대한 사랑으로 지상의 왕국을 건설해야 한다는 그리스도의 가르침에 앞서 자신 속에 내재한 신에 대한 사랑을 우선해야 하고, 그럴 때만이 이웃에 대한 사랑이 가져올 수 있는 인간적 욕망이나 이기주의를 경계할 수 있다고 믿게 된 것이다. 즉 자신의 신에 대한 사랑을 가장 일차적인 삶의 과제로 설정할 때에야 이웃에 대한 사랑이 본질적인 의미를 가지게 된다는 것이다.

'네 마음을 다하고 네 목숨을 다하고 네 뜻을 다하여 주 너의 하느님을 사랑하라' 하셨으니, 이것이 가장 으뜸가는 계명이다. 둘째 계명도 이와 같은데 '네 이웃을 네 몸같이

사랑하라'한 것이다. 이 두 계명에 모든 율법과 예언자들의 본뜻이 달려 있다. (마태복음 22:35~40)

톨스토이는 이 성경구절을 옮겨놓고 다시 이렇게 말한다.

모든 사람을 사랑할 때 우리의 마음속은 특별한 기쁨으로 가득 차게 된다. 그리고 이때 우리는 아무것도 두려워하지 않으며 아무것도 바라지 않게 된다. 이것은 대체 왜일까? 바로 이러한 사랑은 말할 것도 없이 신 그 자체이기 때문이다. 사랑할 때, 우리는 그 상대자와 하나로 결합함과 동시에 살아 있는 이 세상의 모든 것과도 하나로 융합하는 것이다. 우리가 신과 인류 전체와 하나로 결합했을 때, 두려워하거나 강렬히 바라는 것이 무엇이 또 있을 수 있겠는가? [12]

톨스토이는 무엇보다 사랑을 베풀 때 사랑하고 있다는 인간적 의식 자체가 하나의 욕망으로 전환되는 것을 경계하고 있다. 그것은 선하고자 하는 의식이 남보다 우월해지려는 욕망, 남보다 강해지려는 욕망으로 전환되는 것을 『고백』에서 거듭 분석해서 보여준 바와 같다. 그리하여 이웃에 대한 사랑 그 자체보다 자신에 대한 사랑, 자신의 신

을 향한 사랑, 이로써 자신의 도덕적 자기완성의 귀결로
서 이웃에 대한 사랑을 이해하고 있다.

가족은
삶의 걸림돌인가,
디딤돌인가
?

가족, 완전한 삶을 향한
성찰이 시작되는 곳

가족, 완전한 삶을 향한
성찰이 시작되는 곳

—이강은

현실이라는 국가로부터 파견된 톨스토이의 아내

톨스토이에 대한 빼어난 전기를 쓴 쉬클롭스키는 톨스토이의 아내에 대해 이렇게 말했다.

그녀는 현실이라는 국가로부터 이 집안에 파견된 대사와도 같았다. 그녀는 아이들이 '다른 모든 사람들처럼' 살아가야 한다는 것을, 그러기 위해서는 돈이 필요하다는 것을, 딸들을 결혼시키고 아들들은 중등학교와 대학에 보내야 한다는 것을 끊임없이 상기시켰다. 대사는 자신을 파견한 국가와 맞서 싸울 수는 없다. 그러면 해임될 것이기 때문이다. 남편은 저명한 작가로서 계속해서 작품을, 이를테면 『안나 카레니나』와 같은 예술작품을 쓰도록 해야 했다. 그리고 자신은 도스토옙스키의 아내가 그랬듯이 스스로 그 책을 출판해야 했다. 그 외에도 가족들이 '무지몽매한' 다른 세계의 사람들이 아니라 '사교계' 사람들과 살아가도록 해야 했다. 그녀는 당시의 소위 '건전한 사고'의 대변자로서 시대의 편견들을 담아내고 있었다. 그녀는 열여섯 살이나 연상이었던 톨스토이가 창조해낸 바로 그런 모습을 지니고 있었다. 그녀는 그를 사랑했다, 때로는 가슴 아프게, 때로는 질투에 빠져, 또 때로는 긍지를 느끼며. 톨스토이는 자신의 많은 결점들을 그녀에게 불어넣었다. 마치 집 안으로 들어가는 열쇠를 건네듯이 그 결점들을 그녀에게 건네주었던 것이다.[13]

톨스토이와 아내의 관계에 대해 이보다 잘 설명해주는 표현은 없을 것이다. 아내 소피야는 톨스토이에게 끝없이 현실의 문제를 일깨워주며 현실과의 관계를 조정해내도록 만든 사람이다. 그녀는 자신이 감당해야 했던 현실의 여러 문제들에 충실해야 했고, 남편이 귀족 사교계와 지주들의 문화를 벗어나지 않도록 세심하게 조정해야 했다. 하지만 남편은 언제나 다른 세계를 꿈꾸고 다른 세계로 진화해가고 있었다. 그녀가 몸담은 현실로부터 끝없이 멀어져가려 했던 것이다. 그녀는 그런 남편을 적극 제지하거나 방해해서는 안 된다는 것을 잘 알고 있었다. 남편의 삶과 꿈을 존중하되 그가 현실에서 너무 멀리 나아가 관계가 단절되지 않도록, 보이게 보이지 않게 뭔가를 해야만 했다.

그러나 다른 한편 그녀의 모습은 바로 톨스토이에 의해 부여된 것이기도 했다. 톨스토이는 평생 아내 소피야를 사랑하고 존중하면서 경멸하고 부정했다. 아내와 아이들을 사랑하지만 이들이 자신을 얼마나 구속하고 있는지를 잘 알고 있었다. 이런 모순적 태도는 톨스토이가 추상적이고 종교적인 예언자로 비상하거나 현실의 추종자로 전락할 수 없도록 만들어주었다. 쉬클롭스키는 이런 그녀의 존재를 현실이라는 국가에서 파견된 대사로 표현하고 있다. 정말 정확하고도 시적인 표현이 아닐 수 없다.

톨스토이는 매우 가정적인 사람이었다. 4남 1녀의 4남으로 태어난 톨스토이는 두 살 때 어머니를, 여덟 살 때 아버지를 여의고 거의 고아처럼 형제들 틈에서 자라야 했다. 이런 그에게 큰형과 작은형은 정신적으로나 물질적으로 커다란 정신적 의지처가 아닐 수 없었다. 하지만 일찍이 두 형을 모두 잃게 되는 아픔을 겪어야 했는데 이때 톨스토이는 부모를 잃었을 때보다 더 큰 슬픔과 좌절을 맛보았다. 이러한 경험과 박탈감이 가정의 소중함에 대한 톨스토이의 무의식을 강화했을 것이라는 점은 충분히 이

190

해할 만하다.

톨스토이는 34세 때 18세의 소피야 안드레예브나와 결혼한다. 이들 부부는 1910년 톨스토이가 서거할 때까지 육십여 년 동안 열세 명의 자식을 낳았고 그중 다섯 아이의 죽음을 지켜보아야 했다. 소피야는 톨스토이가 가지지 못했던, 그리고 늘 그리워했던 거대한 가족을 만들어주었고, 가정의 대소사로부터 거리를 두고 서재에 틀어박혀 늘 다른 세계를 꿈꾸는 고귀한 남편을 대신해 아이들을 돌보고 영지를 관리하며 괜찮은 귀족 가문의 명성을 혼자 만들어나가야 했다. 소피야는 문학적으로도 상당한 교양과 재능을 가지고 있어 톨스토이의 원고를 교정하는 일을 자랑스럽게 도맡았다. 낮에 써놓은 남편의 원고를 밤새워 정서해 아침에 책상에 가져다놓으면 남편은 마구 휘갈겨 교정했고, 아내는 다시 그 원고를 밤새워 정서했다. 『전쟁과 평화』와 『안나 카레니나』와 같은 방대한 장편소설을 이렇게 서너 번 이상 정서해야 했지만, 소피야는 전혀 불평하지 않았고 오히려 너무나 자랑스러워했다.

소피야와의 결혼은 톨스토이가 청년시절의 방황을 끝내고 정신적으로 안정되는 계기였다. 결혼 이후 대표적인 대작들을 속도감 있게 집필했고 그 과정을 아내와 함께 나누며 행복한 정신적 일체감도 맛보았다. 아이들도 많이 낳아 더욱 화목해졌고 경제적으로도 상당히 안정적인 상태가 되었다. 영지도 넓혀갔고 문학적 명성도 타의 추종을 불허할 정도로 높아졌다. 다른 형제들은 여전히 제대로 된 가정을 꾸리지 못한 상태에서 톨스토이만은 어린 시절 불행했던 가정사를 완전히 극복하고 이상적인 가문을 완성한 것처럼 보였다. 소피야의 노력과 희생이 이 모든 성공을 가져온 매우 중요한 요인이었다는 점은 부인하기 힘들다. 톨스토이 역시 그러한 소피야의 모습에 만족했을 뿐만 아니라 완벽한 가정의 행복이라는 현실을 디디고 서서 위대한 문학적 재능을 한껏 뿜어낼 수 있었다.

현실의 삶을 넘어 다른 세계로 나아가다

톨스토이는 일찍이 맛보지 못했던 가정의 행복을 충분하게 만끽했다. 그러나 그가 그리는 나라는 현실이라는 나라와 동일한 것은 아니었다. 아내 소피야가 현실이라는 나라에서 파견된 대사라는 쉬클롭스키의 표현에 따르더라도, 현실은 그 자신과 불가피한 외교관계를 가지고 있지만 그가 정작 추구하는 나라는 아니었다. 톨스토이의 지성이 뻗어나가고 있는 길은 현실로부터 기원한 것이기는 하지만 현실과는 너무나 멀리 나아가는 것이었다.

1880년대 오십대 초반의 톨스토이는 당시로 치면 죽음에 대해 생각하지 않을 수 없는 늙은이였다. 이미 그의 문학적 명성은 『전쟁과 평화』와 『안나 카레니나』로 세계적 정점에 올라 있었다. 그런데 어느 날 갑자기 톨스토이는 자신의 모든 문학적 업적을 부정하고 더 이상 창작을 하지 않을 것이며, 아울러 자신의 작품에 대한 저작권을 포기한다고 선언했다. 물론 이런 선언은 아내의 격렬한 반대로 완전하게 실현되지는 못했다. 그 후 톨스토이는 더욱 서재에 틀어박혀 종교와 사상에 관련된 전 세계 서적들을 뒤적이기 시작한다. 어둡고 우울한 그의 표정은 더욱 굳어져갔다. 이때 그를 방문한 투르게네프는 "나 같은 사람도 소설을 쓰는데, 당신이 그만둔다는 것은 인류에 대한 죄"라고 톨스토이를 설득한다. 하지만 투르게네프의 충고와 설득은 톨스토이에게 전혀 고려의 대상이 되지 못했다. 이미 문학이나 현실의 삶을 넘어 전혀 다른 세계로의 고독하고도 용맹한 전진이 시작되고 있었던 것이다.

이렇게 정신적 위기에 도달하는 과정과 자신에 대한 참회, 그리고 새로운 삶을 모색하는 톨스토이의 내적 고백은 『고백』에 잘 나타나 있다. 이 책에서 톨스토이는 이제까지 살아온 모든 삶이 진정한 삶이 아니었다고 절절하게 고백한다. 인생과 종교, 문학을 포함해 일상과 가정생활에 얼마나 헛된 망상과 거짓이 가득 차 있는지, 그것들은 진정한 삶으로부터 얼마나 멀리 벗어나 있는 것인지 톨스토이는 스스로 끔찍해한다. 그리고 철저한 이성적 논리를 통해 동물적 생존의 욕망에 매어 있는 인간의 삶은 진정한 이성적 삶, 신이 계시한 삶이 될 수 없다고 각성한다. 그때까지 자신이 누려온 행복한 가정도 사실은 개체의 보존을 위한 부질없는 욕망의 실현이었을 뿐이라는 것이다.

톨스토이는 무엇보다 귀족과 지주 계층의 무위도식과 사치, 도덕적 허위의식과 종교적 기만을 직시하고 비판했다. 거기에 자신과 자신의 가족 역시 예외가 아니었다. 아내와 아이들, 집안사람들, 그리고 자기 자신의 삶은 건강하게 일하고 일한 만큼 기쁨을 얻는 일반 농민들의 삶과 전혀 달랐다. 톨스토이 자신은 농민의 삶과 정신세계를 존중하며 거기에서 인간의 보편적 삶의 가치를 얻고자 노력하고 있었지만, 정작 자기 가족들의 삶은 귀족들의 행태에서 조금도 벗어나지 못한 것이었다. 그리고 자기 자신 역시 온전하게 그런 삶으로 전환하지 못했고, 가족들의 그런 삶을 유지하는 데 일조하고 있었다. 특히 이제까지 자신의 삶은 그런 모순을 명확하게 인식하지 못한 것이었다.

이성적이고 도덕적인 삶을 실현하는 것이 인생의 유일하고 진실한 의미이며 신의 뜻이라는 톨스토이의 깨달음은 점점 더 엄격하게 금욕적으로 나아갔다. 그에 따르면 성적 과잉은 인간을 파멸로 이끌 것이므로 가능한 결혼도 하지 않고 완전한 동정과 처녀로 일관하는 것이 가장 바람직하다.

올바른 결혼생활을 하는 것은 좋다. 그러나 그보다 더욱 좋은 것은 결혼을 하지 않는 것이다. 그렇게 할 수 있는 사람은 아주 드물다. 그러나 그것이 가능한 사람은 참으로 행복하다.

결혼하지 않고 살 수 있는 경우에 결혼을 하는 사람이 있다면, 그런 사람들은 발이 걸리지도 않았는데 넘어지는 사람과 똑같은 어리석음을 저지르는 것이다. 정말로 돌부리에 걸려 넘어졌다면 어쩔 수 없지만, 걸리지도 않았는데 어째서 일부러 넘어질 필요가 있겠는가? 만약 죄 없이 청정하고 결백하게 살 수 있다면, 결혼하지 않는 것보다 나은 것은 없다.[14]

인간의 사명은 가능한 한 완전무결에 다가가는 것

그런데 이렇게 극단적인 금욕적 태도가 아내에겐 어떻게 비쳐졌을까. 앞서 말했듯이 아내 소피야는 남편에 대한 존경심과 가족에 대한 애착이 대단했다. 그녀는 스스로 집안을 관리하며 나름대로 다른 귀족들보다는 훨씬 검소하고 근면하게 살아갔다. 자신의 그런 노력으로 몰락한 가문이 그런대로 제법 모양을 갖추었고 남편의 사회적 명성도 높아만 갔다. 그런데 남편은 갑자기 가족을 비난하고 수도승처럼 살라고 공개적으로 주장한다. 남편 자신은 수없이 많은 아이들을 낳았고, 오십이 넘은 지금도 여전히 아이를 낳고 싶어 한다(톨스토이는 60세에 열세 번째 아이로 아들을 낳는다). 그리고 농민 아내와 지속적으로 부정을 저지르기도 했고, 지금도 궁정 시녀인 어느 공작부인과 뭔지 모를 정신적 관계를 지속하고 있었다. 이런 모든 사실을 직접 목격할 수 있었던 아내 소피야에게 톨스토이는 위선적이기 짝이 없는 인물로 보일 것이었다. 그러나 남편이 그런 말을 할수록 왠지 명망은 더욱 높아졌고, 더 많은 사람들이 남편을 찾아 몰려왔다. 소피야는 자기 입장에서 톨스토이를 완전히 이해할 수는 없었다. 다만 남편의 명망이 높아지며 남편의 저작 수입이 더욱 올라가는 것을 의아해하면서 기꺼이 받아들일 뿐이었다.

많은 사람들은 톨스토이를 지나치게 신화화해 마치 신인神人처럼 떠받들었다. 그리고 다른 한편 그에 반발해서 톨스토이의 모순적이고 괴팍한 성정을 지적하며 그의 사상의 위선과 비현실성을 꼬집는 사람도 늘어갔다. 정작 자신은 수많은 비도덕적 행동을 하고서도 남들에게는 도덕군자인 양 설교한다고 비난하는 것이다. 지금도 어떤 사람들은 톨스토이를 비난하기 좋아하며 무슨 엄청난 비밀이라도 발견한 듯 그런 사실들을 예로 들곤 한다. 어떠한가. 과연 그렇다면 톨스토이의 반성과 금욕적 주장은 잘못된 것일까?

톨스토이에게 그런 모순이 존재하는 것은 사실이다. 그리고 톨스토이 자신도 그것을 모를 리 없었다. 바로 그렇기 때문에, 자기 자신도 끝없이 헤쳐나와야 하는 그런 넘쳐나는 욕망 때문에 인간이 몰락할 수 있다는 사실을 더욱 잘 알 수 있었던 것은 아닐까. 너무나 행복한 가정을 이루고 있었기 때문에 그의 죄의식이 더욱 첨예하게 작동했던 것은 아닐까? 자신을 둘러싼 가족들과 주변 농민들 삶의 괴리와 모순이 너무나 커져만 갔기 때문에 그가 그렇게 금욕적으로 자신과 가족까지 부정하게 된 것은 아닐까?

톨스토이가 금욕적으로 가정생활마저 부정적으로 본 것은 이런 맥락을 충분히 고려해서 살펴보아야 한다. 금욕적 논리를 논리로만 받아들여야지, 그것이 너무 지나치다고 생각하는 것은 성급한 결론이다. 톨스토이는 자신의 논리에 흡족해하면서도 그것이 그대로 실현되리라고 순진하게 믿지는 않았다. 자신이 아무리 그렇게 주장하더라도 세상은 쉽게 변하지 않고 여전히 그대로일 것이라는 점을 잘 알고 있었다. 그러나 자신의 사상이 진리라는 것, 삶은 그 진리를 향해 나아가는 것이라는 점을 부정할 수는 없는 것이다. 톨스토이는 자신에 대한 일부의 비판을 잘 알면서 이렇게 말한다.

사람들은 우리가 목표를 향해 나아가야 하는 완전무결의 경지를 가리키는 것이 반드시 그 목적에 도달한다는 것을 의미하는 것이 아님을 잊고 있다. 어떤 일에도 완전무결하게 도달하는 것은 우리에게는 불가능하다. 인간의 사명은 가능한 한 완전무결에 다가가는 것에 있다.[15]

톨스토이의 위대함은 사상 체계의 위대함에 있기보다 그 사상을 현실에서 스스로 실천해내고자 하는 끝없는 노력과 자기반성에 있다. 톨스토이가 자신의 문학적 명성을 포기하고, 수차례 집과 가정을 버리고 가출을 시도하며, 급기야 82세 나이로 집을 떠나 작은 간이역에서 삶을 마감하고, 저작권을 포기하고, 아무런 장례행사도 비석도 없이 아주 평범한 농민처럼 묻어달라고 유언을 남긴 것과 같은 사실들은, 벗어나기 힘든 현실로부터 다른 세상을 향해 나아가고자 몸부림치는 위대한 현실적 투쟁이지, 결

198

코 위선이나 형식적 자기만족을 위한 것이 아니었다. 그
것은 오늘날 우리에게 자신의 가족과 가정생활에 대해 끝
없이 되돌아보고 진정한 삶의 의미를 향해 나아가도록 촉
구할 뿐, 결코 금욕적 삶 자체에 대한 허황한 설교가 아닌
것이다.

국가란
무엇인가
?

불평등과 권력,
그 폭력의 규범으로서의 '국가'

불평등과 권력,
그 폭력의 규범으로서의 '국가'

―김성일

"우리는 조국의 아들이 아닌 신의 아들이다"

1893년, 톨스토이는 그의 나이 65세에 『종교와 국가』를 발표한다. 제목에서도 알 수 있듯이 톨스토이의 국가관은 그의 신앙과 종교론을 기반으로 하고 있다. 책 내용에는 국가, 사회, 형벌, 노동, 재물 등 여러 가지 문제에 대해 정부 당국이나 권력자의 간섭과 탄압을 가져올 만한 과격한 것이 많았는데, 무엇보다도 그는 국가의 권위를 인정하려고 하지 않았다.

  "국가는 허구의 존재다." (정치 논문)
  "국가는 국민을 착취할 뿐만 아니라 특히 국민을 타락시키기 위해 존재하는 집단일 뿐이다." (편지 중에서)
  "사람들은 나라 안에서 자유에 대해 말을 하고 있지만 국가 기구는 하나에서 열까지 어떠한 자유도 받아들이지 않는 폭력을 기초로 삼고 있다." (『인생의 길』)

톨스토이는 국가와 더불어 상류사회의 모순 또한 비판했다. 권력기관의 토대는 물리적 폭력과 인간이 인간을 굴복시키는 불평등에 있다고 언급하고, 인간 사이에 노예제도가 존재하고 있음을 지적했다.

상류사회 사람들은 자기들이 문명, 문화라고 일컫는 것이야말로 일하지 않는 소수의 사람이 땀 흘려 일하고 있는 많은 사람들을 속박하고 있는 노예제도가 빚어놓은 결과임을 깨닫지 않으면 안 된다. (「우리가 무엇을 할 것인가」)

톨스토이가 국가 시스템에서 가장 주요하게 비판한 것은 폭력성과 은폐다. 그는 국가가 통치를 유지하기 위해서는 경찰과 군대를 필요로 하며, 애국심이란 것도 통치의 이데올로기적 현상이라는 점을 강조했다.

애국심은 자기 국민만을 사랑하는 감정이며, 자기 마음의 평정, 재산을 희생하고, 심지어 목숨까지 바치며 적들의 침략과 학살로부터 자기 국민을 보호한다는 신조다. 애국심은 모든 국가의 국민들이 자기들의 이익을 위해 다른 나라의 국민들을 침략하고 학살하는 것을 당연한 일로 생각하던 당시의 개념이다. (「애국심과 정부」[16])

톨스토이는 애국심을 인위적이며 비이성적이고 유해한 감정으로 정의하고 인류의 병폐가 애국심에서 비롯되었음을 말한다. 참되고 올바른 애국심은 존재하지 않으며, 오히려 기독교 세계의 모든 민족들이 애국심 때문에 죽이거나 죽도록 요구받는 살해행위가 만연한 야만상태가 되었음을 날을 세워 비판하고 있다. 특히 군대와 군사력을 증강하는 정부를 세상에서 가장 위험한 조직으로 정의했다. 군비확대와 전쟁이라는 끔찍한 해악이 계속되는 상황에서 사람들을 구하려거든 회의나 회담, 조약이나 중재재판소를 요구할 게 아니라 정부라고 불리는 폭력기구를 없애야 하며, 인류의 모든 해악은 여기에서 비롯되었음을 강조한다.

또한 정부가 없어져서 사회적으로 혼란과 갈등이 야기될 수 있다고 하더라도 지금보다 낫다고 언급하고, 현재 상황이 사람들을 파멸하는 훨씬 더 부도덕한 사회임을 말한다. 또한 무정부적 혼란은 정부가 사람들에게 야기한 오늘날의 상황보다 나쁠 수 없음을 지적한다. 그리고 마지막으로 다음과 같이 강조한다.

사람들이 자신이 어떤 국가나 조국의 아들이 아니라 하느
님의 아들이라는 것을 알고, 따라서 누구의 노예나 적이
될 수 없다는 것을 알 때 정부라고 불리는 터무니없고, 불
필요하고, 치명적인 구시대의 기구와, 여기서 비롯된 고
난, 폭력, 굴욕, 범죄는 모두 사라질 것이다. (「애국심과 정
부」[17])

톨스토이는 국가가 정의와 권리에 의한 것이 아닌 폭
력에 의해 지배와 피지배 형태로 사람을 연결하고 있다는
점을 지적하는 것이다. 그는 사람들에게 이와 같이 나타
나는 폭력의 사슬은 네 가지 방법으로 연결되어 지지되고
있다고 비판했다. 가장 오래된 최초의 방법은 테러리즘으
로, 테러리즘은 기존의 통치 체제를 신성하고 변할 수 없
는 것으로 제시하며, 이를 바꾸려는 시도가 있다면 야만
적인 방법으로 처벌한다는 점을 언급했다. 두 번째 방법은
강탈이다. 이 방법은 노동계급의 재산을 세금 형태로 갈취
하고 빼앗은 재산을 관리들에게 나누어주는 것이다. 관리
들은 그 보답으로 국민의 노예 상태를 유지 강화한다.
그리고 세 번째 방법은 '세뇌'로서, 국가는 이 방법으로

사람들의 정신적 성장을 가로막고, 온갖 암시를 통해 오늘날 가장 완벽한 형태로 영향력을 행사하고 있다. 네 번째는 위의 세 가지 방법으로 마비된 대중 가운데 특정한 수를 뽑아 강력한 정신적 마비와 야수화의 과정을 부과하며, 그들을 국가가 원하는 대로 잔혹하고 야만적인 행위들을 수행하는 수동적인 도구로 만드는 것이다. 이와 같은 네 가지 수단으로 폭력의 체계는 완성되었으며, 국가 권력은 더욱 증대된다. 국가라는 이름으로 우리는 인간에게 소중한 모든 것을 포기해야 하는 것이다.[18]

이와 같이 톨스토이는 모든 국가 권력 형태를 부정했으나 기독교적 종교 혁명이나 무정부주의는 행동적 무력 혁명과 명백히 구분했다. 그의 작품 「잘 익은 곡식」에는 다음과 같은 구절이 나온다.

우리가 혁명가를 만나면, 우리는 그들과 서로 마음이 통하는 듯한 착각에 빠진다. 그들이나 우리들도 무정부, 무산 상태, 무차별 따위를 부르짖는다. 그럼에도 불구하고 여기에는 커다란 차이가 있다. 근본적으로 기독교도에게는 국가가 존재하지 않는다. 그러나 저들은 국가를 전멸시키려 한다. 기독교도에게는 재산이 존재하지 않는 데 반해, 저들은 재산을 폐기하고자 한다. 기독교도에게는 모든 인간이 본원적으로 평등하다. 그러나 저들은 불평등 상태를 파괴하려 한다. 혁명가들은 외부에서 정권과 투쟁하지만, 기독교는 전혀 투쟁하지 않는다. 기독교는 내부에서 국가의 기초들을 파괴한다.

여기서 알 수 있는 것은 톨스토이가 힘으로 국가를 무너뜨리려는 것이 아니라, 무수한 개별자들의 수동성을 통해 국가의 권위를 서서히 약화시키는 방법을 알고자 했다는 것이다. 그는 조금씩 개체가 국가권위에서 해방되어 궁극적으로 국가조직 자체가 힘을 잃고 해체되기를 바랐던 것이다.[19] 이와 같은 톨스토이의 국가에 대한 사상적 기원의 대부분은 루소에게 영향을 받았으며, 불평등의 개념을 중심으로 국가와 권력의 문제를 논했다.

조국에 대한 사랑을 이웃에 대한 사랑으로

톨스토이는 입헌사상에도 심하게 반대했다. 자유주의 운동이 거의 성공을 거둔 것처럼 보일 때, 최초의 국회가 소집되었을 때 그는 다음과 같이 언급했다.

최근에 변모하여 왜곡된 기독교에 의해 새로운 하나의 기만이 발생했거니와, 그것은 민중을 종래보다도 한층 더 노예근성 속으로 밀어 넣고 말았다. 선거라는 복잡한 의회제도를 통해 그들은 자기들의 대표자를 직접 선출함으로써 정치에 참가하는 걸로 생각하였다. 또한 그 대표자들을 추종하고 있으면 자기들의 의지에 따른 것으로 여기는, 자기들은 자유라고 생각하는 착각을 불러일으킨 것이다. 민중은 선거를 통해 자신들의 자유의지를 표명할 수 없다.

그것은 일종의 속임수다. 그 이유는 첫째, 이와 같은 수백만의 인간을 포함한 한 국민의 집합적인 의지 따위는 존재할 수 없기 때문이다. 둘째, 만일 그와 같은 의지가 있다고 하더라도 대다수 사람들의 목소리가 반드시 하나 된 의지를 표명하는 것은 아니기 때문이다. 선거를 통해 대표로 선출된 사람들은 일반적으로 공익을 위해 법률을 제정하거나 정치를 펴나가는 게 아니고 자신의 세력 유지를 위해, 또는 선거에서 발생하는 각종 압박이나 뇌물 등으로 인해 민중에게서 멀어진다.

이러한 의미로 자유로운 인간이란, 마치 죄수들이 자신을 감시하는 간수들 중에서 감옥을 감독하고 감시할 사람을 선출할 권리가 주어졌다고 해서 그들에게 자유가 주어졌다고 생각하는 것과 조금도 다를 바가 없다. 전제적 국가의 국민은 가장 가혹한 폭정 속에서조차 완전히 자유로울 수가 있다. 그러나 입헌주의 국민은 언제나 노예일 수밖에 없다. 그것은 국민인 그들 스스로가 자기들에게 시행되는 폭정을 합법적인 것이라고 인정하기 때문이다. 그리하여 바야흐로 러시아 민중들을 유럽의 다른 여러 국가의 국민과 마찬가지로 입헌적인 노예 상태로 끌고 가려는 것이다.[20]

또한 미국의 어느 신문의 기고문에서도 다음과 같이 자유주의를 비판했다.

자유주의자들은 언제나 호인 같은 역할을 하지만 공포 때문에 전제정치에 가담하게 된다. 그들은 정부에 참가하는 동안 정치에 정신적 마력이 붙게 되어 항상 타협하는 데 익숙하다. 그 결과 금세 권력의 도구가 되어버린다. 알렉산드르 2세 역시 자유주의란 모든 금전을 위해서가 아니라 명예를 위해 자신을 판다고 말한 적이 있다. 알렉산드르 3세는 아무런 위험 없이 아버지의 자유주의적인 사업을 근절시킬 수 있었다.[21]

또한 사회주의에 대해서도 비판적이었으며, 사회주의에 사랑이 없다는 점을 들어 다음과 같이 언급했다.

사회주의자는 인간의 가장 저급한 요구를 만족시키는 걸 목적으로 삼고 있다. 즉 인간의 물질적 행복을 만족시키는 것이 목적이다. 그런데 이 목적조차도 그들이 주장하는 수단에 의해서는 실현될 수 없는 것이다.²²⁾

무정부주의자들이 현존하는 사회 구조를 부정하는 것이나, 현존하는 사회 상태에 있어서는 권력이 행사하는 폭력보다 나쁜 것은 아무것도 없다는 것의 논증에 있어서나 모든 것은 옳다. 그러나 혁명에 의해 무정부 상태를 수립할 수 있다고 생각하고 있는 점에서는 그들은 크게 오류를 범하고 있다. 무정부 상태는 수립될 것이다. 그러나 그것은 정권의 보호를 필요로 하지 않는 사람들이 나날이 늘어가고 그러한 권력의 적용 혹은 그러한 권력에의 참여를 부끄러워하는 사람들이 나날이 늘어간다는 것에 의해서만 수립될 것이다. (『인생독본』,²³⁾ 12월 22일, 그리스도교와 사회주의)

무정부 상태는 여러 제도를 없애는 것을 뜻하는 것이 아니라 강제적으로 사람들을 복종하게 하는 제도만을 없애는 것을 뜻한다. 폭력을 없애는 것 외에는 이성에 의하여 이끌림을 받는 사회는 건설될 수 없고 또 건설되어서는 안 된다고 여겨진다. (『인생독본』, 12월 22일, 그리스도교와 사회주의)

톨스토이는 종교와 국가와의 관계에서는 좀 더 구체적
으로 언급하고 있다.[24)]

조국에 대한 사랑은 그리스도교도에게는 이웃에 대한 사
랑에 방해가 된다. 가족에 대한 사랑이 고대 세계에서는
조국에 대한 사랑의 제물로 바쳐져야 했듯이 그리스도교
세계에서는 조국에 대한 사랑이라는 것은 이웃에 대한 사
랑에 양보되어야 한다. (『인생독본』, 12월 9일, 애국주의)

애국주의라는 것은 오늘날의 사람들에게는 극도로 어울리
지 않는 것이다. 그것은 그저 시사에 의해서만 잠 깨워질
수 있는 것이다. 바로 이러한 짓을 하고 있는 것은 정부라
는 것과 애국주의가 자기네에게 편리한 사람들인 것이다.
즉 그들은 이제 애국주의를 경험하지 않고 그것이 이롭지
못한 사람들에게 시사하고 있는 것이다. 이러한 기만에 대
해서 조심해야 한다. (『인생독본』, 12월 9일, 애국주의)

국가라는 미신을 벗어나야 다른 세상이 온다
이와 같이 톨스토이가 국가기구를 반대한 것은 인류에 대
한 비폭력과 사랑을 기반으로 하고 있으며, 그 대안으로
제시된 것은 단순하다고 스스로도 밝히고 있다.

정부 조직에 참여하지 말고, 연설, 행동, 삶을 통해 정부와 싸우는 것이다. 그리고 이것이 하느님의 뜻이며 그리스도의 가르침이다. 단 하나의 영구적인 혁명만이 있을 뿐이다. 바로 도덕적인 혁명, '영혼'의 갱생이다. 이 혁명은 어떻게 일어날 것인가? 이 혁명이 인류에게 어떻게 일어날 것인가는 아무도 모른다. 하지만 모든 사람들이 자기 자신의 존재 가운데서 이 혁명을 분명히 느끼고 있다. 그럼에도 불구하고 우리 시대의 모든 사람들이 인류를 변화시킬 생각을 하고 있지만, 정작 아무도 자기 자신을 변화시킬 생각은 하지 않고 있다. (「아나키즘에 대하여」[25])

톨스토이는 국가 조직의 불평등과 폭력성에 대한 대안으로 기독교적 공동체를 주장하는데, 이것은 러시아 세기말의 개념인 기독교 사회주의, 즉 복음서가 삶의 길을 가르쳐주고, 그 길로 나아가면 물질적 행복에 도달한다고 하는 것에 대한 비판 어린 시선이다. 톨스토이는 공동체의 공공의 안녕을 지지할 수 있는 것은 영혼의 구원, 즉 인간 내부에 존재하는 신성의 구원이라는 점을 다시 한번 강조하고 있다.

구원은 개인적 삶을, 따라서 물질적 안녕을 버림으로써,

또 이웃의 행복을 위해 애씀으로써, 사랑을 베풂으로써 이루어질 수 있다. 인간이 최대의 행복을 얻을 수 있는 방법 – 이 세상에 하나님의 왕국을 건설할 수 있는 방법 – 은 이것이다. 개인적 행복을 추구한다면, 개인적 행복도 보편적 행복도 이룰 수 없다. 무사무욕을 추구해야 개인적 행복과 보편적 행복을 이룰 수 있다.[26]

이제껏 인류는 폭력의 규범에 따라 살아왔다. 기독교는 인류에게 최대의 행복을 줄 수 있는 만인 공통의 규범은 단 하나라는 진리를 확인시켜주었다. 그것은 상호 협력의 규범이다. (…) 불행이 커지면 사람들은 유일한 구원의 길에 다가가게 될 것이다. 국가에 대한 복종을 그만두는 것, 국가라는 억압적인 연합체를 폐지하는 것이 그것이다. 이 위대한 혁명을 일으키려 한다면 국가, 조국이 하나의 허구이고 삶과 진정한 자유야말로 실제라는 것을 깨달아야 한다. 즉 국가라 불리는 인위적인 연합체를 위해 삶과 자유를 희생하는 게 아니라 진정한 삶과 자유를 위해 국가라는 미신에서 그리고 그 소산 – 범죄라고 할 만한, 인간에 대한 복종 – 에서 해방되어야 한다. 이처럼 국가와 권력 기관에 대한 태도가 변화하면 한 세상이 끝나고 다른 세상이 시작될 것이다. (「세상의 끝, 다가오는 혁명」[27])

재산이란
무엇인가
?

'나의 것'은 없다
'우리의 것'이 있을 뿐

'나의 것'은 없다
'우리의 것'이 있을 뿐

—이강은

말이 인간보다 진화된 동물인가

한 잡종말의 시선으로 인간 삶의 의미를 그리는 단편 「홀
스토메르」는 아주 재미있다. 잡종으로 태어난 말은 종자
가 유전되지 않도록 거세를 하곤 했는데, 홀스토메르는
바로 '거세마'란 뜻이다. 홀스토메르는 젊은 시절 경주마
로 발탁되었고, 이후 장군을 태우고도 다녔으며, 더 늙어
서는 점차 하찮은 일을 맡다가 마침내 시골에서 밭을 가
는 말이 되었다. 대단한 이력과 풍부한 경험을 가진 이 늙
은 말은 저녁마다 젊은 말들을 모아놓고 자신이 살아온
생애를 이야기해준다.

그런데 이 말은 다양하고 많은 사람을 경험하면서 나름
대로 인간에 대해 잘 안다고 생각하고 있음에도 불구하고
여전히 잘 이해할 수 없는 것이 하나 있었다. 바로 인간이

214

사용하는 소유격의 언어였다. 사람들은 모든 것에 '나의' 라는 소유격을 붙이기 좋아한다.

사람들은 살아가면서 행동보다는 말에 더 관심을 쏟는다. 그들은 실제로 무엇을 하느냐 하는 행위 여부보다는 자기들끼리 약속한 말을 다양한 대상에 가져다 붙이는 일을 더 좋아한다. 사람들 사이에 가장 중요하게 여기는 그런 말들에는 '나의', '너의', '우리의' 같은 소유를 나타내는 표현이 있다. 사람들은 이런 말들을 온갖 사물이나 존재, 대상에 가져다 붙인다. 심지어는 땅과 사람, 말馬에게도 적용한다. 그리고 어떤 특정한 대상에 대해서는, 단 한 사람만이 '나의 것'이라고 말하도록 약속하고 있다. 특이한 것은 '나의 것'이라고 말할 수 있는 것이 가장 많은 사람이 가장 행복하다고들 여긴다는 점이다. 그 이유를 알 수는 없지만 하여튼 그렇다. 오래전에 나는 그 이유를 알아보려고 어떤 대상을 가지게 되면 무엇이 그리 정말 좋은지 밝혀보려고 애를 썼지만 명확한 결론을 내릴 수가 없었다.

예를 들어, 나를 '나의 말'이라고 부르는 많은 사람들 가운데 내 등에 올라탄 사람은 아무도 없었고, 내 등에 탄 사람은 전혀 다른 사람들이었다. 나를 친절하게 대해준 사람들도 나를 '나의 말'이라고 부르는 사람들이 아니라 마부나

수의사같이 소유관계를 벗어난 사람들이었다.[28)]

　재미있는 표현이다. 정말로 사람인 우리는 언제나 소유격 쓰기를 좋아한다. 소유격을 쓰지 않고서는 '나'라는 존재가 존재할 수조차 없을 정도다. 너무나 익숙해서 자연스럽고 불가피해 보이는 이 소유격이 동물인 말의 눈에 비추어보면 너무나 생소하고 전혀 이해되지 않는 것이다. 익숙하고 자동화된 우리의 인식을 새로운 눈으로 바라보도록 만드는 '낯설게 하기'의 전형적인 실례가 아닐 수 없다.[29)] 주인공 말은 인간의 소유격에 대한 관찰에 머무르지 않고 한 걸음 더 나아가 인간의 소유 행태가 후진적이어서 말보다 하등동물임에 틀림없다는 결론에까지 이른다.

　관찰과 경험을 통해 세상사를 더 알아가는 동안 나는 우리네 말을 비롯한 온갖 대상에 적용되는 '나의 것'이라는 개념이 인간의 천박하고 저급한 본능에 기반을 둔 것이고, 그 외에는 다른 아무런 근거가 없다는 걸 확신하게 되었다. 사람들은 이 본능을 '소유의식' 혹은 '소유권'이라고 부른다. 사람들은 어떤 건물을 두고 '나의 집'이라고 말하지만, 실제로 거기에 살지는 않는다. 그들은 단지 건물 자체와 건물 유지에만 관심을 가질 뿐이다. 상인은 '나의 가

216

게', '나의 양복점'이라고 말하면서도, 그 양복점에 있는 최고의 천으로 만든 옷을 입지 않는 상인도 있다. 어떤 땅을 '나의 땅'이라고 부르면서도 가서 둘러보는 것은 고사하고 가본 적도 없는 사람이 많다. 자기가 어느 누구의 주인이라고 말하지만, 하인들의 얼굴을 본 적도 없는 사람들 역시 수두룩하다. 게다가 그들의 관계는 알고 보면 한쪽이 다른 한쪽에게 악을 행하는 관계로 이루어져 있다. 어떤 사람들은 특정한 여자를 '나의 여자(아내)'라고 부르지만, 정작 그 여자는 다른 남자들과 살기도 한다. 더 문제가 되는 건, 사람들이 살아가면서 선이라고 여기는 일을 행하려고 하기보다 '나의 것'이라고 부를 수 있는 대상의 가짓수를 늘리는 데에만 골몰한다는 점이다. 우리와 사람의 근본적 차이는 틀림없이 이 점에 있다. 우리가 사람보다 우월한 점은 이외에도 있겠지만 접어두자. 하지만 적어도 이 점만큼은 우리가 사람보다 더 훌륭하다고 꼭 말하고 싶다.[30]

톨스토이는 이렇게 동물의 눈을 통해 인간의 소유욕과 사적 소유에 기초한 사회제도를 낯설게 바라본다. 우리가 이제 너무나 당연한 것으로 생각하는 소유의식과 제도를 말馬의 눈으로 보면 이렇게 정말 기이하고 이해할 수 없는 비자연스러운 것이다. 그러니 자신들이 인간보다 고등동물이라는 홀스토메르의 자긍심에 우리는 무슨 말로 반박할 수 있을 것인가.

톨스토이가 보기에 사적 소유와 소유의 욕망은 결코 완전하게 충족될 수 없을 뿐만 아니라 불가피하게 상호 적대적 경쟁과 투쟁을 유발해 인류를 멸망에 이르게 하는 것이다. 특히 톨스토이는, 단일 토지세율을 도입해 토지에 대한 사적 소유를 배제해야 한다는 미국 경제학자 헨리 조지의 사상에 깊이 공감하고 있었다. 톨스토이는 광대한 러시아 토지를 오직 경작자에게 분배해야 한다고 주장했고, 이런 주장은 이후 여러 정당에 의해 강령으로 수용되기도 한다. 톨스토이는 농촌을 개혁하고 농민 중심의 새로운 사회를 건설하기 위해 무엇보다 필요한 것이 바로 이 사적 소유제도의 철폐라고 생각했다. 『안나 카레니나』의 지주 레빈이나 『부활』의 네흘류도프 공작은 새로운 삶에 대한 각성을 하고 농민들에게 토지를 분배하고 공동경작을 시도한다. 톨스토이가 생각하는 현실적 토지 공유제의 한 모습이 간접적으로 그려지는 것이다.

사람에겐 얼마만큼의 땅이 필요한가

그렇다면 사적 소유는 어디까지 허용될 수 있을 것인가.

218

우리가 잘 알고 있는 단편 「사람에겐 얼마만큼의 땅이 필요한가」는 땅에 대한 욕심이 가져온 비극적인 한 농민의 운명을 그린다. 바흠이란 농민은 땅만 있다면 악마도 두렵지 않다고 말하곤 했는데, 이 말을 들은 악마가 그를 시험에 들게 한다. 바흠은 넓은 땅을 공짜로 마음껏 가질 수 있다는 악마의 말을 듣고 모든 재산을 처분해 여행을 떠난다. 그는 목적지에 도착해서 일정한 땅을 분배받아 잘 살아간다. 하지만 더 많은 땅을 가지고 싶은 바흠에게 악마는 마음껏 땅을 가질 수 있는 곳을 다시 가르쳐준다. 다시 길을 떠난 바흠은 바시키르 지역에 도달했는데, 이 지역의 촌장은 하루 동안 걸어서 다녀오는 지역을 전부 헐값으로 주겠다고 제안한다. 뛸 듯이 기뻐하며 바흠은 새벽에 길을 나선다. 바흠은 원하는 곳을 지정하며 달려갔는데, 언덕을 돌면 더 좋은 땅이 나오고 갖고 싶은 초지가 나오고 꼭 포함시켜야 하는 개울이 나오고 하는 것이었다. 욕심을 부리지 않으려고 했으나 조금씩 더 욕심을 부리다가 바흠은 해가 지기 직전에야 지쳐 쓰러질 지경으로 가까스로 출발지로 달려올 수 있었다. 그러나 그는 결국 그 자리에서 피를 쏟고 죽어 오직 무덤에 누울 만큼의 땅만 차지하게 된다.

위의 단편들에서 톨스토이는 사적 소유의 터무니없음

과 인간의 소유욕이 초래하는 치명적 위험을 경고한다. 톨스토이는 토지에 대한 사적 소유를 특히 반대했다. 농업이 지배적이었던 사회에서 토지는 생산수단에 다름없었다. 이 생산수단을 특정한 계급이 독점함으로써 직접 생산자인 농민들은 아무리 일해도 가난을 벗어날 수가 없다. 톨스토이는 헨리 조지의 토지공유제 사상에 깊이 심취해 농민들이 토지를 공유하는 농장을 만들기도 했는데, 이에 많은 추종자들이 톨스토이 사상에 따라 공동체 경작과 공동체 농장을 건설하기도 했다.

많은 사람들은 백작이라는 귀족 신분에 꽤 넓은 영지까지 유산으로 받은 톨스토이가 사적 소유를 반대하는 것을 두고 조금 위선적이라는 곱지 않은 시선을 보내기도 한다. 그럴 수도 있을 것이다. 하지만 톨스토이 가문이 애당초 그렇게 부유한 지주귀족이 아니었고, 부모가 일찍 돌아가신 후 집안 재산관리가 제대로 되지 않았기 때문에 톨스토이는 젊어서부터 꽤 많은 경제적 곤란을 겪어야 했다. 또한 당대의 부유함이라고 해보았자 지금의 기준에서는 그렇게 부유한 것이 되지 못했다. 기껏해야 유산으로 받은 영지와 농토 일부에서 나오는 수익이 전부였고, 그나마 영지에 소속된 농민들과 기술들을 모두 먹여 살려야 하는 지주의 의무를 고려하면 톨스토이가 처분할 수 있는 소득은 그리 많은 것이 되지 못했다.

물론 그럼에도 불구하고 어쨌든 당대 농민들에 비해 유복한 생활을 누렸다는 것은 부인하기 어렵다. 하지만 톨스토이가 자신의 사적 소유권과 저작권까지 포기했으며, 항상 농민과 같이 근면하게 노동하며 생활했다는 점을 고려하면 톨스토이의 재산에 대한 생각을 결코 위선적이라고 말하기는 힘들다. 오히려 사적 소유를 둘러싼 투쟁이 삶의 전부가 되어버릴 만큼 모든 것이 지나칠 정도로 사유화된 오늘날의 현실에서 톨스토이의 무소유 정신은 다시 한 번 돌아볼 가치가 충분하다 하겠다.

사회적 실천은
어떻게
이루어지는가
?

진정한 자기완성이
사회적 실천의 토대다

진정한 자기완성이
사회적 실천의 토대다
—이강은

인간의 변화는 내적 자기완성으로부터 오는 것

『부활』에서 시베리아 유형을 간 여주인공 카추샤는 거기까지 그녀를 돌보기 위해 따라온 네흘류도프의 청혼을 거절하고 정치범 시몬손의 청혼을 받아들인다. 시몬손은 러시아 전제정치에 대항해 혁명을 도모한 죄로 유형당한 정치범이다. 그는 다른 어떤 죄수보다 성실할 뿐만 아니라 불합리한 감옥의 현실에 결연히 대항하기도 한다. 타락한 여인이자 살인범인 카추샤에 대해서도 어떤 편견도, 값싼 동정도 보이지 않고 오직 있는 그대로의 인간으로 대한다. 카추샤는 네흘류도프 공작이 자신의 잘못을 뉘우치고 진심으로 그녀와 결혼하고 싶어 한다는 점도 이제 받아들이고 있고, 그가 모든 것을 버리고 유형지까지 따라와 그녀를 보살피고 감옥의 현실을 개선하기 위해 최선을 다하고 있다는 것도 알고 있다. 그러나 정신적으로 부활한 그녀는 네흘류도프가 아닌 혁명가 시몬손의 청혼을 받아들인다.

『부활』의 이 장면은 톨스토이 문학에서 보기 드문 부분이다. 무엇보다 혁명가에 대한 작가의 태도가 우호적이다. 19세기 중후반의 러시아는 농민의 정치적, 경제적 해방을 통해 새로운 사회를 건설하고자 하는 나로드니키(인민주의자) 혁명운동이 절정에 달한 때다. 나로드니키는 러시아 농민들의 공동체 정신을 일깨워 러시아를 농민사회주의로 변혁시킬 수 있다는 신념을 가진 지식인들이었다. 당시 수많은 지식인과 대학생은 이런 이념에 기초해 자신들이 가진 특권과 사회적 지위를 내던지고 '브나로드(인민 속으로)'를 외치며 농촌계몽운동에 헌신했다. 이들의 헌신성과 자율성, 민중성의 정신은 이후 러시아 혁명운동의 모태가 될 뿐만 아니라 민중과 함께하는 전 세계적인 지식인 운동의 효시가 된다. 우리나라에서도 1930년대 많은 청년 학생들이 '브나로드' 정신에 입각해 농촌으로 달려갔고, 오늘날에도 여러 가지 형식으로 그 전통이 이어지고 있다. 당연히 이들은 정부의 엄격한 감시와 통제를 받았고 수많은 나로드니키들이 투옥되고 유형에 처해졌다.

그런데 나로드니키 운동이 한창일 때에도 톨스토이는

러시아의 혁명운동에 대해 적극적인 반응을 보이지 않는다. 당시 많은 문학가들이 혁명운동에 공감을 표하기도 하고 또 적극적인 비판에 나서기도 했다. 이를테면 톨스토이와 가까웠던 투르게네프는 이러한 청년들의 운명을 많은 작품에서 그리고 있고, 도스토옙스키는 정치범으로 투옥되었다가 돌아온 후 혁명운동에 대해 비판적인 견해를 적극 표명하고 있었다. 하지만 사회적이며 역사적인 작품을 쓰면서도 톨스토이는 굳이 혁명운동의 이념에 대해 자신의 태도를 분명하게 표명하지 않고 있었다.

톨스토이가 시골 영지에 머무르며 모스크바와 페테르부르크 지식인들과 일정한 거리를 유지하며 혁명적 시류에 의견을 보태지 않은 이유는 무엇보다 톨스토이의 관심이 인간의 정신적 문제에 모아져 있었기 때문이다. 톨스토이는 기본적으로 인간의 변화는 내적 자기완성으로부터 오는 것이라는 신념을 지니고 있었고, 따라서 정치권력과 사회제도의 변화를 추구하는 사회혁명적 관점은 그에게 진정한 인간의 변화를 가져올 수 없는 것으로 여겨졌다. 톨스토이의 이러한 생각은 오십여 년의 자기 삶을 반성하고 참회하는 『고백』이나 인생의 근본적 의미를 되묻는 『인생론』에 여실히 드러나 있다.

인간 마음의 '사랑의 싹'을 키우고 완성시켜야

톨스토이는 『인생론』에서 인간생명의 기본적 의미를 행복에 대한 지향으로 이해한다. 그러나 이 행복에 대한 지향은 자기 한 몸의 행복을 말하는 것이 아니다. 모든 개인들이 자신의 육체적 행복만을 추구해서는 그 욕망의 실현 불가능함에 괴로워하며 고통받을 뿐이다. 또한 자기의 행복만을 추구한다면 세상은 참혹한 생존경쟁과 상호투쟁으로 빠져들 뿐이다. 결국 행복에 대한 지향이란 진정한 생명의 의미, 즉 인간생명의 이성의 법칙에 따르는 것이다. 그런데 그 이성의 법칙이 말해주는 행복 실현의 유일한 길은 이웃에 대한 사랑의 마음이다.

모두를 사랑하고 싶은 감정, 이웃들과 부모형제, 악한 사람이나 원수들, 개와 말과 풀 한 포기까지 사랑하고 싶은 감정, 영혼이 생명을 질식시키는 거짓으로 물들지 않은 아주 어린 시절, 오직 모두가 잘되고 모두가 행복하기만을 바라는 감정, 그리하여 모두가 잘되도록 할 수 있는 모든 것을 다하고 싶은 감정, 모두가 잘되고 기뻐하도록 자신을 헌신하고 생명이라도 바치고 싶은 감정, 이 축복받은 온유한 감정을 한 번이라도 느껴보지 않은 사람이 어디 있겠는가. 생명을 질식시키는 거짓으로 미처 오염되지 않은 아주

어린 시절에 우리는 이런 감정을 얼마나 자주 느끼곤 했던가. 바로 이런 감정이 사랑이며, 인간의 생명은 오직 이 사랑 속에만 깃들어 있는 것이다. (『인생론』 중에서[31])

이웃에 대한 사랑은 조금 변형하면 사회혁명운동 이념으로 전이될 수도 있을 법하다. 사회적 약자의 고통과 러시아 농민의 가혹한 사회경제적 상황을 고려하면, 이웃에 대한 사랑을 간직한 사람이라면 그들의 삶의 조건을 개선하는 일에 적극 나서는 것이 당연하지 않겠는가. 그러나 톨스토이는 이렇게 사랑을 강조한 후 다음과 같이 덧붙인다.

생명이 깃들어 있는 이 사랑은 인간의 영혼 속에 희미한 여린 싹으로 현현된다. 하지만 이 여린 싹은 우리가 사랑이라 부르곤 하는 수많은 욕정들, 즉 잡초의 거친 싹들과 비슷한 모양이다. 이 싹은 더욱 자라나 새들이 둥지를 트는 나무가 될 것이지만, 처음에는 사람들 눈에 다른 싹들과 똑같아 보인다. 잡초의 싹들이 처음에 더 무럭무럭 자라는 것을 보고 사람들은 그것을 더 좋아하기조차 한다. 반면 생명의 유일한 싹은 시들시들하고 말라죽어가는 것처럼 보인다. 그러나 그보다 더 자주 발생하는 더 나쁜 상황은, 사람들이 잡초의 싹들 속에 진정한 생명, 진정한 사랑이 존재한다는 말을 듣고, 진정한 사랑의 여린 싹을 짓밟아버리고, 그 대신 다른 잡초의 싹을 사랑이라 부르며 키워간다는 것이다. 아니 그보다 더 나쁜 상황은, 사람들이 거친 손으로 사랑의 싹을 움켜쥐고, "바로 이거야. 찾았어! 우리는 이제 이걸 알아. 우리가 이걸 키울 거야. 사랑이야! 사랑! 이게 바로 지고의 감정이야!"라고 외치면서, 그것을 옮겨 심고, 바로 세우고, 움켜잡고 하다가 결국에는 짓뭉개버려 제대로 자라지 못하게 죽여버리는 것이다. 그러면 그 사람들이나 또 다른 사람들은 "이 모든 게 어리석고 쓸데없는 짓이야, 감상에 불과해"라고 말한다. 처음 나타날 때 사랑의 싹은 너무나 여린 것이어서 손이 닿는 것을 견디지 못한다. 사랑은 완전히 성숙했을 때만 비로소 그 힘이 강력한 것이 된다. 사람들이 이 사랑의 싹에 가하는 어떤 짓도 그것을 상하게 할 뿐이다. 사람이 할 수 있는 것은 오직 하나, 이 싹을 키우는 이성의 태양을 아무것도 가리지 못하게 하는 것이다. (『인생론』 중에서[32])

인간 속에 존재하는 사랑의 싹을 키우고 완성시키는 것이 톨스토이에게는 가장 중요하고 근본적인 일이다. 톨스토이는 사람들이 연약한 사랑의 싹을 처음에는 몰라보고 방치하거나, 잡초로 인식해 뽑아버린다고 비판한다. 여기까지는 당연한 말이겠다. 그런데 톨스토이는 곧바로 더 위험한 것에 대해 말한다. 즉 사랑의 싹을 발견했을 때, 사랑의 싹이 무엇인지 알게 되었을 때 더욱 위험한 상황이 전개되곤 한다는 것이다. 사랑의 싹을 발견한 사람들이 탄성을 지르며 자신들이 이제 이 싹을 키워내겠다고 하면서, "거친 손"으로 "그것을 옮겨 심고, 바로 세우고, 움켜잡고 하다가 결국에는 짓뭉개버려 제대로 자라지 못하게 죽여버리는" 상황이야말로 가장 참혹한 상황이라는 것이다. 스스로도 완성을 이루지 못한 '거친 손'의 사람들이 조그만 싹 하나를 발견하고 거기에 과도하게 집착하고 매달림으로써 오히려 그 싹을 자라지 못하게 만들 수도 있다는 말이다.

이 말은 어떤 정의나 진실을 인식하고 그에 근거한 실천에 나설 때 우리가 종종 범할 수 있는 잘못을 날카롭게 경계하고 있다. 뿐만 아니라 사회적 실천과 혁명운동이 가져올 수 있는 위험한 결과에 대한 예언과도 같은 언급으로도 충분하다.

실천에 앞서 경계해야 할 '내적 덕목'
톨스토이가 사회적 실천과 혁명운동에 대해 본질적으로 부정적이었다고 말할 수는 없다. 톨스토이는 자신이 세운 농민학교에 교사로 근무하던 한 청년이 반정부 정치운동에 가담한 전력이 있다는 것을 알고 그와 사회운동에 대해 아주 깊은 대화를 나누기도 했다. 또한 청년 교사가 체포될 위기에 처하자 톨스토이는 할 수 있는 모든 능력을 발휘해 그를 구해낸다.『전쟁과 평화』는 당대 러시아 사회의 미래를 탐색하기 위해 러시아의 과거를 되돌아보는 소설이다. 인간의 삶과 역사를 움직이는 근본적인 힘이 어디에 있는가, 그 변화를 누가 어떻게 이끌어가야 하는가에 대한 톨스토이의 역사적, 사회적, 정치적 관심의 소산이었던 셈이다. 이런 점에서 종교적 선과 도덕적 자기완성이라는 톨스토이의 개념이 사회적 실천과 완전히 절연된 개념이라고 말할 수는 없을 것이다.

그런데 사회적 실천과 혁명운동 등 인간 삶의 외적 조건을 개선하는 일도 중요하지만, 그것은 인간 삶의 본질적 개선을 가져올 수 없다. 다른 사람들의 육체적 생존조건을 개선하는 것보다 그들 자신이 인생의 내적 의미를 깨닫도록 해주는 것이 우선이다. 그리고 무엇보다 먼저 인간 자신이 내면으로부터 스스로 생명과 행복의 가치를 깨달아야 한다. 톨스토이가 당대의 혁명적 시류에 일정하게 거리를 두었던 것은 바로 이런 사상의 논리적 결과였다. 그런데 거의 말년에 집필된『부활』에서 톨스토이는 당대 혁명운동에 대해 보다 적극적이고 우호적인 태도를 보인다. 시몬손을 비롯해 투옥된 정치범들을 만나면서 네흘류도프는 새로운 인상을 받는다.

　그들과 가까워진 이후로 네흘류도프는 사람들이 생각하듯 그들이 지독한 악당도 아니고 엄청난 영웅도 아니라는 것을 알게 되었다. 그들도 평범한 사람에 지나지 않았고, 사람 사는 곳이 어느 곳이나 그렇듯 좋은 사람도 있고 나쁜 사람도 있고 어중간한 사람도 있었다. 그들 중에는 현존하는 악과의 투쟁을 의무라고 생각하여 진지한 고민 끝에 혁명가가 된 사람도 있었지만, 이기적이고 허영심에 찬 동기로 그런 활동에 나선 사람도 있었다. 그러나 네흘류도프도 전쟁을 겪어서 알고 있듯이, 대부분의 사람들은 위험과 위기에 대한 갈망과 목숨을 담보로 한 모험, 즉 젊은 혈기가 갖는 가장 평범한 감정 때문에 혁명에 마음이 끌린 것이었다. 보통사람들과의 차이점은 그들의 도덕적 기준이 훨씬 높다는 사실이었다. 그들은 절제, 엄격한 생활, 공정, 청렴의 덕목을 갖추었을 뿐 아니라, 공동사업을 위해서라면 자신의 생명까지 모든 것을 바친다는 각오를 철칙으로 삼고 있었다. 그래서 그들 가운데 평균 수준 이상의 사람들은 네흘류도프보다 훨씬 더 훌륭했고 보기 드문 도덕적 모범

이 되었다.[33]

이렇게 톨스토이는 혁명가들을 직접 묘사하면서 냉정한 관찰과 더불어 그들에 대한 새로운 발견을 한다. 자신의 근본적인 사상 틀을 바꾼 것은 아니지만 혁명가와 혁명 이념에 대해 상당한 공감을 표하고 있는 것이다. 그리고 사실 이 작품을 쓰게 된 경위도 러시아정교회로부터 이단으로 탄압받는 두호보르 교도를 해외로 이주시킬 자금을 얻기 위해서였다. 톨스토이는 1890년대 초 러시아에 대기근이 발생해 수많은 농민들이 굶어 죽어가는 모습을 보고 직접 급식운동에 나서 러시아 정부보다 더 큰 기근구제운동을 전개하기도 했다. 이처럼 톨스토이는 후기로 갈수록 점차 반전운동과 사형제도 반대 등 사회 정치적 문제에 대해 보다 적극적으로 발언하고 행동에 나섰다. 그러면서 동시에 그러한 운동을 전개하는 사람이 갖추어야 할 내적 덕목에 대해서도 늘 관심을 갖고 경계했다.

3부

생각과 행동

말년의 톨스토이는 모든 것을 버리고 홀연히 집을 나서 작은 간이역에서 숨을 거둔다. 이는 행동으로 보여준 그의 마지막 반성이라 할 텐데, 톨스토이의 반성은 개인의 반성이기도 하지만 근대 러시아 사회와 그 속에서의 인간 운명에 대한 보편적 반성이기도 하다. 톨스토이의 삶과 문학과 사상은 완성된 위대한 신화가 아니라 끝없이 새로운 삶의 가능성을 향해 나아가는 창조적 반성의 과정이었다. 무릇 반성이란 바로 이런 것이라고 그는 말하지 않았다. 다만 온몸으로 보여주었을 뿐.

왜 일을
하는가
?

인간이 가장 부끄러워해야 하는 것은
'육체적 나태'

영혼의 계율이 사랑이라면
육체의 계율은 노동

인간이 가장 부끄러워해야 하는 것은 '육체적 나태'

—김성일

최고의 기쁨으로서의 '손의 노동'

톨스토이는 인생에서 땅을 토대로 하는 육체적인 노동의 가치를 최고로 평가한다. 그는 『인생독본』 8월 25일자에 쓴 '손의 노동'이란 글에서 노동의 의미를 다음과 같이 기록해놓았다.

> 노동은 육체적 생활의 필요 불가결한 조건이다. 만일 인간이 노동을 하지 않는다면 그는 얼어 죽고 굶어 죽고 할 것이다. 이것은 누구나가 알고 있는 바다. 그러나 노동이 정신생활의 필요 불가결한 조건이라고 함은 육체에 있어 노동이 필요 불가결함과 마찬가지로 의심할 나위 없는 것이지만 모든 사람들이 꼭 그렇게 생각하는 것은 아니다.

같은 글에서 그는 일을 하지 않고 결과를 취득하는 행위를 부도덕하게 여기고 나태함을 경계해야 한다고 경고한다.

일하기 싫어하는 사람은 먹지도 말라.
부끄러워해야 할 것은 가장 부정한 일이 아니라 부정 가운데서도 가장 부정한 도덕적 상태, 즉 다른 사람들의 노동의 이용과 결부되지 않을 수 없는 육체적 나태다.

이와 같이 톨스토이는 육체노동의 가치를 인간의 노동에서 가장 도덕적이며 정직한 행위로 간주하며, 그와 같은 행위로 얻어지는 것을 선한 결과물로 여긴다. 이 같은 사고는 노동의 가치를 손의 노동으로 받아들이는 것으로, 그는 에머슨의 말을 인용해 그 중요성을 강조한다.

손의 노동은 외계의 연구다. 부의 이득은 부를 생산하는 자의 손에 남는 것이지 그것을 거저 받는 자의 손에 남는 것이 아니다. 삽을 들고 남새밭에 나가 밭이랑을 팔 때 왜 오늘날까지 내내 제 손으로 할 수 있는 일을 대신 사람을 시켜 이 행복을 내게서 빼앗고 있었던 것일까 하고 새삼스럽게 언제나 생각할 만큼의 큰 기쁨과 건강의 충실을 나는 느낀다. 그러나 이것은 비단 만족과 건강의 문제뿐만 아니라 교육의 문제이기도 하다.

나는 언제나 내 초부樵夫, 내 농부, 내 숙수에 대해서 부끄럽게 여긴다. 그들은 자기 스스로를 만족시키며 내 도움 없이 하루고 한 해고 훌륭히 보낼 능력을 가지고 있기 때문이다. 그런데 나는 어떤가. 나는 그들을 의지하고 있다. 나는 내 손발을 가질 만한 권리를 가지지 못했던 것이다.

(『인생독본』, 8월 25일, 손의 노동)

이와 같은 원초적인 육체노동의 중요성과 거기에서 얻어지는 생활의 기쁨을 기록한 데서 톨스토이의 노동에 대한 생각을 읽어낼 수 있다. 결국 이것은 '선한 것은 모두 노력에 의해서만 얻어진다'는 말년의 가르침이 고스란히 담긴 태도라고 할 수 있다. 나아가 그는 노동은 항상 진행되어야 하는 삶의 태도인 동시에 정신적인 활동에 종사하는 사람 역시 내적 세계의 부단한 발전을 위해 자신의 일에 매진해야 함을 확신하고 있다.

한창 일을 하고 있을 때 알아채지 못하던 아픔은 일을 하지 않을 때 근육에 느껴지며 사람은 그 아픔 때문에 외마디 소리를 지를 것이다. 이와 마찬가지로 자기의 내적 세계의 정신적 활동에 종사하지 않는 사람 또한, 도덕적 완성에 인생의 주요한 일을 두는 사람은 알아채지 못할 불행 때문에 통렬한 아픔을 받게 되는 것이다. (『인생독본』, 9월 20일)

이와 같은 노동의 중요성은 그의 책 『예술론』에도 잘 나타난다. 톨스토이는 예술에서 노동이라는 것은 예술가의 것이 아니라 그것을 위해 주변에서 노동활동을 하는 사람들의 것임을 강조한다.

어떤 예술이라도 그것을 위해서는 수천 또는 수만이나 되는 사람들의 긴장된 노동이 필요하며, 그런 사람들이 보람 없이 생애를 흘려보내는 천한 일에 억지로 종사하지 않을 수 없게 가용하는 경우도 적지 않다. 예술가가 자기 일을 전부 자기 손으로 한다면 다행이다. 그러나 대부분의 예술활동에는 노동자의 조력이 필요하다. 그것은 예술품을 제작하기 위해서가 아니라 대부분 자신들의 호사스러운 생활을 영위하기 위해서다. (『예술론』[1] 2장)

인간에게 일은 호흡과도 같은 삶의 가치
노동에 대한 톨스토이의 관점이 젊은 톨스토이 때부터 지

238

켜졌던 것은 아니다. 그는 자신의 영지 '야스나야폴랴냐'를 경영했는데, 지주로서 농장을 경영하는 일과 그곳에서의 노동을 농민들 속에서 하고 싶어 했다. 이와 같은 태도는 그의 '회심', 즉 젊은 시절의 방탕과 부도덕을 후회하고 고백한 『참회록』을 작성한 후에 나온 것이라고 할 수 있다. 특히 영지의 농노들의 해방 문제는 집안의 많은 만류에도 불구하고 결정을 강행했으며, 다른 귀족들의 불만을 사기도 했다. 톨스토이의 농노해방과 노동에 대한 사고는 그를 추종하는 사람들에게 종교로서 숭배되었으며, 톨스토이의 노동과 도덕적 삶에 대한 정신은 '톨스토이주의'로 이어졌다. 이것은 땅을 기반으로 순수한 육체노동의 중요성을 강조하며, 있는 그대로의 자연에서 얻은 결과물을 노동의 생산물로 받아들이는 운동이라고 할 수 있다.

반복되는 일상생활에서 인간에게 일이라는 것은 바르게 인생을 사는 태도이자 목적이 되는 것이다. 따라서 인간에게 일을 하지 않는다는 것은 무위도식하는 것으로, 인간의 일이라는 것은 호흡을 하는 것과 같은 삶의 기치로 받아들여지게 되는 것이다.

달구지에 채워진 말이 걷지 않을 수 없듯이 인간은 아무것도 하지 않고는 있을 수 없다. 그러므로 인간이 일을 하고 있다는 사실의 가치는 인간이 호흡을 하고 있다는 것과 같은 정도이다. 중요한 것은 인간이 무엇을 하고 있는가 하는 것이다. (『인생독본』, 6월 1일, 근로와 쾌락)

노동은 선행이 아니지만 덕행이 있는 생활의 필수조건이기는 하다. (…)
불필요하고 공허하고 견뎌낼 수 없고 남을 방해하고 화가 나고 하는 노동이 있다. 그러한 노동은 무위보다도 훨씬 나쁘다. 참된 노동은 언제나 조용하고 고르고 눈에 띄지 않는 것이다. (『인생독본』, 9월 25일, 무위도식)

또한 톨스토이는 헨리 조지의 말을 인용해서 인간이 부를 얻을 수 있는 세 가지, 노동, 간원, 절도를 들면서 노동으로 인한 부의 획득이 중요함을 설명한다.

인간이 부를 얻을 수 있는 방법은 세 가지밖에 없다. 노동과 간원과 절도, 이 세 가지가 그것이다. 만일 노동으로 사는 사람이 아주 조금밖에 얻지 못한다면 그것은 즉 너무나도 많은 부가 거지와 도둑의 손에 돌아가고 있다는 결과에 지나지 않는다. (헨리 조지)

240

노동을 좋아한다는 것만으로는 불충분하다! 어떠한 것에 대해서 너희들은 노동을 하고 있는 것인가. (소로)

만일 놀고먹는 사람이 있다면 그것은 다른 사람이 그의 힘 이상의 힘을 짜내어 노동을 하고 있다는 증거다. 만일 포식을 하는 사람이 있다면 그것은 바로 다른 사람이 굶주리고 있다는 증거다. (『인생독본』, 9월 25일, 무위도식)

무위도식을 일삼는 사람들에게 노동으로 여겨지고 있는 일의 대부분은 다른 사람들의 노동을 줄이기는커녕 오히려 새로운 노동을 덧붙이는 놀이에 불과하다. (『인생독본』, 9월 25일, 무위도식)

이와 같은 육체노동의 형태를 통해 인간은 땅을 기반으로 자신의 본분에 맞게 삶을 살아가야 하며, 그럼으로써 그 속에서 참된 기쁨과 행복을 느낄 수 있는 것이다. 톨스토이는 특히 육체노동 중에서도 땅을 가는(경작하는) 노동이 주는 가치와 행복을 선을 이룰 수 있는 최고의 방법으로 생각했다.

모든 종류의 노동 가운데서 가장 기쁜 것, 그것은 땅을 가

는 노동이다. (『인생독본』, 12월 11일, 농사)

개미를 본받아 일을 사랑하라고 충고를 받으면 이런 사람
은 부끄러울 것이다. 그런데 만일 또 이 충고에 따르지 않
는다면 두 배로 부끄러운 노릇이다. (『탈무드』)

땅을 가는 직은 인간의 본질에 적합한 일의 하나다. 땅을
가는 직은 모든 사람들의 본질에 적합하여 최대한의 독립
과 행복을 주는 유일한 일이다. (『인생독본』, 12월 11일, 농사)

노동과 농사, 땅에 대한 사고는 그의 소설 「사람은 얼마
만큼의 땅이 필요한가」에서 잘 드러난다. 주인공인 바흠
이라는 농부의 아내는 도시에 사는 자신의 언니와 도시와
농촌 생활에 대해 이야기하던 중 다음과 같이 말한다.

"우리 같은 인간이 어렸을 때부터 어머니 대지를 갈면 저
런 어리석은 짓을 할 생각은 못할 거야. 문제는 딱 하나,
땅이 부족해! 땅만 넉넉히 있으면 아무도 안 무서워, 마귀
새끼도!"[2]

이 말을 들은 악마는 넉넉한 땅을 주고 바흠을 유혹하

기로 한다. 이런 상황에서 바흠에게도 지주의 땅을 구입할 수 있는 기회가 온다. 처음에는 자신의 땅이 생겼다는 기쁜 마음에 만족하게 되지만, 더 넓고 좋은 땅으로 주변의 농부들이 이주한다는 소식을 전해 듣고 자신도 원주민의 마을에서 땅을 소유하길 원하게 된다. 결국 원주민 이장은 하루에 걸어서 되돌아오는 만큼의 땅을 천 루블이라는 가격에 제시하고, 이 말을 들은 바흠은 죽을힘을 다해 걷고 걸어 가까스로 넓은 땅을 소유하게 된다. 그러나 땅으로 되돌아온 마지막 순간에 죽음을 맞이하게 된다. 땅에 대한 끝없는 욕심이 이와 같은 화를 부른 것이다. 바흠이 차지한 땅은 머리끝부터 발끝까지의 길이 고작 3아르신이었고, 그가 차지할 수 있던 땅은 이것이 전부였다.

이처럼 노동과 땅에 대한 가치는 인간이 삶을 선하게 살아가고 겸손하게 바라보는 관점으로 제시되고 있다. 욕심을 부리지 않고 소유한 적당한 땅과 그 속에서 자급자족하며 인생을 영유하는 소박한 삶이 톨스토이가 제시하는 노동의 대가라고 할 수 있다. 또한 이와 같은 삶의 형태는 식생활 면에서도 채식주의의 방법을 제시하며, 자연과 공존하는 방법을 강조하게 된다.

참혹한 살생을 하지 않아도, 피를 흘리지 않아도 대지는

훌륭한 식탁을 준비해놓고 있다. 날고기로 굶주림을 면하
는 것은 오직 야수뿐이다. 야수가 아닌 동물, 말이나 소나
양은 평화로이 초식을 하며 살 곳이 있다. (…) 우리들과
같은 생명을 가지고 있는 것의 피와 살로 자기들의 굶주림
을 면한다는 것은 있을 수 없는 일이다. 우리들은 야수가
아니다. 우리들은 인간이다. (『인생독본』)

땅과 노동의 가치에 대한 결과물은 생태적인 지향점을
나타내며, 인간의 육식 식생활을 채식주의로 변화시킬 것
을 촉구하기도 한다.

육식 이외의 식사는 할 수 없으며 육식이 죄악이라는 말을
들은 적도 없으며, 성서가 육식을 용서하고 있는 것이라
천진난만하게 믿고 육식하는 사람들이 있다. 그와는 다른
경우로 야채가 풍부하며 우유가 많이 생산되는 나라에 살
면서, 또한 인류의 여러 선각자들이 주장해온 육식 반대의
가르침도 익히 잘 알면서 육식을 하고 있는 교양 없는 사
람들이 있다. 후자에 속하는 사람들은 육식을 계속 함으로
써 큰 죄를 범하고 있는 것이다. (『인생독본』)

이와 같은 사고는 단순히 육식의 금기를 강조한 것이

아니라, 생명이 있는 모든 것을 살생하지 말라는 당부이기도 하다. 톨스토이는 『인생독본』 12월 2일자에서 '죽이지 말라'는 주제로 살생의 금기와 채식의 중요성을 말하고 있다. 따라서 노동을 통해 농사로 얻어지는 생산물, 토지를 기반으로 하는 노동의 중요성 역시 도덕적인 사상을 기반으로 제시되고 있다고 볼 수 있다. 이처럼 톨스토이의 노동의 가치는 자신의 땅에서 정직하게 노동을 함으로써 그로부터 얻는 대가와 그 대가로 인한 기쁨일진대, 그는 그로 인한 행복을 인간이 선에 도달하는 덕목으로 발전시키고 있는 것이다.

영혼의 계율이 사랑이라면
육체의 계율은 노동

―이강은

노동은 정신을 치유한다

도덕적 자기완성 속에 진정한 신앙과 삶의 가치가 존재한다고 믿은 톨스토이는 손에 굳은살이 박이도록 직접 노동을 하며 살아가는 농민의 삶을 가장 위대한 삶이라고 간주했다. 톨스토이는 젊은 시절부터 고향 야스나야폴랴나에서 농민들과 함께 직접 경작을 하며 매일매일 매우 근면하고 검소한 생활을 했다. 그는 농민들의 삶과 세계관을 높이 평가하고 언제나 그들과 하나가 되는 삶을 지향했다.

『안나 카레니나』에서 안나와 브론스키의 정열적인 육체적 사랑은 도시 귀족 사교계를 배경으로 발생한다. 하지만 농촌에서 직접 농사일에 참여하는 레빈과 키티의 삶은 행복하고 이상적으로 그려진다. 이 레빈은 바로 톨스토이의 이상적 삶의 한 단면을 보여준다.

아낙네들은 노랫소리와 함께 레빈에게로 다가왔다. 마치
환희의 천둥을 동반한 먹구름이 그에게로 다가오고 있는
것만 같았다. 먹구름은 밀려들자 순식간에 그를 붙들어버
렸고, 그가 누워 있던 건초 가리도 다른 가리들도 짐수레
도 저 멀리 들에 널려 있는 목초지들도, 모든 것이 외침과
휘파람 소리와 박자를 맞추는 소리가 뒤섞인 이 야성적이
고 신바람 난 노래의 장단 아래 가라앉아 흔들리기 시작했
다. 레빈은 이 건강한 즐거움이 부러워지고, 이러한 생의
환희의 표현 속에 한몫 끼어들고 싶어졌다. 그러나 그는
아무것도 할 수 없었다. 그냥 그대로 누운 채 보고 듣고 할
수밖에 없었다. 그리고 사람들이 노랫소리와 함께 시야와
귓가에서 사라져버림과 동시에, 자신의 고독과 육체적인
무위와 이 세상을 향한 적의에 대한 괴로운 우수의 감정이
레빈을 붙들어버렸다.

(…) 레빈은 종종 이런 생활에 마음을 빼앗겼고, 이런 생
활을 영위하고 있는 사람들에게 선망의 감정을 품었었다.
그러나 오늘은 특히 이반 파르메노프와 젊은 아내의 관계
를 보고 받은 인상 때문에, 그가 이제껏 영위해온 번잡하
고 무위하고 인공적인 개인의 삶을 이 부지런하고 깨끗하

고 아름다운 집단의 삶으로 바꾸는 것은 자신의 의지 하나에 달렸다는 생각이 난생 처음으로 명백하게 머리에 떠올랐다.[3]

삶에 대한 회의와 문제의식으로 가득하던 레빈은 일을 마치고 귀가하는 농민 행렬을 보면서 삶의 환희와 건강한 즐거움을 맛본다. 농민 아낙네들의 힘찬 노랫소리는 삶과 노동으로부터 자연스럽게 흘러나온 것이다. 어떤 가식도 없는 야성적이고 신바람이 가득한 그들의 노래는 고독과 육체적인 무위와 이 세상을 향한 적의에 대한 괴로운 우수의 감정 따위는 모른다. 레빈은 "번잡하고 무위하고 인공적인 개인의 삶"을 버리고 이런 "부지런하고 깨끗하고 아름다운 집단의 삶"에 동참하고 싶다. 그리고 그것은 전혀 어려운 일이 아닌 것 같았다. 마음만 먹으면 그대로 실천할 수 있는 것이었다.

손에 굳은살이 박인 바보들의 왕국

너무나 잘 알려진 단편 「바보 이반」은 바로 이런 사상을 아주 잘 보여준다.

한 부유한 농부의 세 아들, 무관인 세묜, 배불뚝이 타라스, 바보 이반, 그리고 귀머거리이자 벙어리인 딸 말라니야가 있었다. 세묜은 임금을 섬기러 전쟁에 나갔고 배불뚝이 타라스는 장사에 나서고 바보 이반은 누이와 함께 집에 남아 땀 흘려 농사를 지었다. 그런데 세묜과 타라스는 자신들이 가진 것보다 더 많이 가지고 싶은 욕심으로 이반에게 와서 재산을 하나씩 요구했다. 이반은 전혀 개의치 않고 형들에게 재산을 하나씩 나누어주었다. 그런데 형제가 다툼도 없이 살아가는 모습을 큰 도깨비가 질투해서 세 형제에게 각각 작은 도깨비를 보낸다. 이에 세묜은 도깨비의 유혹으로 더 큰 전쟁을 일으켰다가 도망하는 신세가 되고, 타라스도 도깨비의 유혹을 받아 더 큰 이윤이 남는 장사를 벌이다가 몰락한다. 그런데 세 번째 도깨비는 농사일을 방해하고 힘들게 해서 이반을 시험하지만 이반은 전혀 굴하지 않고 열심히 노동을 할 뿐이다.

세 도깨비는 이반에게 목숨을 잃을 위험에 처해 이반에게 신통한 힘을 하나씩 주고 사라진다. 병을 낫게 하는 뿌리와 병사를 만들 수 있는 방법과 금화를 만들 수 있는 방법 등이었다. 몰락한 두 형이 찾아오자 이반은 각각 병사와 금화를 만들어 그들을 도와주고 자신은 예전처럼 그대로 살아간다. 그러다가 어느 날 공주가 병이 들게 되자 약초 뿌리를 가지고 도와주러 간다. 하지만 집 앞에서 병든 거지를 보고 그 뿌리를 주어 치료한다. 그리고 아무것도 가지지 않고 공주를 찾아갔지만 이반은 공주를 낫게 하고 결혼해 왕국을 물려받게 된다. 그런데 왕이 된 이반은 공주와 함께 곧바로 임금의 옷을 벗어던지고 농민처럼 일만 한다. 이에 똑똑하다는 사람들은 임금이 바보라며 모두 떠나고 이반의 나라에는 그저 바보들만 남아 모두 제 일을 하며 평화롭게 살아갔다.

한편 많은 병사를 가지고 떠난 세몬은 왕이 되었고 타라스도 많은 돈을 벌어 왕이 되었다. 큰 도깨비는 이런 사실을 알고 세몬을 찾아가 더 많은 병사와 더 큰 왕국을 만들어야 한다고 유혹해 세몬을 몰락하게 만들고, 다시 타라스를 찾아가 더 훌륭한 장사를 하도록 해서 타라스 왕을 곤경에 처하게 함으로써 결국에는 몰락하게 만들었다. 그리고 마지막으로 이반 왕을 찾아간다. 그러나 이반의 나라에서는 누구도 군사가 되기를 원치 않았고 이웃나라에서 쳐들어와도 저항은커녕 있는 것은 죄다 내주는 것이었다. 금화를 나누어주고 욕망을 불러일으켜도 그들은 전혀 그것을 좋아하지 않았다. 결국 큰 도깨비도 머리가 깨어져 죽고 만다.

이반은 오늘날까지 살아 있고 온갖 백성이 그의 나라로 몰려오고 있다. 두 형들도 그에게로 찾아와 그가 그들을 먹

250

여 살리고 있다. 누군가가 찾아와서 '우리들을 좀 먹여 살려주시구려' 하고 말하면, '그럭하지. 와서 살게나. 여기에 없는 것 없이 얼마든지 있으니까' 하고 말한다. 그러나 이 나라에는 꼭 하나 습관이 있다. 손에 못이 박인 자는 식탁에 앉게 되지만 못이 박이지 않은 자는 먹다 남은 찌꺼기를 먹어야 하는 것이다.[4]

「바보 이반」에는 톨스토이의 노동에 대한 견해와 진정한 삶에 대한 견해가 잘 요약되어 그려져 있다. 무력이나 금력으로 세상을 평안하게 만들 수 없으며 오직 선한 노동에서만 건강한 삶과 국가가 이루어질 수 있다는 것이다. 톨스토이는 영혼의 계율이 사랑이라면 육체의 계율은 노동이라고 생각했다. 그는 특히 육체노동을 중시했다.

팔다리를 움직여서 일하는 노동, 특히 농지경작을 위한 노동은 단지 육체에 유익할 뿐만 아니라 정신적으로도 유익하다. 자기의 팔다리를 움직여서 일하지 않는 사람들은 사물을 올바르게 이해하기가 힘들다. 이들은 끊임없이 생각하거나 이야기하거나 남의 말을 듣거나 책을 읽거나 한다. 이들의 두뇌에는 휴식이 없다. 그 결과, 두뇌는 비정상적으로 초조하고 어지럽다. 그러나 경작하는 노동은 그것이

상쾌한 휴식을 주는 것을 제외하더라도 인생에 있어서 우리의 위치를 단순하고 명쾌하게, 합리적으로 이해하는 데 도움이 된다는 점에서 우리에게 참으로 유익하다.[5]

오늘날 경작 노동에 대한 톨스토이의 강조는 말 그대로 수용하기는 힘든 일이다. 톨스토이가 농민들의 삶과 도덕에 유난히 경도되었던 것은 당대 러시아의 삶의 근본이 바로 농촌에 뿌리를 두고 있었기 때문이라고 볼 수 있다. 한 미국인 손님이 "미국에서는 오직 10퍼센트의 인구가 경작을 하지만 그럼에도 식량이 넘쳐난다. 그리고 거대한 기계가 대신 경작한다"고 하는 말을 듣고 톨스토이는 매우 커다란 충격을 받았다고 한다. 당시 톨스토이는 도시의 공장이 인간의 욕망을 부추기는 소비재 생산이나 한다며 부정적인 시선을 거두지 않고 있었던 것이다. 이런 점에서 톨스토이가 생각하는 노동 형태는 분명 그의 시대적 한계라고 말하지 않을 수 없을 것이다.

그러나 톨스토이가 말하는 노동의 신성성에 대한 본질은 여전히 중요한 인간의 덕목이 아닐 수 없다. 오늘날 매우 복잡해진 인간의 노동 형태에 대해 충분히 인정한다 하더라도 각 개인에게 경작 노동과 육체노동의 의미는 여전히 매우 유효하고 소중한 것이다. 오늘날 우리는 톨스토이의 이런 가르침을 금전적인 보수와 이익에 기초한 노동이 아니라 자발적인 기쁨과 육체의 건강, 자연의 매력과 연관된 노동을 가장 우선적인 노동으로 강조하는 것으로 해석할 수 있을 것이다. 이는 성경에서 부단히 강조하는 경작 노동의 의미와 다르지 않다.

쾌락이란
무엇인가
?

쾌락은 온갖 유익을 가두는
육체의 감옥

쾌락은 온갖 유익을 가두는
육체의 감옥
―김성일

육체의 감옥에 갇힌 젊은 영혼

톨스토이는 젊은 시절에 육체적으로 고결하면서 동시에 행복할 수 있다고 생각했다. 고결한 행복이란 그에게 결혼생활과 부부간 정절을 의미했다. 1852년 10월 9일자 일기에서 그는 이렇게 적고 있다. "사랑이란 것은 없다. 그 대신 성관계를 원하는 육체의 욕망과 인생의 동반자를 바라는 이성의 요구가 있을 뿐이다."[6]

실제로 톨스토이는 『참회록』에서 젊은 시절 스스로 육체적 쾌락과 부도덕한 일을 행했음을 고백한 바 있다. 당시의 이야기를 참회하는 심정으로 다음과 같이 적고 있다.

내 젊은 날의 이 10년에 걸친 눈물겹고 교훈으로 가득 찬 삶의 역사를 언젠가는 말할 날이 있을 것이다. 대부분의 세상 사람들 역시 그런 경험이 있으리라 생각된다. 나는 진심으로 선량한 사람이 될 것을 원하고 있었다. 하지만 나는 젊었고 정열이 넘치고 있었다. 그리고 선량한 덕을 탐구하던 시절 나는 외톨이였고, 완전히 혼자였다.

전쟁에서 나는 많은 사람을 죽였다. 죽이기 위해 타인에게 결투를 신청하기도 했다. 도박으로 큰돈을 잃기도 했다. 농민들의 노동의 결실을 먹어치우고는 그들에게 벌을 내렸다. 음탕한 생활을 했으며 사람들을 속이기도 했다. 기만, 절도, 온갖 종류의 간음, 폭음, 폭행, 살인 – 아마도 내가 저지르지 않은 죄악은 거의 없으리라. 그럼에도 나와 동료들은 이 모든 행위에 대해 내게 찬사를 보냈다. 게다가 그때나 지금이나 나를 비교적 도덕적 인간으로 생각하고 있다.

톨스토이가 적은 이와 같은 자신의 모습을 정신분석학적으로 연구한 결과도 있다. 톨스토이 개인의 심리적 문제를 다룬 연구는 세 가지 문제를 중심으로 다루는데, 첫 번째가 그의 여자 혐오증이며, 두 번째가 도덕 피의증, 세 번째가 그의 어머니의 부재다.[7] 여성에 대한 톨스토이의 이와 같은 태도를 슈테판 츠바이크 역시 유사한 관점에서 지적한 바 있다. 톨스토이는 여자라는 존재를 건강한 인간에게 부자연스럽고 은자적인 생활에 방해되는 것으로 꺼려한다고 했다. "여자가 품행이 단정하여 존경받는 가운데 모성을 충실히 수행하는 한에서만 그는 여자를 해롭지 않은 것으로 여긴다. 따라서 그런 여자란 '평생 동안 그가 육체의 무거운 업으로 느꼈던' 성을 초월해 있는 여자다. 음악처럼 여자는 이 반그리스인, 예술가적 크리스천, 독실한 수도사에게 단지 악에 불과할 따름이다."[8] 젊은 날의 비도덕적인 행위에 대해 톨스토이는 괴로워했으며 스스로의 자제와 다스림의 방법을 제시하는 동시에 여성의 도덕적인 몸가짐도 당부하고 있다.

그리고 그의 인생에서 이와 같은 비도덕의 행위를 스스로의 고백서인 『참회록』에 담고 있는데 이 책 이후로 톨스토이는 스스로의 인생을 선하고 도덕적인 관점으로 부단히 단련하게 된다. 『인생독본』 2월 6일자 '욕망과 욕정'에서 톨스토이는 부처의 말을 다음과 같이 인용하기도 했다.

육체적인 쾌락을 열망하는 저속한 욕정, 즉 해독에 찬 이같은 욕정에 사로잡혀 있는 인간의 둘레에는 칭칭 얽힌 메꽃처럼 온갖 고뇌가 뒤얽힐 것이다. 그러나 이와 반대로 이 같은 욕정을 이겨내는 사람의 신변에서는 마치 연잎에

빗방울이 굴러 떨어지듯이 온갖 고뇌가 사라질 것이다.

이성은 욕망을 이용하기보다 제어해야 한다

톨스토이의 소설들 중에는 성적인 쾌락과 욕망을 주제로 발표된 이야기들이 있다. 어떤 점에서 이 소설들은 젊은 날의 방탕한 삶을 후회하고 올바른 삶과 진정한 즐거움의 의미를 일깨워주는 역할을 하기도 한다.

『악마』라는 소설은 톨스토이 자신과 농부의 아내였던 악시냐 사이에 있었던 젊은 시절의 연애 행각과 관련이 있다. 1862년 톨스토이가 결혼할 때까지 이들의 관계는 4년간 지속되었다. 1860년 일기에서 톨스토이는 악시냐에 대한 감정을 다음과 같이 썼다. "이 감정은 결코 수컷의 본능이 아니다. 이건 남편이 아내에게 갖는 감정이다." 결혼한 후에 톨스토이의 강요에 의해 읽게 된 그의 일기장에서 이런 글을 발견한 아내 소피야는 악시냐를 질투했으며, 세월이 흐른 후 악시냐와의 관계, 아내의 반응은 톨스토이 작품에 자전적 재료로 사용되었다.

『악마』에서 톨스토이는 젊어서 결혼한 지방 귀족 이르테네프의 비극을 그리고 있는데, 그는 결혼식 전에 농부 아내와 관계를 가지고 난 후 색정적인 그녀가 일깨워준 성적 마력에서 벗어나지 못한다. 이 소설의 초안(1899년

258

에 쓰기 시작함)에서 이르테네프는 자살을 한다. 하지만 1909년 2월 작가는 끝부분을 고쳐 이르테네프로 하여금 성적 집착의 근원이었던 농부 아내를 죽이도록 했다. 이 이야기는 물론 톨스토이와 악시냐 사이의 경험담을 근거로 하고 있지만, 실제 살인사건을 바탕으로 하고 있다. N. N. 프레데리흐스라는 사람이 결혼한 지 3개월이 지난 뒤에 농부의 아내이자 애인인 스테파니타 무니치나를 찾아가 타작하고 있는 그녀를 쏘아 죽인 사건을 바탕으로 하고 있는 것이다.[9]

이 작품을 썼을 당시 톨스토이는 자신의 성욕을 억제하느라 고생했다고 한다. 소설의 주인공은 서로 다른 두 여자를 사랑한다. 한 여자에게서는 육체적 사랑을, 그리고 다른 여자에게서는 정신적 사랑을 느낀 것이다. 작품에서는 이르테네프가 아내에게 가진 사랑과 다른 여인에게 가진 육욕이 모두 인간에게 정당하고 자유로운 욕구라고 제시되고 있다. 하지만 결국 이르테네프는 리자에게 느끼는 우정이자 사랑의 감정이 그의 성욕을 만족시키지 못한다는 것을 알게 된다. 이 같은 욕망을 억누를 수 없는 본능으로 나타내는 것은 철학자 쇼펜하우어의 영향이 크다.

1860년대 말 톨스토이는 쇼펜하우어의 사상을 탐독하기 시작했는데, 쇼펜하우어는 섹스를 도덕과는 상관없는,

압도적인 삶의 힘과 등치시키고 거기서 벗어나는 길은 자살밖에 없다고 보았다. 소설 『악마』에서 성욕과 영성은 별개로 나타나고 있으며, 이성은 욕망을 이용하기보다는 제어해야 한다는 점을 암시하고 있다.

또 다른 작품 『세르게이 신부』는 금욕주의의 탈을 쓰고 나타나는 오만함을 날카로운 시각으로 바라보는 심리학적 연구서다. 젊은 수비대 장교인 카사츠키 공작은 자신의 약혼녀가 차르의 애첩이 되었다는 소식을 듣고 세상으로부터 은둔한다. 그는 세르게이 신부란 이름의 경건한 사제로서 전도자이자 금욕주의자로 커다란 명성을 얻는다. 그러나 명성의 정점에서 그는 육체의 시험을 당하게 되고 명성과 육욕으로부터 도망치기 위해 수도원을 떠나 이름 없는 고행수사가 된다. 이 고행수사는 톨스토이 자신이 나이 들어 되어보길 원했을 법한 방랑자 타입이다. 이 이야기는 1890년에 시작되었는데, 몇 년간 중단되었다가 1898년 다시 이어졌지만 미완으로 끝났다.

『크로이체르 소나타』는 원래 1887년 여름, 아들 세르게이가 '바이올리니스트 소나타'와 베토벤의 '크로이체르 소나타'를 연주하자 톨스토이가 그 곡의 프레스토 부분을 들으며 음악의 신비함에 매료되어 쓰게 된 작품이다. 바이올리니스트와 외도를 저지른 아내를 죽인 남자의 고백

형식으로 쓰인 이 작품은 발표 당시 검열에 걸리기도 했다. 이 소설을 쓸 무렵 톨스토이는 "무언가 더러운 것이 동기가 되었다"는 점을 인식했다. 당시 일흔이 넘은 톨스토이는 그의 내면에 있던 도덕주의자로서의 목소리가 성적인 것을 윤리적으로 바꿔서 말하고 있음에도, 그의 성적인 욕구를 억제할 수 없었다는 사실을 편지에서 이렇게 토로한 것이다.[10]

『크로이체르 소나타』는 내용에 담긴 성 묘사가 노골적이라는 이유로 1890년 금서가 되었는데, 톨스토이의 아내가 황제에게 탄원해 이 소설을 전집에 싣도록 허가를 받게 된다. 금서가 되기 전에 읽었던 독자들은 톨스토이가 자신의 결혼생활에 불만족해서 이와 같은 소설을 썼다고 생각했는데, 이 때문에 그의 아내가 비난을 받게 되었고, 그녀는 이 같은 소문에서 벗어나기 위해 모든 것을 시도해야 했다. 아내가 황제에게 직접 탄원을 하게 된 데에는 이 같은 이유가 숨어 있었다. 소피야의 1891년 2월 12일자 일기에는 다음과 같이 쓰여 있다.

가슴속에 나는 이 작품이 바로 나를 향해 있다는 느낌을 가지게 된다. 이 작품은 온 세상 사람들의 눈앞에서 나에게 상처를 주었으며, 우리들 사이에 남아 있던 마지막 사

랑의 부분을 파괴해버렸다. 내가 전 결혼생활 가운데 아무
런 부당함도 행하지 않았고 한 번도 다른 남자에게 눈을
준 적이 없음에도 불구하고 이렇게 된 것이다. 내가 다른
남자를 사랑할 수 있는가 하는 것은 다른 문제, 나에게만
해당되고 어떤 다른 사람도 관계되지 않는 문제다. 그리고
내가 순결한 한에는 세상의 어떤 사람도 이 문제를 제기할
권리를 가지지 못한다.[11]

이 소설은 톨스토이와 부인의 관계가 더 이상 좋은 관
계를 유지할 수 없게 된 징후라고도 할 수 있다. 소설은
주인공인 포즈드니셰프가 자신의 이야기를 다른 서술자
에게 말해주는 형식을 띤다. 이 작품에서는 낭만적인 사
랑을 공격하고, 사랑과 살인을 결부시킨다. 포즈드니셰프
는 기차에서 만난 사람들과의 '사랑'에 대한 논쟁에서 자
유연애에 반대한다. 그와 같은 사랑은 육체의 쾌락에 불
과하며 결혼의 전제가 될 수 없다고 말한다. 주인공인 포
즈드니셰프는 루소의 가르침에 따라 과도한 욕망이 사람
에게 미치는 문명의 결과를 비난하고, 자신의 주장을 뒷
받침하기 위해 자기 자신의 연애와 결혼생활 이야기를 들
려준다. 포즈드니셰프는 결혼과 여자에 대해 그리고 자신
이 죽인 여자에 대해 숨기지 않고 이야기한다. 사건이 일

종의 '격정에 의한 범죄'였기 때문에 그는 재판에서 형을 받지 않고 풀려나온다.

이 작품은 극단적인 반여성적 태도와 작가가 의도적으로 드러내는 성적 행위로 인해 당시 독자들에게 혼란을 심어주었다. 1890년에 톨스토이는 이 소설을 해설하는 '에필로그'도 발표하는데, 이 글에서 그는 남자와 여자는 도덕적인 이유로 결혼생활에서조차도 남매처럼 살아야 하며, 성적인 관계로 이를 더럽혀서는 안 된다고 설교했다. 얀코 라브린은 이에 대해, 도덕적인 법이 인류에 공헌하는 것이 아니라 인류가 도덕의 희생물이 되는 것이며, 이것은 청교도적 논리의 자살행위라고 지적했다.

욕망은 결코 만족하지 않는 법

이와 같이 톨스토이는 쾌락을 인간이 금기시해야 하며 넘지 말아야 할 원칙으로 여기고 있다. 『인생독본』 6월 1일자 '근로와 쾌락'에는 그의 이와 같은 생각이 기록되어 있다.

지극히 평범한 미오는 쾌락이라든가 오락이라든가 하는 것을 중요하지 않은, 심지어는 좋지 않은 일로까지 생각하는 것이다(마호메트교, 구교, 정교). 쾌락은 노동과 마찬가지로 중요한 것이다. 그것은 보수이다. 노동을 부단히 계속할 수는 없다. 필요한 휴식이 쾌락으로 장식되는 것은 자연스러운 일이다. 쾌락이 좋지 않은 것은 오직 그 때문에, 첫째로 다른 사람들의 노동을 필요로 할 때이다(테니스며 연극이며 승마 등등의 준비를 위해서). 둘째로 솜씨를 필요로 하는 경기에 있어서 흔히 있듯이 쾌락이 경쟁의 날카로운 대항으로 바뀔 때이며, 셋째로 쾌락이 오직 소수자들을 위해서만 베풀어질 때이다. 그것만 없으며 아주 좋은 일이다.

『참회록』을 저술한 이후 톨스토이는 쾌락과 육체적 탐닉에 대한 문제는 사람을 악하게 만드는 것으로 규정하고, 그것을 자제하고 극복해야 한다고 말한다.

사람들이 욕정에 사로잡히고 동요하고 괴로워하는 것은 모두 사악한 사상이 원인이다. 참으로 선량한 사상은 흔히 우리들의 욕정에서 독립할 뿐 아니라 그것에 배반하여, 그리고 자주자주 오직 사악한 사상 뒤의 동요와 고뇌 뒤에서만 비로소 얻어진다. / 사람들은 흔히 자기네의 욕정을 다스리는 힘보다도 자기네의 욕정의 힘 그것을 한층 더 자랑하고 있다. 얼마나 야릇한 오류인가! / 우리들을 가장 강하게 붙드는 욕망, 그것은 음욕이다. 그 같은 욕망은 결코 만족하는 일이 없으며, 만족하면 할수록 더욱더

264

커진다. / 네가 지난날 지금의 네 내부에서 설혹 혐오는 아닐지라도 경멸을 불러일으키고 있을 많은 것을 얼마나 열렬히 갈구했던가를 상기해보라. 지금 너를 동요시키고 있는 온갖 욕망도 앞으로 그와 마찬가지 결과가 될 것이다. 또 네가 이전의 욕망을 만족시키려고 애쓰다가 얼마나 많은 것을 잃었던가를 상기해보라. 미래도 현재와 마찬가지다. 욕망을 억누르고 달래라. 그것은 언제나 유익한 것임과 아울러 언제나 가능한 것이다. (『인생독본』, 2월 6일, 욕망과 욕정)

이와 같이 욕망에 대한 문제는 톨스토이의 삶에서 죽음의 문제만큼이나 주요한 주제라고 할 수 있다. 인간의 불안과 정신적인 동요, 그리고 인생의 고통은 육체적인 갈구에서 비롯되고 있으며, 욕망은 인간의 삶을 타락시키기 때문에 가장 경계하고 자제해야 할 것으로 톨스토이는 끊임없이 강조한 것이다. 당시 귀족사회의 전형적인 육체적 쾌락에 대한 탐닉은 『안나 카레니나』에서 안나의 오빠인 스티바 오블론스키를 통해 구체적으로 드러난다. 스티바는 자신의 아내를 '아기 낳아주는 기계' 이상의 아무것도 아닌 존재로 취급하며, 무수한 연애행각을 지속하고, 쾌락주의자로서 버릴 수 없는 습관에 몰두하고자 돈을 필요로

하게 된다. 그의 생활에 나타나는 무질서함과 부정의 행태는 당시 귀족들의 결혼생활에서 부도덕함과 쾌락의 문제가 만연되어 있음을 보여주는 예라고 할 수 있다.

톨스토이는 쾌락과 관련해서 인간을 불행에 빠뜨리는 것을 다음 글귀로 인용하고 있다. 말년에 쓰인 『인생독본』의 인용문, 혹은 자신이 적어놓은 글귀들은 스스로를 지켜내기 위한 장치이기도 했다. 날짜별로 기록되어 있는 『인생독본』은 좋은 글을 기록해 죽는 순간까지 반복해서 찾아 읽고 스스로를 다독이기 위한, 최고의 선에 접근하기 위한 톨스토이의 노력의 결과물이라고 할 수 있다.

세 가지 유혹이 사람들을 괴롭히고 있다. 육체의 욕정과 오만과 부귀영화에 대한 애착심이 그것이다. 이것에서 사람들의 온갖 불행이 생겨난다. 육욕과 오만과 이욕이 없다면 사람들은 모두 행복하게 살 것이다. 도대체 어떻게 해야 이 같은 무서운 병에서 벗어날 수 있겠는가. (…) 따라서 자기 행복을 위하여 사람들이 할 수 있는 유일한 것은 자기 내부에서 육욕과 오만과 이욕을 전멸시키는 것이다. 우리들 각자가 자기 자신에 대한 이 같은 개선을 시작하기 전에는 어떠한 개선도 불가능하다. (『인생독본』, 2월 7일, 자기완성)

효과적인
의사전달은
어떻게 가능한가
?

진심에 기초한
소통의 진실이 중요하다

진심에 기초한
소통의 진실이 중요하다
—이강은

말과 글은 무엇보다 진실에 기초해야 한다

의사전달이라는 문제가 문제화된 것은 인간이 서로 다른
각자의 진실을 가지고 있으며 그 진실은 서로 소통을 통
해 공존해야 한다는 의식이 전제가 된 현대에 이르러서
다. 하지만 톨스토이는 서로 다른 진실이 아니라 하나의
진실이 인간들 각자에게 공존한다는 전제에 입각해 있다.
다시 말해 톨스토이에게는 의사소통이 문제라기보다 하
나의 진실을 밝히는 것이 보다 문제였다. 톨스토이는 어
떤 형식적 언어에 앞서 전달되어지는 그 무엇의 진실성에
방점을 두고자 했던 것이다.

톨스토이가 의식적으로 의사소통을 문제로 인식하지는
않았지만 문학이라는 형식 자체가 의사소통의 한 형식이
었고 자신의 사상을 끝없이 글로 써내는 행위가 의사소통

의 한 방법이었다는 것은 분명하다. 이런 점에서 간접적으로나마 톨스토이의 의사소통에 대한 문제의식을 살펴볼 수 있을 것이다.

『안나 카레니나』의 첫 장면을 보자.

남편의 부정을 확신하며 집을 떠나겠다는 아내 돌리와 용서를 빌고 싶은 남편 오블론스키. 이들 부부는 서로 이미 마음속으로 화해를 원하고 있다. 오블론스키는 진심으로 후회하고 반성하는 것은 아니지만 아내와의 불화가 괴롭고 어떻게든 아내에게 용서를 구하고 싶다. 돌리 역시 자신이 정말 집을 나가게 된다면 아이들은 어쩔 것이며 집안 살림은 또 어쩔 것인가 걱정이다. 그래서 남편이 진심으로 자신을 잡아주지 않을까 하는 기대와 불안을 가지고 짐을 싸고 있다. 그러나 이들이 한마디 꺼낼 때마다 그 말은 마음과는 달리 갈등을 확산시키기만 한다. 오블론스키가 "내가 한순간, 한순간 유혹에 빠져…"라며 용서를 빌려고 하지만, '유혹'이라는 단어는 돌리의 마음의 상처를 되살아나게 만든다. 돌리는 화를 내며, "당신은 역겨워요, 혐오스러워요!"라며 온갖 비난의 언어를 찾다가 자신도 모르게 당신은 '남'이라고 선언한다. 그러나 이 '남'이라는 단어에 그녀 자신이 소스라치게 놀라며 끔찍함을 느낀다. 그리고 잠시 뒤 홀로 남은 돌리는 다시 '우리는 영원히 남'이라고 독백하고는 그 '무시무시한 단어'에 전율하며, '나는 얼마나 그를 사랑하고 있는가'라며 후회한다.

이 장면에서 우리는 서로의 진심과 무관하게 언어, 말의 물질성을 확인할 수 있다. 자신이 담고 싶은 의미와 달리 어떤 말은 독자적으로 상대에게 다른 영향을 줄 수 있다. 다시 말해 언어는 개인의 진실의 표현수단이기 이전에 사회적으로 객관적인 의미를 지닌 것이다. 따라서 자신의 진실을 충분히 담아낸다 하더라도 상대에게는 전혀 다른 효과를 발생시킬 수 있는 것이다. 여기서 우리는 자신이 진실을 말했다는 점 자체보다 타인이 그 말을 어떻게 수용하는지에 대한 소통적 상황의 중요성을 확인해볼 수 있다.

『부활』에서 자신의 죄를 깨닫고 회개한 귀족 네흘류도프는 자신의 영지에서 농민들을 모아놓고 토지는 사유하는 것이 아니라며 자신은 이제부터 농민들에게 토지를 분배하겠다고 선언한다.

네흘류도프는 토지의 수확물을 모든 사람들이 나누어가져야 한다고 말한 후, 토지를 이용하는 사람은 모두 합의한 일정한 사용료를 지불하되 그것을 공동 기금으로 만들어 농민들 자신을 위해 쓸 수 있게 하자고 제안했다. 지지와 동의의 목소리가 들려왔으나 농부들의 표정은 점점 더 굳어만 갔으며, 지주를 바라보던 그들의 시선은 점차 땅을 향하기 시작했다. 마치 지주의 교활한 속셈을 이미 알고 있어서 속아 넘어갈 사람은 아무도 없지만, 그렇다고 지주를 망신시킬 생각도 없다는 태도였다.

네흘류도프는 명쾌하게 설명했으며, 농부들도 우둔한 사람들은 아니었다. 그러나 관리인이 한동안 이해하지 못했던 것과 마찬가지 이유로 농부들은 그의 말뜻을 이해하지 못했고, 이해할 수도 없었다. 인간이라면 누구나 자신의 개인적 이익을 취하고 싶어 한다고 그들은 확신하고 있었다. 지주란 언제나 농민들의 희생 속에서 이익을 추구해온 사람이라는 것을 그들은 여러 세대에 걸쳐 경험으로 알고 있었고, 그래서 지주가 자신들을 소집해서 새로운 제안을 할 때면 한층 더 교활한 방법으로 속이려는 것이라고 믿었다. (…)

"저희는 원치 않습니다. 차라리 옛날 그대로가 훨씬 낫습니다." 불만에 가득 찬 분노의 목소리가 여기저기서 들려왔다.

네흘류도프가 계약서를 작성하려면 농민들도 서명을 해야 한다고 말하자, 그들은 더욱 거세게 반대하기 시작했다.

"무엇을 서명하란 말씀이십니까? 저희들은 지금까지 해온

대로 일하겠습니다. 그게 대체 뭡니까? 저희들은 무식한
촌놈들입니다."

"동의할 수 없습니다. 난생 처음 듣는 이야기니까요. 옛날
처럼 일할 수 있도록 해주십시오."[12]

농민들이 그토록 원하는 토지를 분배하고 자유롭게 이
용하게 해주겠다는 네흘류도프의 제안을 농민들은 일거
에 거절한다. 구체적인 설명에도 불구하고 그들은 이미
귀족지주의 말을 듣지 않을 준비가 되어 있었다. 오랜 세
월 그렇게 기만당했던 경험의 결과다. 여기서 우리는 아
무리 선의의 진실과 명확한 언어가 동원되더라도 의사소
통을 위해서는 무엇보다 먼저 일정한 신뢰라는 소통 상황
이 필요하다는 것을 확인할 수 있을 것이다.

다시 『안나 카레니나』의 다른 한 장면을 보자.

서로 마음으로 사랑하게 된 키티와 레빈은 서로를 확인
하는 과정에서 흑판에 단어의 첫 글자만으로 서로의 마음
을 전달한다. 단어의 첫 스펠링으로만 구성된 문장을 보
고서도 키티와 레빈은 훌륭하게 그 문장의 뜻을 이해하고
문답한다. 키티는 과거에 레빈의 청혼을 거절한 것을 미안
해하고 레빈은 아직도 영원히 사랑하고 있다고 응답한다.
이렇게 서로 진심으로 사랑하는 두 사람은 구체적이고 명

료한 언어 없이도 이미 충분히 의사를 소통하고 있다.

　이런 장면들을 통해 진정한 의사소통을 위해 필요한 것은 언어의 물질성에 대한 주의(즉 정교한 언어 사용), 소통의 시대적 상황적 맥락, 그리고 무엇보다 진심에 기초한 소통의 진실이라는 톨스토이의 생각을 우리는 간접적으로 확인해볼 수 있다.

톨스토이의 문체는 "사상의 운율"

다른 한편 우리는 톨스토이의 말하기에서 무엇보다 그가 상대에 대한 배려와 상대의 자발적 참여의 공간을 만들어 주고 있음을 알 수 있다. 그것은 보다 효과적인 전달을 위한 전략이나 기교였다기보다 진정으로 타자를 존중하고 타자의 자발적 선택만이 의미가 있다는 그만의 철학이라고 말할 수 있을 것이다. 이를테면 그의 유언의 한 대목을 보자.

　이전의 저작들, 10권 전집과 『기초 입문서』에 대한 출판권을 사회에 넘겨줄 것을, 즉 저작권을 포기할 것을 내 상속인들에게 당부한다. 그러나 이것은 당부일 뿐이지 반드시 그리하라는 유언은 아니다. 그렇게 한다면 좋겠다는 것이다. 그렇게 하면 상속자들에게 좋을 것이지만 결정은 당사자들의 몫이다. 그렇게 하지 않는다면 할 수 없는 이유가 있을 것이라고 믿는다. 내 저작들이 최근 10년 동안 돈에 팔려가는 모습은 내 생애에서 참으로 견디기 힘든 가장 괴로운 일이었다.[13]

살아생전에 톨스토이는 이미 문학적으로나 사상적으로 인류의 스승으로 추앙되었다. 하지만 그의 사상은 가족들에게 불편하고 힘든 것이었다. 특히 재산문제에 있어 아내와의 갈등은 말년의 톨스토이를 무척 괴롭게 했다. 이미 한 차례 자신의 저작권을 부정한 바 있던 톨스토이가 유언에, 분명 아내와 가족들이 반대할 것이 틀림없는데도 불구하고 저작권을 명시적으로 포기하고 있다. 하지만 그는 동시에 가족들이 자신의 뜻을 스스로 실현할 수 있도록 배려하고 있다. 그리고 그 배려는 그렇게 하지 않을 경우조차 배려할 때 진정한 배려일 수 있음을 위의 문장은 보여주고 있다. 소설의 많은 장면과 대화에서 인간의 행위와 심리에 대해 매우 정교하게 그려내면서도 자신의 신념이나 원칙을 노골적으로 주입하기보다 인물들이 스스로 살아 움직이게 만드는 것도 어쩌면 모든 인간의 자율성과 신성함에 대한 톨스토이의 이런 태도의 결과라고 말해도 과언이 아닐 것이다.

다른 한편 톨스토이의 글은 복잡하고 화려한 수사를 배제한 아주 명료한 문체를 가지고 있다. 특히 어떤 진실을 표현함에 있어 그의 문학적 비유는 핵심을 관통한다. 『고백』은 자신의 삶과 사상을 표현함에 있어 아주 경이로울 정도의 문체를 보여준다. "『고백』은 삶과 죽음의 영원한 신비에 직면한 인간 영혼의 가장 위대한, 가장 영원한 표현들 중의 하나이다. (…) 하나하나의 세부묘사, 사상의 온갖 변화, 모든 수사적 억양은 하나의 최상의 효과를 자아낼 수 있게끔 적재적소에 배치되어 있다. 이것은 러시아 문학에서 가장 위대한 감동적인 작품이다. 그러나 그것은 인습적인 수사학이 아니다. 작품의 운율은 논리적이고 수학적으로 계산된 운율, 즉 사상의 운율이다."[14]

톨스토이는 어려운 사상적 논리를 아주 쉬운 구어로 놀라운 비유를 활용해 전개한다. 톨스토이는 학자나 전문가가 아니라 평범한 사람들이 쉽게 성경처럼 읽을 수 있는 글을 최상의 것으로 간주했다. 그에게 현학적 수사법은 가장 기피해야 할 대상이다. 톨스토이가 후기에 집필한 수많은 단편들은 그런 면모를 더욱 잘 보여준다. 그것은 바로 오늘날 우리의 글쓰기 방법에도 여전히 강력한 가르침을 주기에 부족함이 없는 것이다.

톨스토이에게 묻고 싶은 질문과 답 16

반성이란
무엇인가
?

자기존재의 현존성을
그 뿌리에서부터 성찰하라

자기존재의 현존성을
그 뿌리에서부터 성찰하라

―이강은

자신을 안팎에서 바라보는 일, '일기쓰기'

우리는 자주 거울을 본다. 주로 얼굴을 본다. 몸을 비쳐보기도 한다. 거울을 통해 표정을 지어보기도 하고 머리를 매만지고 옷매무새를 고치기도 한다. '반성'이란 무엇엔가 자신을 비쳐보는 것이라는 점에서 거울을 보는 것도 반성의 일부임에는 틀림없다. 하지만 거울을 보면서 하는 생각은 아무래도 거울 속 모습에 끌려다니기 십상이다. 진정으로 제 마음을 깊이 들여다보는 반성이 되기는 쉽지 않은 것이다.

그렇다면 마음은 어디에 비춰보아야 하는가. 톨스토이는 누구보다 반성의 작가라 할 수 있는데 그의 반성 형식은 일기쓰기였다. 대학에 입학한 시절부터 시작해서 평생 쓴 그의 일기는 큰 책으로 열세 권에 이른다. 톨스토이는 일기 속에서 매일 자신의 생활을 기록하고 자신을 분석하고 반성했다. 일기는 그가 자신을 통해 인간을 이해하는 도구였다. 톨스토이가 스물네 살에 그때까지의 삶을 소재로 자전소설을 발표해 당시 문단에 일대 사건을 일으킬 수 있었던 것은 바로 일기쓰기를 통해 터득한 반성과 자기분석 능력 덕분이었다고 말할 수 있다. 초기의 한 일기에는 자신의 행동수칙을 이렇게 적어 스스로 다짐하기도 한다.

1) 부여받은 일은 무슨 일이 있어도 반드시 해낼 것. 2) 할 때는 아주 잘할 것. 3) 무엇을 잊었다 하더라도 결코 책을 뒤적이지 말고 스스로 생각해내도록 노력할 것. 4) 가능한 전력을 기울여 너의 정신이 살아 있도록 노력할 것. 5) 항상 소리 내어 읽고 생각할 것. 6) 너를 방해하는 사람들에게 방해가 된다고 말하기를 주저하지 말 것. 처음에는 스스로 깨닫게 하고 만일 알아듣지 못한다면 용서를 구하고 분명히 말해줄 것.[15]

톨스토이가 얼마나 구체적으로 자신의 행동방식을 이성적으로 통제하고자 했는지 그 의지를 잘 보여주는 대목이다. 반면 일기란 대체로 반성을 담고 있는 경우가 더 많

278

다는 점을 고려하면 위의 다짐은 일상에서 자신이 제대로 행하지 못하고 있었던 것에 대한 후회와 반성을 담고 있다는 것을 알 수 있다. 젊은 톨스토이는 끓어오르는 욕망과 극단적인 덕행 사이에서 동요하고 있었다. 자기 자신을 직시하며 그는 매우 엄격하게 스스로를 채찍질했다. 수많은 실패를 겪으며 그는 자기 자신과 세계에 대한 명료한 분석과 탐색을 계속해갔는데 그 과정은 항상 일기와 함께였다. 대학을 중퇴하고 고향으로 돌아와 지내던 톨스토이는 자신의 일과를 세밀하게 계획과 규칙으로 채워넣고 있었다. 이 당시의 일기 한 대목을 보자.

볼콘스키 집에서는 자연스럽지 못했고 정신없이 한시까지 너무 오래 앉아 있었다(정신없음, 드러내 보이고 싶은 마음, 성격의 유약함). 25일 일과. 10시부터 11시까지 어제 일기 읽기. 11시에서 12시, 체조. 12시에서 1시, 영어. 1시부터 2시, 베클레미세프와 베예르. 2시부터 4시, 승마. 4시부터 6시, 식사. 6시부터 8시, 독서. 8시부터 10시, 글쓰기. 기억력 증진과 문체발전을 위해 뭐든지 외국어에서 러시아어로 번역하기. 오늘 일과 중 있었던 모든 인상과 생각들 기록하기.[16]

그러나 25일 일과는 지켜지지 못했던 것 같다. 톨스토이는 그래서 새로운 과제를 세운다. "5시에 일어나서 10시까지 오늘 일을 기록할 것." 26일의 일기는 다시 그것을 반성한다. "정해놓은 시간보다 한 시간 늦게 일어났다. 글쓰기는 잘됐고 펜싱 연습도 했다. 자신을 속이며 서둘러 영어공부를 했다." 이 기록의 끝에는 다음날 학습계획이 들어 있다. "8시에서 9시, 쓰기. 9시에서 11시, 일처리. 11시에서 1시, 독서. 1시에서 3시, 승마와 걷기. 3시에서 5시, 식사. 5시에서 8시, 독서와 목욕. 8시에서 10시, 영어. 아침에 무도회 묘사를 끝내고 내일 정서."[17]

마치 엄격한 어머니의 지도를 받는 초등학생의 일과표 같다. 톨스토이는 매일 일기를 쓰며 일과를 반성하고 새로운 계획을 세워가며 자신을 몰아세운다. 톨스토이의 위대한 문학과 사상은 바로 이렇게 젊은 시절부터 계속된 철저한 반성과 자기분석으로부터 태어날 수 있었을 것이다.

온몸으로 드러낸 톨스토이의 반성

그러나 반성은 무엇인가를 더 잘하기 위해 자신을 채찍질하는 것만은 아니다. 이미 나아갈 목적이 설정되고 모든 조건과 의지와 능력을 동원해 그 목적으로 더욱 효과적으로 나아가기 위한 반성은 진정한 반성이 아니라 도구적 반성이다. 진정한 반성은 자기존재의 현존성을 비판적으로 돌아보고 새로운 방향을 모색하는 것이다. 지금까지 존재해왔던 방식, 알고 있던 지식, 구축되어 있는 기득권을 넘어 그것들의 정당성을 의심하고 새롭게 바라보는 것이 반성의 진정한 가치다. 돈 많은 사람이 더욱 많은 돈을 벌기 위해 하는 반성, 더 많은 권력을 차지하기 위한 정치가의 반성은 따라서 진정한 인간적 반성이 아니다. 그런 반성은 동물도 수행한다. 수많은 시행착오를 거쳐 드디어 유리벽 너머의 과일을 찾아내는 침팬지의 행위가 바로 그와 같다. 부자가 자신의 부의 정당성을 의심하고 되돌아보는 것, 정치가가 권력의 의미와 가치에 대해 다시 생각해보는 것, 이제까지 누리고 살던 귀족적 삶의 허구성과 기만성을 자각하는 것이 바로 인간의 진정한 반성이다.

톨스토이의 반성은 일기 속에서 자신의 생활규범을 확립하고 엄격하게 자신을 통제하는 것에 머물지 않는다. 그의 일기는 오십대 초반 문학적 명성이 절정에 달했을 때, 또 가장 완벽한 가정의 행복을 이루었을 때 전혀 다른 방향의 삶을 향하고 있다. 자신이 누리고 있는 귀족적 지위와 삶, 문학가로서의 명성, 행복해 보이는 가정, 한창 유럽의 강국으로 떠오르는 러시아라는 조국과 사회, 국교로 모두에게 당연하게 받아들여지고 있던 러시아정교, 자신이 생각하는 농촌의 새로운 경영과 농민적 삶 등등 그 모든 것이 새롭게 반성의 대상으로 떠오른 것이다. 그의 반성은 너무나 깊고도 철저한 것이어서 그 출구를 찾지 못하는 한 더 이상 삶을 유지할 수 없을 정도였다. 이른바 톨스토이의 정신적 위기가 시작된 것이다.

톨스토이의 정신적 위기는 『고백』으로 종합된다. 이 책에서 톨스토이는 이제껏 살아온 자신의 모든 삶의 방식을 비판하고 뿌리부터 그 근거를 뒤집어버린다. 그에게 세계적인 명성과 부를 가져다주고 있는 문학과 예술이 부정되고, 태어나면서부터 공기처럼 주어졌던 러시아정교와 신이 부정된다. 국가와 사회제도도 새로운 각도에서 비판적으로 검토된다. 『고백』은 문학과 예술보다 종교와 사상에 몰입하는 후기 톨스토이의 새로운 시작을 알리고 있다.

사상가로 성장해가는 톨스토이에게 일기쓰기는 여전히 지속된다. 일기 속에는 자신의 사상에 대한 다양한 반성적 사고가 담겨 있다. 자신이 확신하는 사상을 철두철미하게 실천해가면서도 항상 새로운 사고로 나아가는 톨스토이의 후기 여정은 그래서 완결된 것이 아니라 부단히 변화하는 것이었다. 1900년대 톨스토이의 마지막 일기는 평생에 걸친 그의 내적 반성이 결코 멈추지 않고 있음을 보여준다. 여기에는 그가 도달했던 도덕적 자기완성과 악

에 대한 폭력으로의 저항, 반대와 같은 사상이 다시 재검
토되고 사회정치적 실천과 혁명에 대한 시각도 유연하게
변화하고 있다. 하지만 마지막 순간, 1910년 가을 그는 그
모든 것을 버리고 홀연히 집을 나서 작은 간이역에서 숨
을 거둔다. 행동으로 보여준 또 하나의 반성적 일기였다.

　톨스토이의 반성은 개인의 반성이기도 하지만 근대 러
시아 사회와 그 속에서의 인간의 운명에 대한 보편적인
반성이기도 하다. 그래서 인류의 역사적 반성이기도 하다.
톨스토이의 삶과 문학과 사상은 완성되고 종결된 위대
한 신화가 아니라, 끝없이 새로운 삶의 가능성을 향해 나
아가는 창조적인 반성의 과정이었다. 무릇 반성이란 바로
이런 것이라고 톨스토이는 말하지 않았다. 온몸으로 보여
주었을 뿐이다.

전쟁은
불가결한
것인가
?

모든 전쟁은 궁극적으로
무의미한 사건일 뿐

모든 전쟁은 궁극적으로
무의미한 사건일 뿐

―김성일

톨스토이 삶과 문학 속에 나타난 전쟁

러시아 역사에는 수많은 다양한 전쟁이 존재한다. 공식적인 선전포고를 통해 발발했든 아니면 비열한 급습을 통해 시작되었든 간에 상관없이 전쟁은 항상 필연적으로 불행과 혼란, 고통, 인간적 비극을 가져왔다. 어떤 전쟁이든 그것을 구성하는 두 필연적인 요소는 비극과 영광이다.

전쟁은 톨스토이 삶과 문학 속에서 그것 없이는 그의 삶과 철학을 이해할 수 없다고까지 할 수 있을 만큼 중심을 차지하는 주제다. 톨스토이 문학세계에 있어 전쟁 테마를 다루고 있는 주요 작품(군)으로는 일련의 '카프카스 이야기'들과 『세바스토폴 이야기』, 그리고 1812년 조국전쟁을 다루고 있는 『전쟁과 평화』를 들 수 있다. 사건의 실제 발생 순서에 따르면 『전쟁과 평화』의 조국전쟁이 첫 번째 사건이지만, 창작된 순서로는 맨 마지막에 위치한다. 세 작품(군)은 전쟁이라는 동일한 주제를 다루고 있다는 공통점을 갖고 있지만, 그와 동시에 작품들에 투영된 작가의 사상은 각기 다른 독특함을 간직하면서 저마다의 발전과정을 거쳐 최종적으로 전쟁에 대한 작가의 변화된 총체적 세계관을 형성한다.

톨스토이에게 전쟁은 더 이상 이전시대의 고전주의적인 애국적 찬가나 낭만주의적 영웅의 고양된 영웅담이 아니다. 삶과 죽음이 온통 함께 뒤엉켜 벌어지는 피비린내 나는 삶의 각축장이자 조국의 방어가 절대적 요청인 역사적 전쟁인 것이다. 그 정점을 차지하는 작품이 바로『전쟁과 평화』다. 아울러 작가는 역사를 만드는 것이 어떤 일개인의 영웅이 아닌, 역사의 합목적성을 인식하고 그것의 올바른 방향을 향해 묵묵히 자신의 모든 힘과 노력을 기울이는 민중의 의지라는 사실을 분명히 보여주고 있다. 이러한 전쟁과 역사의 현사실성을 통해 주인공들은 회심 回心에 이르게 되고 자기 삶의 궁극적인 의미를 깨닫는 노정을 걷게 된다.

카프카스 전쟁에 대한 자신의 평가 속에서 젊은 톨스토이는 성숙하고 정직하게 사유하는 예술가로서의 자신의 모습을 보여주었다. 그의 이야기의 주요한 비애감은 전쟁에 참가한 모든 병사들의 양심과 의식에 모순되는 현상으로서의 전쟁에 대한 비난이다. 과연 누구에게 정당성이 있는가, '외부인의 파괴로부터 자기 땅을 방어하는 가난한 산악민인가 아니면 대위계급이나 혹은 보다 좋은 지위를 좀 더 빨리 얻고자 하는 부관에게 있는가?' 하는 문제에 대해 톨스토이는 산악민을 동정하고 차르 군부를 결정적으로 비난하는 마음으로 이에 대해 답했다.

톨스토이는 영원히 생명력 넘치고 훌륭한 자연의 원초적인 아름다움과 힘과 조화를 이루지 못하는, 인간에 날카롭게 적대적인 현상으로서 전쟁을 부정한다. 이 시기의 작품들 속에서 작가가 몰두했던 문제는 사람이 인생에서 수행해야만 하는 사명이었다. 그는 단지 강하고 의지가 센 인간만이 인간에게 정해진 고귀한 역할을 할 수 있다고 생각한다. 톨스토이에 따르면, 인간에게는 두 종류의 용감함이 있다. 인간의 도덕적인 동기 - 조국에 대한 의무감과 동료에 대한 책임감 - 로 조건지어진 도덕적 용감함, 그리고 물질적 계산에 의해 자신의 생명을 돌보지 않고 금전적 보상이나 포상을 받으려 하는 육체적 용감함이 그것이다. 그러나 진정한 용감함은 도덕적 용감함이다. 그것은 인간 속에서 어려움을 극복한 결과로 점차 자라나게 된다.

어째서 전쟁이 필요한가? 누구에게 필요한가?

단편 「습격」에서 톨스토이는 고대그리스 철학자 플라톤의 견해를 분석하는데, 이것은 무엇을 두려워해야 하며 무엇이 두려워할 필요가 없는 것인지에 대한 지식이다. 톨스토이는 알렉산드르 베스투제프-마를린스키 (1797~1837) 및 그의 모방자들과 논쟁을 벌인다. 그들은 작품 속에서 비범한 주인공, 환상적 사건, 매복지에서의 총격전, 격렬한 말의 도약 등을 그린다. 하지만 톨스토이는 고안된 주인공들 대신 독자들에게 자신의 삶을 염려하는, 외견상 전혀 영웅적이지 않은 실제 피와 살을 가진 사람들을 소개했다.

『세바스토폴 이야기』는 톨스토이가 체험한 사건의 생생한 흔적에 따라 창작되었다. 1852년 1월 톨스토이에게 포병 복무가 결정되어, 그는 2년 동안 카프카스에서 복무하게 된다. 그가 진지한 문학적 작업의 토대를 쌓았던 이 기간은 작가에게 이전과는 다른 강렬하고도 새로운 인상을 깊이 새겨주었다. 1854년 러시아-터키 전쟁이 발발하자, 톨스토이는 즉시 두나이스카야 군대로의 전출을 청원했다. 얼마동안 그는 키쉬네프의 군참모부에서 복무하며 몰다비아, 발라히야, 베사라비야 원정에 참여했고 실리스트리야 요새 포위에도 참여했다. 1854년 11월 12일, 그는

288

몇 차례 봉쇄된 세바스토폴에 다녀왔다. 그는 가장 중요하고 결정적인 사건에 보다 더 가까이 다가가 그것에 직접적으로 참여하고자 크림 군대로의 전출 희망을 표명했던 것이다. 그의 내부에서 사건의 관찰자가 아닌 직접적인 참가자가 되고자 하는 열망이 매우 강하게 일어난 것이다. 그의 이러한 요구에는 매우 인간적이고도 애국적이며 아마도 작가적인 열정도 적지 않게 작용했을 것이다.

1855년 3월에 톨스토이가 복무하던 부대가 세바스토폴로 옮겨졌고 톨스토이는 세바스토폴의 가장 위험한 곳인 요새에 머무르게 된다. 톨스토이의 이러한 참전 경험은 『세바스토폴 이야기』의 삶과 예술적 본질의 이해를 위한 매우 중요한 증거가 된다. 하지만 단지 그것만이 아니다. 톨스토이가 이 군대이야기에서 쓰고 있는 것들은 들은풍월로, 어떤 편향된 측면에서 쓴 것이 아닌 스스로 모든 것을 체험하고 자신의 경험을 통해 모든 것을 알게 된 사람으로서 쓴 것들이다. 따라서 독자들은 그의 작품에서 이런 점을 알아채지 못하거나 느끼지 않을 수 없게 되며, 이로써 그들에게 톨스토이에 대한 특별한 신뢰가 생기게 된다.

모든 예술가들처럼 톨스토이는 생생한 창조적 상상력과 환상을 부여받았다. 그러나 그의 상상력과 환상은 엄격한 사실적인 경계 안에서만이 작동할 수 있었다. 독자로 하여금 이것을 체험하게끔 하는 특별한 예술적 방법을 위해 작가는 스스로 모든 것을 보고 체험해봐야만 했다. 이 속에는 톨스토이-작가의 특성만이 있는 것이 아니라, 이것 너머로 그의 작가적 확신, 그의 예술적 믿음이 있는 것이다. 이와 관련해서 1880년대 『예술론』이라는 책에서 그는 다음과 같이 쓰고 있다.

(…) 예술적 인상, 즉 감염이란 작가가 자기의 독특한 태도로 그가 전하는 감정을 체험한 때에 있어서만 주게 되는 것이요, 자기에게 벌써 전달된 다른 사람의 감정을 또다시 그대로 반복할 때에는 그렇게는 되지 않는다. 이러한 종류의 시에서 나온 시는 다른 사람들을 감동시킬 수는 없고, 다만 예술작품처럼 생긴 유사품을 제공할 뿐인데 (…) (『예술론』)

『세바스토폴 이야기』에서 톨스토이는 전쟁의 모든 진실을 보여주었다. 초기 톨스토이 창작의 정점 중의 하나인 「12월의 세바스토폴」은 러시아 문학의 오랜 전통적인 '전쟁' 산문의 틀을 깨부쉈다. 작가는 당국의 공식적인 선전에 반해 이 이야기 속에서 전쟁의 무서운 진실을 보여주었다. 이전까지 거의 예술적 창작에 도달하지 못했던 전쟁의 많은 일상적 측면들이 이 작품에서 놀랄 만큼 자연스럽고 단순하게 드러난 것이다. 그는 자신의 독자들을 폭탄으로 파헤쳐진 세바스토폴의 해안도로, 엄폐부, 방어선의 포병 플랫폼, 기진맥진한 의사와 간호사가 부상병을 수술하고 붕대를 감아주는 병원으로 이끈다. 인간 삶의 적나라한 현상으로서 전쟁은 그것의 진정한 표현인 피와 고통, 죽음 속에서 실제로 제시된다. 사실상 톨스토이 이전의 전쟁 작가들 중 어느 누구도 감히 전투의 이면을 이렇게 단호하게 보여주고, 부상병으로 차고 넘치는 야전병원을 들여다보며, 절단 수술을 하는 의사의 작업을 겁 없이 전부 다 보여주고자 하는 용기를 내지 못했다. 톨스토이는 세계문학사에서 전방병원에 대해 이야기한 최초의 작가들 중 한 사람이다.

이제 당신의 신경이 튼튼하다면 왼쪽 문을 열고 들어가보라. 이 방에서는 붕대를 갈며 수술을 하고 있다. 당신은 그곳에 있는 침대 옆에서 팔꿈치까지 피투성이가 된 채 창백하고 침통한 표정을 짓고 일하는 군의관들을 볼 것이다. 침대 위에는 클로로포름에 마취되어 있는 부상병 한 명이 두 눈을 뜬 채로 누워서 마치 헛소리를 하듯 아무 의미 없는 이야기를 지껄이기도 하고, 때로는 짤막하지만 가슴을

뭉클하게 만드는 이야기도 하는 것을 볼 수 있다. 군의관
들이 자신들은 혐오하지만 환자에게는 유익한 절단 수술
을 시행하고 있다. 당신은 날카롭게 구부러진 메스가 희고
건강한 몸속으로 파고 들어가는 것을 볼 것이다. 그리고
갑자기 정신이 든 부상병이 무시무시한 비명을 지르면서
악담을 퍼붓는 것을 볼 것이다. 보조군의관이 절단한 팔뚝
을 한쪽 구석으로 내던지는 것도 볼 것이다. (『세바스토폴
이야기』[18])

따라서 톨스토이는 세바스토폴의 자유를 위해 자신
의 생명을 바친 사람들이 어떤 조건 속에 있는지 비애감
을 갖고 보여주었다. 그러나 이러한 처절한 생존조건에
도 불구하고 그들의 마음속에는 항상 조국애가 살아 있었
다. 자신의 이야기 속에서 톨스토이는 이 전쟁에 대해 생
각했다. '어째서 전쟁이 필요한가? 누구에게 필요한가? 누
가 아름다운 말을 하고 계획을 세우는가, 누가 이 계획을
실현하는가?' 이 이야기 속에서 우리는 '더러움, 피, 죽음'
을 목격한다. 일반 농민들은 어떠한 고상한 말도 없이 총
알 밑으로 기어들어간다. 이 군인들 중 어느 누구도 아무
것도 받지 못했고 그들은 이용당하고 그들의 삶은 못쓰게
되어 내버려졌다. 그들 중 어느 누구도 그 어떤 보상도 요

구하지 않는다. 그들에게 있어 가장 좋은 보상은 자신들의 삶이다. 반면에 높은 지위를 갖고 있는 사람들은 가벼운 상처도 입지 않고 자신들의 영웅주의에 대한 훈장이나 사망 혹은 부상을 당할 위험에 대한 보상을 원한다. 이들은 자신의 공훈, 자신의 대담성에 대해 떠벌리며, 다른 모든 사람들은 순진하고도 매혹된 얼굴로 그들의 이야기를 듣는다.

톨스토이는 이러한 잔인한 전쟁을 대신할 평화로운 해결 수단을 「1855년 5월의 세바스토폴」에서 제안한다.

나에게는 다음과 같은 기발한 생각이 자주 떠오르곤 한다. 만약 교전 중에 있는 양쪽 군대에 각각 자국의 사병을 한 명씩 고향으로 돌려보내자고 제안한다면 어떻게 될 것인가? 그리고 이 같은 희망을 기발한 것이라고 생각한다면, 우리가 그것을 실행하지 못할 이유가 무엇이겠는가? 쌍방이 서로 병사 한 명씩을 돌려보내고, 그다음에 또 다른 병사를 한 명씩 돌려보내고, 또다시 병사를 한 명씩 돌려보내고, 이런 식으로 쌍방에서 병사가 한 명씩만 남을 때까지 돌려보내자는 것이다(양쪽 군대의 화력이 같고, 양을 질로 대신할 수 있다는 가정 하에서 말이다). 그러고 나서 이성을 갖춘 대표자들이 이 정치적 문제가 정말로 복잡해 전쟁으로

밖에는 해결할 방도가 없다고 판단되면, 마지막 이 두 병사에게 한 명은 도시를 공격하게 하고 다른 한 명은 그것을 방어하게 하면 되는 것이다.

이 같은 나의 생각을, 당신들은 억지에 지나지 않는다고 말할지 모르지만, 그것은 옳은 것이다. 실제로 러시아 군인 한 명이 연합군의 대표 한 명과 싸우는 것이 8만 명이 8만 명을 상대로 전쟁을 치르는 것과 무슨 차이가 있단 말인가? 30만 5천 명 대 30만 5천 명은 왜 안 된단 말인가? 13만 5천 명과 13만 5천 명의 대결은 왜 안 된단 말인가? 2만 명과 2만 명은 왜 안 된단 말인가? 그리고 한 명과 한 명은 왜 안 된단 말인가? 어느 한 경우가 결코 다른 경우보다 더 합리적이라고 말할 수는 없다. 오히려 후자가 훨씬 더 인도적이기 때문에 더욱 합리적이라고 할 수 있다. 다음 둘 중 하나는 분명하다 ― 전쟁 자체가 미친 것이거나, 아니면 무슨 까닭에서인지 이 미친 짓거리를 받아들이고 수행하는 인간 자체가 비이성적 창조물이란 것이다.

(『세바스토폴 이야기』)

"인간들아, 도대체 너희들은 무엇을 하고 있는 거냐?"

톨스토이의 장편소설 『전쟁과 평화』의 가장 중요한 주제 중 하나는 무엇보다도 작품의 제목인 '전쟁'이다. 작가는

294

고통스러운 역사적 시련기에 나라의 운명이 자신의 관심을 끌었다고 강조하면서 작품 속에서 "민중사상"이 실현되었다고 지적한다. 소설에서 전쟁은 단순히 작품의 배경이 아니라 독자들에게 다양한 사실적, 철학적, 도덕적, 실존적 의미를 가진 총체적인 본질의 문제로 제시된다.

톨스토이는 전쟁의 연대기보다는 전쟁의 가장 주요한 사실인 살인에 흥미를 느낀다. 모든 철학적 사유, 주인공의 행위와 반박, 작가의 주석 속에서 위대한 휴머니스트의 위치는 공개적으로 혹은 모호하게 들린다.

> "전쟁의 목적은 사람을 죽이는 거야. 전쟁의 도구는 간첩, 반역의 장려, 주민의 황폐, 군대를 유지하기 위한 강탈과 절도, 전략이라는 이름이 붙은 속임수와 거짓말이야." (『전쟁과 평화』)

전쟁 속 인간의 죽음은 추상적인 철학적 빛깔로 채색된 것이 아닌 피투성이가 되어 고통에 몸부림치는 모습으로 묘사된다. 페쨔 로스토프의 죽음이 그 좋은 예다. 이 죽음은 데니소프와 돌로호프의 눈앞에서 벌어진다. 이 죽음은 단순하고도 간결하게 묘사된다. 이것을 통해 엄정한 사실주의의 묘사가 그 깊이를 더하게 된다. 톨스토이는 다시

한 번 되묻는다. "전쟁은 무시무시하고 부자연스러우며 인간에게 허용될 수 없는 것이다. 무엇을 위해? 어째서 평범한 인간이 소년을 죽여야만 하는가? 어째서 인간은 다른 인간을 죽여야만 하는가?" 톨스토이는 독자들 앞에 이 문제를 정면으로 제기한다.

전쟁은 또한 사람들의 운명 속을 사정없이 파헤치고 들어가 그들의 삶을 한순간에 일그러뜨린다. 로스토프 가정은 모스크바를 버린다. 전쟁에서 젊은 페쨔 로스토프는 전사하고, 영애 마리야는 거의 전 인생을 살았던 보구차로보를 버린다. 피에르 베주호프는 포로로 잡혀 고통스러운 생활을 체험하고, 나타샤는 영혼 깊은 곳까지 사랑하는 사람의 죽음에 의해 동요되어 삶의 영락 앞에서 공포의 감정을 맛본다. 그러나 동시에 전쟁은 톨스토이 주인공들에게 인간의 의미에 대한 시험이 되기도 한다.

로스토프 가정이 자신의 모든 재산을 버리고 모스크바를 떠나는 와중에 나타샤는 부상병 수송을 위해 모든 짐마차를 선뜻 넘겨주고 이후 안드레이 공작을 헌신적으로 돌본다. 또한 전쟁이 일어나지 않았다면 나타샤는 므이찌쉬에서 안드레이 공작을 만나지 못했을 것이다. 이른바 전쟁과 이 만남 덕분에 그녀는 그렇게 정신적으로 성장했던 것이다. 나이 때문에 전쟁에 나갈 수 없는 볼콘스키 노인은 조국을 방어하는 외아들을 전심으로 지원한다. 그는 아들을 잃는 것보다 소심함 때문에 치욕을 당하는 것을 더 두려워했다. 그러나 이 치욕이 그를 위협하지 못했으며 그는 아들을 진정한 애국심으로 양육했다. 공작 영애 마리야는 비록 프랑스 군인들이 그녀에게 보호를 제안했지만 르이스이예 고르이를 떠났다. 출발 전에 그녀는 니콜라이 로스토프를 만났고 이 만남은 그녀의 운명에서 매우 중요한 사건이 된다. 피에르 베주호프 역시 고통스러운 포로생활을 통해 인생의 새로운 의미를 발견하고, 삶의 지혜를 획득해 진정으로 조국을 느끼고 사랑할 수 있게 된다. 이렇게 톨스토이는 자신의 영웅들을 전쟁을 통해 시험하며 그들 중 많은 사람이 당당하게 이 어려운 시험을 이겨내게 된다.

사실 전쟁이 어떤 숭고한 의미를 획득하든 그것은 인간의 이성과 모든 인간 본성에 반대되는 사건이다. 궁극적으로 무의미한 사건일 뿐이다. 전투가 끝난 보로지노 평원의 묘사 속에서 우리는 이 소박한 진실을 깨닫게 된다.

아침 햇살을 받은 총검의 번뜩임과 초연으로 아까까지 그처럼 즐겁고 아름답게 보였던 싸움터 위에는 습기와 연기가 아지랑이처럼 자욱이 끼고, 야릇하게 시큼한 질산칼륨과 피 냄새가 감돌고 있었다. 이윽고 먹장구름이 몰려와 죽은 사람이며 부상한 사람이며 놀란 사람이며 지친 사람이며 망설이고 있는 사람들 위에 부슬부슬 가랑비를 뿌리기 시작했다. 그것은 마치 "이제 다 됐다, 인간들아, 그만두렴… 이젠 정신을 차리렴. 도대체 너희들은 무엇을 하고 있는 거냐?" 하고 말하고 있는 것 같았다. (『전쟁과 평화』)

출세란
무엇인가
?

출세에의 욕망은 자기완성과
사랑으로 승화시켜야

출세에의 욕망은 자기완성과
사랑으로 승화시켜야

—이강은

출세라는 욕망의 정체를 살필 것

누구나 세상에서 더 나은 지위와 더 나은 삶의 조건을 가지고 싶어 한다. 그것을 이른바 출세라고 한다. 출세하고 싶은 사람은 가지고 싶고 누리고 싶은 세상의 어떤 지위와 조건이 지금 가지고 있고 누리고 있는 것보다 자신을 더욱 행복하게 해줄 것이라고 확신한다. 그것은 세속적으로 일종의 권력일 수도 있고 경제력일 수도 있으며 명성일 수도 있다.

출세는 개인적인 욕망이면서 사회적인 욕망이다. 그것은 사람마다 상대적으로 다르게 나타난다. 동일한 조건과 지위에서 어떤 사람은 출세를 느끼지만 어떤 사람은 여전히 불만족스러울 수 있다. 다른 한편 어떤 사회에서 출세라고 말하는 것도 다른 사회에서는 출세가 아닐 수 있기 때문에 사회문화적으로 상대적이다.

그런데 출세욕을 느낄 때 그 욕망의 정체를 잘 알고 다스리지 못한다면, 출세는커녕 오히려 그 욕망으로 인해 목적을 이루지도 못하고 상처만 받기 십상이다. 반면 출세라는 욕망의 정체를 잘 알고 다스린다면, 출세라는 욕망으로 대변되는 본질적인 인간의 의지와 활력을 제대로 활용해 진정한 의미의 출세에 다가갈 수 있을 것이다. 다시 말해 의미와 목적도 모른 채 주입된 어떤 조건과 지위만을 쫓는 것은 닿을 수 없는 신기루를 쫓는 것과 같다. 그런 출세욕은 인생을 허비하고 망치게 만들 뿐이다. 그러나 자신 속에 발생한 어떤 욕망의 정체를 잘 분석해서 그 의미와 목적을 잘 이해하게 되면, 그 욕망을 보다 가치 있고 생산적인 방향으로 활용할 수 있고, 그리하여 진정한 출세를 이룰 수 있을 것이다.

톨스토이는 젊은 시절 남다른 출세욕에 시달렸다. 전기적 사실을 언뜻 본다면 귀족 지주로 태어난 톨스토이가 무슨 남다른 출세욕에 시달렸을까 고개를 갸우뚱할 수도 있다. 그러나 톨스토이 가문은 할아버지 때부터 기울기 시작했다. 아버지는 귀족 집안의 풍모를 되살리기 위해 보다 명망 있고 부유한 귀족 출신을 아내로 맞이한다. 그러니까 톨스토이 어머니는 당대 내로라하는 고위 공작가문의 딸이었다. 아버지는 어머니의 지참금과 유산을 토대로 나름대로 괜찮은 집안을 구축했다. 그러나 어머니와 아버지 모두 톨스토이가 열 살이 채 되기 전에 세상을 떠났다. 톨스토이 형제들은 어린 나이에 후견인의 손에 맡겨져 자라야 했다. 자연히 집안도 점점 기울고 재정도 어려움에 처하게 되었다. 이런 경험은 톨스토이로 하여금 출세에 대한 욕망을 자극하고도 남았다.

어린 시절 고아가 된 자신과 형제들의 처지를 극명하게 체험한 사건이 하나 있었다. 톨스토이 형제들은 크리스마스 파티에 다른 가문의 아이들과 함께 초청을 받았는데 이때 고아인 톨스토이 형제들은 동정을 받았을 뿐 누구로부터도 존중받지 못했다. 파티가 끝나고 돌아갈 때 할머니 쪽으로 먼 친척인 고관 자제들이 아주 멋지고 좋은 선물을 받았지만 톨스토이 형제들은 값싸고 볼품없는 선물을 하나씩 들고 그 집 현관 앞에 서 있어야 했다. 톨스토이는 이때의 경험을 추억하면서 별다르게 분노를 표하거나 가슴 아파하지는 않는다. 다만 그런 경험이 있었다고 기록할 뿐이다. 그러나 이때 어린 톨스토이가 쓰라린 비애를 맛보았으리라는 것은 분명하다. 아마도 톨스토이가 20대 동안 큰 공을 세우고 명예를 얻고 사회적 출세를 하고 싶은 강렬한 욕망을 떨쳐버리지 못했던 데는 바로 이런 개인적 체험들이 적지 않은 영향을 미쳤을 것이다.

출세를 향한 욕망에서 삶의 진실을 향한 욕망으로

톨스토이의 이런 출세욕은 『전쟁과 평화』의 한 주인공 볼콘스키를 통해 문학적으로 승화된다. 젊은 볼콘스키 공작은 나폴레옹이 러시아를 침공한 1812년, 러시아 조국전쟁에 장교로 복무한다. 그는 조국을 침략한 나폴레옹에 맞서 싸우지만 마음속으로는 나폴레옹과 같은 영웅이 되고 싶어 한다. 큰 공을 세우고 명예를 얻고 싶은 것이다. 19세기 내내 나폴레옹은 청년들의 야망과 출세의 상징이었다. 일개 사관에서 전 유럽의 지배자로 등극한 나폴레옹은 누구나 무엇이든 될 수 있다는 초인사상의 상징과도 같았던 것이다. 자신이 초인임을 증명하기 위해 전당포 노파를 살해하는 도스토옙스키의 『죄와 벌』의 주인공 라스콜리니코프라든가 출세를 위해 무엇이든 마다하지 않는 프랑스 소설가 발자크의 『적과 흑』의 주인공 쥘리앵 소렐이 바로 나폴레옹주의에 물든 대표적인 인물들이다.

볼콘스키는 전쟁에서 치명적인 부상을 당하면서 죽음 직전에 자신의 사상이 헛된 것이었음을 깨닫는다. 이후 그는 자신이 누리고 있는 사회적 지위와 재산, 토지 등에 대해 새로운 사상을 가지게 되고, 사랑과 명예, 출세에 대해서도 전혀 다른 시각으로 생각하기 시작한다. 『전쟁과 평화』는 전쟁소설이자 역사소설이면서 볼콘스키가 나폴레옹주의를 극복해가는 사상소설이기도 하다. 볼콘스키는 인간의 이성이나 합리성이라고 불리는 인간의 근대적 가치들이 실상은 인간의 동물적 욕망을 극대화하기 위한 것일 뿐이라고 생각하기 시작한다. 옳고 그름이라는 것은 인간이 판단할 문제가 아니다, 인간은 오직 양심의 목소리에 따라 자신의 삶을 살아갈 뿐이라는 것이 그가 깨달은 사상의 핵심이었다. 그러나 그의 각성은 피에르에게 반박된다. 피에르는 볼콘스키와는 정반대의 길을 따라 각성해가는 인물이다. 그는 명예나 출세에 무관심하고, 오로지 자신의 비운의 운명에 좌절하며 살다가 점차 삶의 의미를 깨달아, 진정한 삶은 이 세상에서 이웃을 사랑하고 선행을 베푸는 것에 있다고 각성해가는 인물이다.

볼콘스키는 오직 자기완성을 위해 살아가는 것이 진정한 삶이라는 결론에, 피에르는 이웃에 대한 사랑을 실천하는 것이 진정한 삶이라는 결론에 도달한다. 이들은 서로 논쟁하지만 명백한 하나의 결론을 얻지는 못한다. 다만 서로의 불완전함을 지적해줄 뿐이다. 볼콘스키는 이웃에 대한 사랑이라는 것도 결국 자신을 위한 욕망의 위선이 아니냐고 반박하고, 피에르는 농촌을 개혁하고 농민의 삶을 개선하는 것과 같은 이웃에 대한 사랑이 명백한 선이며 신의 뜻이라는 것을 어떻게 부정할 수 있느냐고 반박한다. 자기완성과 이웃에 대한 사랑이라는 톨스토이 사상의 두 측면을 서로 대조시키고 있는 것이다. 물론 이 둘의 사상은 본질적으로 모순적인 것은 아니다. 자기완성을 통한 이웃사랑, 이웃사랑을 통한 자기완성이라는 지속적인 순환적 사고와 실천이 톨스토이의 사상이었던 것이다.

이렇게 톨스토이는 젊은 시절 절박했던 출세에의 욕망을 볼콘스키를 통해 털어낸다. 그리고 스스로 볼콘스키와 피에르처럼 새로운 삶을 추구해간다. 돈을 많이 벌고 훌륭한 가문을 형성하고 명예를 드높이고 싶은 욕망을 작가로서, 교육자로서, 사상가로서 올바른 삶의 의미를 깨닫고 실천하는 삶의 욕망으로 승화시켰던 것이다.

애국심이란
무엇인가
?

세계평화와 인류공존을
도모하는 사랑이 곧 애국심

세계평화와 인류공존을
도모하는 사랑이 곧 애국심
—이강은

기만적인 자기애로서의 맹목적 애국심

톨스토이는 전쟁에서 매우 용감한 군인이었다. 1855년 영
국과 프랑스 동맹군이 러시아의 남하를 저지하기 위해 크
림반도를 침공했을 때 톨스토이는 이 전쟁에 직접 참여해
용감하게 싸운다. 총을 쏘고 또 쏘고, 병사들이 참혹하게
죽어가는 와중에 수많은 적군을 물리친다. 그러나 결국
러시아는 패배하고 유럽의 강국으로 떠오르고자 했던 러
시아의 야망은 패퇴한다.

톨스토이는 이때의 경험을 「세바스토폴 이야기」 연작
으로 기록했다. 그는 전쟁에서 자신을 비롯해 평범한 병
사들이 얼마나 헌신적으로 전투에 임했는지를 묘사했는
데, 동시에 황제를 비롯한 러시아 정부와 군의 지도자들
이 얼마나 무력하고 부패해 있었는지를 폭로한다. 수많은

병사들이 고귀한 애국심으로 용감하게 전투에 나서 쓰러져갔지만, 과연 그들의 애국심과 희생이 황제와 귀족들의 러시아에 어떤 의미가 있는 것인지 근본부터 의문을 제기하는 것이다.

톨스토이는 전쟁 후 러시아라는 조국과 조국에 대한 자신의 감정을 다시 생각하게 되었다. 늘 당연한 것으로 여겼던 황제와 귀족사회의 정당성에 대해서도 의문을 품기 시작한다. 과연 전장에서 죽어간 병사들이 지키고자 했던 러시아는 무엇이며 그들의 아이들과 형제들이 살아갈 러시아의 진정한 미래는 어떤 것이어야 하는가. 톨스토이의 이런 문제의식은 러시아의 역사와 러시아를 움직이는 실질적 힘에 대한 관심을 불러일으켰고 그것이 『전쟁과 평화』라는 대작을 낳게 했다.

이 작품에서도 톨스토이는 나폴레옹의 침략에 맞서 조국을 지키기 위해 영웅적으로 싸우는 러시아 병사들의 모습을 그려낸다. 개인적 출세를 위해 공을 세우는 것에만 관심을 쏟는 귀족 장교들에 비해 실질적으로 전쟁을 수행하고 승리로 이끄는 것은 평민 출신의 하급 장교들과 병사들이다. 이들은 어떤 고상한 이상이나 목적을 내세우지 않고 그저 자신의 몸과 마음이 이끄는 대로, 자신의 고향과 가족을 지키기 위해 전투에 나선다. 사령관과 장교들의 명령은 그저 그들이 하고 싶은 대로 내리는 것일 뿐이다. 막상 전투가 벌어지면 그들의 명령은 휴지조각이 되고 병사들의 자연스러운 힘에 의해 전투가 진행된다. 바로 그 자연스러운 병사들의 힘의 분출을 이해하는 것은 가장 러시아적인 장군 쿠투조프다. 쿠투조프는 수많은 장교들의 영웅심과 황제의 오판을 극복하고 말없이 러시아 민중의 정신에 부응해 전쟁을 승리로 이끌어간다.

톨스토이는 전투 체험과 전쟁소설을 통해 자기 마음속에 발생한 맹목적인 애국심의 감정을 세밀하게 이해하기 시작한다. 누구나 자신을 사랑하듯이 가족을 사랑하고 가족을 사랑하듯이 이웃을 사랑하는데 이웃을 사랑하는 마음이 곧 그들이 속한 나라를 사랑하는 마음이 되는 것이다. 그러나 그들이 사랑하는 나라가 오히려 그들을 억압하고 기만하고 착취한다면 어떻게 할 것인가. 게다가 그들의 나라가 다른 나라를 공격하고 괴롭힌다면 거기에 정당성이 있다고 말할 수 있을 것인가. 애국심이란 혹시 하나의 기만적인 자기애에 불과한 것은 아닐까?

다른 사람, 다른 국가, 다른 민족에 대한 사랑이 애국심

자신을 사랑한다는 말에 대한 오해는 끝없이 남을 사랑한다고 말하면서도 결국엔 자신만을 사랑한다는 것이다. 자신에 대한 동물적 사랑의 끝은 모든 사람에 대한 증오로 나타날 뿐이며 애국심 역시 그러한 이기적 자기애에 지나지 않는다. 톨스토이의 이런 생각은 『인생론』의 중요한 핵심 사상 중 하나가 된다.

사랑은 사랑하는 사람에게, 그리고 사랑받는 사람에게 행복을 주는 선한 활동이 아니다. 동물적 개체로서 인생을 바라보는 사람들의 관념 속에서도 사랑이라는 말은 자주 접할 수 있다. 그때의 사랑은, 한 아이의 어미가 제 아이를 먹이기 위해 다른 굶주린 아이 어미의 젖을 빼앗는 감정, 그리하여 어쩌면 제 아이를 먹일 수 있을까 노심초사하는 괴로움의 감정 같은 것이다. 그것은 또한, 아비가 제 자식을 먹이기 위해 굶주린 자의 마지막 빵 한 조각마저 빼앗으려고 고심하는 감정과 같다. 그것은 또한, 여인을 사랑하는 사내가 그 사랑으로 괴로워하며, 여인을 유혹하며 괴롭히거나, 혹은 질투심으로 자신과 여인을 파멸로 이끄는 그런 감정과도 같다. 그것은 또한, 남자가 여자를 폭력으로 범하는 죄악을 저지르게 만드는 감정이기도 하다. 그것은 또한, 어떤 집단에 속한 사람들이 자기 집단을 지키기 위해 다른 집단 사람들에게 위해를 가하게 만드는 감정이기도 하다. 또한 그것은, 자신이 좋아하는 일에 매달려 자신을 괴롭게 하고, 주위 사람들에게 슬픔과 고통을 안겨주는 감정이기도 하다. 그것은 또한, 사랑하는 조국에 가해지는 모욕을 참지 못하고, 아군과 적군의 수많은 사상자로 들판을 덮게 만드는 그런 감정이기도 하다. (『인생론』 중에서[19])

톨스토이는 자신에 대한 동물적 사랑의 연속으로서 애국심의 궁극적 도달점은 '아군과 적군의 수많은 사상자로 들판을 덮게 만드는 그런 감정'이라고 말한다. 그런 애국심의 극복은 인간이 동물적 사랑이 아닌 이성적 사랑을 깨닫는 데 있다. 모든 개체는 자신을 사랑하기 때문에 그 사랑은 서로 충돌하고 경쟁하며 서로를 죽음으로 내몰 수 있다. 따라서 자신에 대한 집착을 버리고 진정으로 타인을 사랑하는 길로 나서는 것이 이성적 사랑의 시작이다. 결국 그것이 궁극적으로 자신을 사랑하는 올바른 길이다.

 톨스토이는 이런 사상을 통해 후기에 이르면 전쟁 반대, 징집 거부, 사형제도 부정 등과 같은 비폭력 평화주의로 나아간다. 나의 이익을 위해 남을 죽이는 전쟁은 결코 나를 위하는 길이 아니다. 어떤 목적으로도 군대로 농민을 징집해서는 안 되며 사형제도는 국가가 행하는 폭력에 지나지 않는다. 후기의 톨스토이는 이런 주장을 통해 격렬하게 러시아 정부에 맞서고 제도로서의 러시아정교회를 가혹하게 비판한다. 결국 그는 국교인 정교회의 파문을 피할 수 없게 된다. 국교로부터 파문당한다는 것은 더 이상 그가 신의 자식이 아니므로 러시아라는 국가의 보호를 받을 수 없다는 것을 의미한다. 그러나 온갖 회유에도 불구하고 톨스토이는 이런 신념을 포기하지 않는다.

톨스토이 사상은 오늘날 우리에게 다소 극단적인 것으로 보일지 모른다. 여전히 우리는 엄격한 국가주의 세계관 속에서 살아가고 있기 때문이다. 그러나 톨스토이 정신의 합리적 핵심은 맹목적 국가주의나 맹목적 애국심에 대해 다시 한 번 돌아볼 것을 요구한다. 오늘날 톨스토이 정신은 다른 사람과 다른 국가, 다른 민족에 대한 사랑으로서, 세계평화와 인류공존을 도모하는 평화주의로 충분히 재해석되고도 남음이 있다.

4부

철학과 사상

가장 간명한 도덕적 요구로서 그리스도의 가르침을 그대로 실천하는 것, 그래야 함을 믿는 것, 그것이 톨스토이의 신앙인바 그가 보기에 그것은 결코 어려운 일이 아니다. 그것을 인식하고 믿으면 된다, 당장 지금부터. 인간은 신의 뜻을 행하는 만큼 점차 신에게 가까이 다가갈 수 있다. 아무리 신을 안다고 말하거나 아무리 신에게 기도를 많이 한다 해도 그것만으로는 결코 신에게 다가가는 것이 되지 못한다. 그러니 지금 바로 그 실천의 길에 나서야 한다.

톨스토이에게 묻고 싶은 질문과 답 **20**

신에 대한 믿음은
필요한가
?

신은 진실을 알지만
다만 기다릴 뿐이다

신이 없다면 세상 그 무엇도
존재하지 않는다

신은 진실을 알지만
다만 기다릴 뿐이다
—김성일

"예수와 더불어, 모든 이성적 사고에 반하는 길을 걷다"

젊은 시절 톨스토이가 관능주의나 명예, 돈에 대한 관심
만을 가진 것은 아니다. 생애 내내 그는 지치지 않는 이지
적 이성주의와 열정적인 종교적 기질 사이에서 갈등했다.
그는 기독교의 단순화되고 정화된 교리에 따라 자신의 삶
을 교정해가려고 자주 생각하곤 했다. 그는 어린 시절에
품었던 정교 신앙에 자주 집착했고, 농부들을 닮아가며
단순한 삶을 살고자 했다. 톨스토이는 유행에 빠지는 것
을 제외하곤 도시보다는 시골에서의 삶을 선택했다. 그렇
지만 그가 도시 지식인들의 삶의 양식에서 시골 사람들의
경건함으로 천천히 옮겨갔다고 생각하는 것은 잘못된 것
이다.

1877~79년에 톨스토이는 건실한 그리스도교 신자로

살아가고자 수도사가 되려고까지 했다. 그러다 문득 교회의 가르침이 성서의 진리와 동떨어져 있음을 깨달았다. 그는 "교회는 3세기 이래 거짓과 잔인성, 속임수로 일관해 왔다"고 말했고, 1879년 『참회록』을 쓴 뒤 1881년 『교리 신학 비판』을 쓰다가 성서 연구를 해보려고 그리스어 원전까지 읽었다. 사실 『교리신학 비판』은 『참회록』의 서문에 해당한다. 그는 『4복음서의 통합과 번역』이라는 세 권짜리 저서를 내기도 했지만 그럴수록 교회의 가르침이 복음서와 일치하지 않는다는 사실을 알게 된다.

다른 한편으로 톨스토이가 종교적으로 전향하게 된 무의식적 동인의 한구석에는 바로 도스토옙스키처럼 되지 않겠다는 강박관념이 자리 잡고 있었다. 톨스토이의 인식의 전화, 회심을 겪게 되는 과정에서 가장 깊은 영향을 미친 것은 예수 그리스도였다. 엄밀한 의미에서 톨스토이는 종교에 귀의하지 않았다. 셰스토프의 말처럼 단지 "예수와 더불어, 모든 이성적 사고에 반하는 길을 걷고자 한다"는 평가가 정확할 것이다.

톨스토이가 쓴 『교리신학 비판』은 예수의 강생이나 부활과 승천, 그리고 복음과 성자들의 기적과 같은 기독교의 모든 전통적 교리를 인정하지 않는다. 또한 그것은 모든 신학적 은총을 부인하며, 예수가 우리의 죄를 떠맡음

316

으로써 하나님과 인간 사이의 화해를 이뤄냈다는 개념을 받아들이지 않는다. 이와 같은 톨스토이의 태도에 대해 정교 비판자들은 그가 어떤 초월적 의미에 대해 깊이 이해를 하지 않았다는 점을 지적한다.

교회에 대한 부정적인 시각은 그의 글에도 상당히 많이 나타난다.

참다운 신앙은 교회를 필요로 하지 않는다. (『인생의 길』)

참다운 신앙에는 교회도 장식도 노래도 많은 사람의 모임도 필요하지 않다. 오히려 반대로 참다운 신앙은 고요하고 고독한 곳에서만 마음속 깊이 스며드는 것이다. (『인생의 길』)

모든 사람들이 그리스도교의 가르침을 실천한다면 이 땅에 하늘나라가 나타날 것이다. 나 혼자서만 그것을 실천한다면 나는 모든 사람들과 자신을 위해서 가장 좋은 일을 했다고 할 수 있을 것이다. 그리스도의 가르침을 실천하지 않으면 구원은 없다. (『나의 신앙은 무엇에 있는가?』[1])

결국 톨스토이는 무교회주의적인 신앙을 강조하고 있

으며, 비슷한 사상의 소유자인 무교회파로서 양심적 병역 기피자인 농민 출신 슈타예프와 깊은 친교를 맺었다. 교회에 나가지 않아도 얼마든지 신을 믿을 수 있다고 생각한 그는 또한 신앙만 있으면 모든 것이 다 해결된다고 생각하는 그리스교 신자를 비난했다.

신앙에 의해서 또는 다른 사람의 용서로 죄에서 벗어날 수 있다고 생각하는 것은 큰 잘못이다. 무엇으로도 죄를 면할 수가 없다. 우리가 할 수 있는 것은 자신의 죄를 인식하고 다시는 죄를 되풀이하지 않는 것이다. (『인생의 길』)

「신은 진실을 알지만 다만 기다릴 뿐이다」라는 『기초입문서』에 실린 글이 있다. 내용은 자신의 조국에서 소외를 느껴 분노하는 톨스토이의 심정을 잘 드러내주고 있다. 주인공인 악쇼노프는 무고하게 살인 혐의를 받는다. 그는 태형을 받은 뒤 시베리아로 추방되었고 26년이 지난 후 진범인 마키르 세묘노비치를 만난다. 악쇼노프는 진범을 경찰에 고발하면 풀려날 수 있었지만 그렇게 하지 않았다. 진범인 세묘노비치는 도망가기 전 악쇼노프에게 용서를 빈다.

318

"하느님께서 당신을 용서해주실 것이오. 어쩌면 내가 당신보다 백 배는 더 나쁜 놈인지도 모른다오." 그러자 갑자기 악쇼노프의 마음이 가벼워졌다. 그는 더 이상 집에 대한 걱정도 하지 않았고, 감옥에서 나갈 생각도 하지 않았으며, 오로지 최후의 시간에 대해서만 생각했다.[2]

여기서 악쇼노프는 기독교적 축복이라기보다는 불교적인 초연함을 가지고 세상을 떠나게 된다. 톨스토이의 작품은 형벌제도에 대한 환멸을 나타내고, 기독교에 대한 사랑과 증오의 교차를 드러내며, 동양적 초연함에 근거한 자신의 새로운 종교를 마음속에 그리고 있음을 보여준다. 이와 같은 톨스토이의 생각과 행보는 결국 1901년 2월 24일 정교회에서 파문이라는 일대의 스캔들을 야기시켰다. 이와 같은 파문은 현재까지도 유지되고 있다. 상트페테르부르크의 안소니 대주교가 설교단 중 한 곳에 올라가서 톨스토이를 정교회에서 공식적으로 파문하는 문서를 낭독했고, 이 문서는 모든 지역에 발표되어 개시되었다. 그 내용을 살펴보면 다음과 같다.

러시아 태생에 정교 신앙에 의해 세례와 교육을 받았으며, 이 세상에는 작가로 알려진 레프 니콜라이 톨스토이 백작은 지적 허영심에 현혹되어 하느님과 그의 아들 예수 그리고 성스러운 그의 권위에 도전하는 작태를 보이더니, 공공연히 자기를 양육해준 '성모 마리아 성당'을 능멸했으며, 하느님에게 받은 자신의 문학적 역량과 영향력을 동원하여 대중에게 예수와 교회에 대적하는 내용을 전파하는 일과 대중의 마음속에 있는 민족 종교의 신앙을 파괴하는 일에 전념했다. 정교 신앙은 하느님으로부터 권위를 승인받은 것으로서, 우리의 선조들이 이 신앙으로 구원받으며 살아왔고, 우리의 성스러운 러시아가 오늘날까지 그 신앙을 지켜왔으며, 그 힘으로 점점 더 강대해지고 (…)

다음으로 그의 독특한 이교 사상에 대한 구체적 내용과 '교회는 그를 더 이상 교회의 구성원으로 인정하지 않을 것이다'라는 선언이 이어진다. 파문의 가장 큰 이유는 작품 『부활』에 러시아 전제정부에 대한 최고조의 신랄한 비판을 포함시켰기 때문이다. 더불어 『전쟁과 평화』에 비해 이 작품을 읽는 독자의 수가 20배나 더 많았으며, 어떤 면에서 러시아가 붕괴하기 시작했다는 많은 증상들을 이 작품이 보여주었기 때문이기도 하다. 당시 권력의 핵심인물인 포베도노스체프는 최고 종교회의 의장으로서 러시아의 땅에 떨어진 권위뿐만 아니라 러시아가 하느님으로부터도 멀어지고 있다는 톨스토이의 주장을 간과하지 않았다. 즉 『부활』에서 톨스토이는 정교신앙을 가능한 한 가장 공격적으로 묘사했다. 그는 가난한 정교회 신부들이 시골 지방에서 행하는 선행을 전혀 언급하지 않았고, 자신이 방문한 옵티나 같은 수도원에서 보존하는 신비로운 전통에 대해서도 서술하지 않았다. 즉 교회에 대한 신랄한 비판을 소설에 삽입함으로써, 톨스토이는 정부를 대변하는 포베도노스체프로부터 이 소설에 나타난 정치적 비난을 피해갈 수 없었다.

포고문이 공표되던 날 정부는 모든 언론에 톨스토이에 대한 언급을 하지 말 것을 지시했고, 사람들은 당시 레핀이 그린 〈기도하는 톨스토이〉 작품 앞에 모여 그림을 꽃으로 장식했다. 레핀의 그림은 일종의 성상화가 되었다. 당시에는 러시아에 두 사람의 황제가 있다는 농담이 있었는데, 하나는 니콜라이 2세이고 다른 하나는 톨스토이였다. 그의 소설은 사람의 가슴을 두드리며 예술이 지닌 정치적 힘을 가장 뚜렷하게 보여주었다.

참다운 신앙에는 행동과 책임이 동반된다

톨스토이는 참다운 신앙에는 행동과 책임이 동반된다고 하며 신에게서 보상을 바라는 거짓 신앙과 선을 긋고 있다.

행동이 따르지 않는 신앙은 신앙이 아니다. (『인생의 길』)

참다운 신앙을 몸에 지니려면 무엇보다도 먼저 지금까지 자기가 맹목적으로 믿어온 신앙을 한때 포기하고 어렸을 때부터 배워온 모든 것을 이성에 의해서 다시 검토하지 않으면 안 된다. (『인생의 길』)

거짓 신앙은, 자신이 치르는 희생과 제도에 대해서 신으로부터 보상받기를 바라지만, 참다운 신앙이 바라는 것은 단하나 - 신의 뜻에 순응하는 것을 배우는 것뿐이다. (『인생의 길』)

결과적으로 톨스토이는 그를 추종하는 농민 공동체인 '톨스토이주의Толстовство'를 만들어냈다. 톨스토이주의는 19세기 말에서 20세기 초까지 러시아의 종교 윤리적 경향이다. 이것은 1880년대 말 톨스토이의 종교, 철학에 영향을 받아 생겨났다. 특히 톨스토이의 작품 『참회록』, 『나는 무엇을 믿는가』, 『인생론』, 『기독교의 가르침』 등의 글을 가르침의 기본으로 했는데, 이것은 톨스토이가 만들어낸 종교가 아니라 그를 추종하고 그의 가르침을 따르는 사람들이 만들어낸 집단이다. 그들이 지키려고 하는 윤리와 사상은 "용서, 악에 대한 무저항, 그리스도의 산상수훈에서 나온 '원수를 사랑하라'는 적대관계의 포기, 도덕적 자기개선과 단순화"다. 이 다섯 가지 교시를 중심으로 군복무에 대한 거부, 식품에서 육식의 금기와 채식주의, 술과 담배 금지 등의 규제를 따른다. 비폭력 저항주의, 기독교 무정부주의 등의 내용에는 정교회와 일반적인 종교에 대한 비판뿐 아니라 국가권력과 사회적 불평등에 대한 비판이 담겨 있다.

조지 스타이너는 톨스토이의 신앙은 무신론 내지는 완전한 회의주의를 포용한다고 주장하며, 그의 형이상학은 상당부분에 있어 신에게 인간의 정신적 형상과 성질을 부여하는 신인동형동성론 신학anthropomorphic theology으로 설명된다고 언급한다. 톨스토이의 기독교관이 종교의 모든 신비한 요소를 벗어낸 현실주의적이며 이교도적인 성격을 지니고 있다는 사실 역시 스타이너가 이미 지적한 바 있다. 톨스토이가 발표한 죽음에 대한 에세이에서도 인간이 죽음을 대하는 순간까지만 서술대상으로 되어 있으며, 기독교가 주장하는 죽음 이후의 부활의 세계에 대해서는 거의 언급이 없다. 이 점에서 죽음의 공포를 극복하고 집필한 『참회록』의 근거에는 이성적인 논리가 뒷받침되는 이교도적 기독교가 있음을 알 수 있다.

이와 같이 톨스토이에게 신의 존재 여부는 인간의 운명인 삶과 죽음의 문제와도 직결된다고 할 수 있다. 죽음 앞에서 인간이 절대자의 의미와 존재에 의지하거나 회의하는 것에 관한 톨스토이의 사색은 『이반 일리치의 죽음』에도 잘 나타난다. 이반 일리치도 서서히 다가오는 죽음의 시간에 신에 대해 원망하거나 울부짖는다.

그는 의지할 데 없는 자신의 처지, 절대 고독, 사람들의 냉혹함, 신의 냉혹함, 신의 부재가 서러워 울었다. '왜 내게 이런 짓을 했나이까? 왜 날 이리 데려왔나이까? 무엇 때문에, 도대체 무엇 때문에 내게 견딜 수 없는 이런 시련을 주시나이까?' 그는 대답을 기다리지 않고 눈물을 흘렸다. 그건 그런 물음에 대한 답이 없을 뿐더러 있을 수도 없기 때문이었다. (『이반 일리치의 죽음』)

어떤 점에서 톨스토이의 신과 종교에 대한 태도는 절대자에 대한 회의와 사회적인 불평등의 요소가 한데 어우러진 사색의 반영이라고 볼 수 있다. 다시 말해 그의 도덕적이고 윤리적인 삶의 태도는 죽음을 대하는 일상적인 공포와 체험, 그리고 절대자와 신앙에 귀속되고자 했지만 현실적인 교회와 종교 문제의 회의에서 오는 허무함의 이중적 결과물이라고 할 수 있다. 삶에 대한 태도는 죽음을 대하는 반향이며, 종교에 대한 도덕적 회의감은 현실생활에서 톨스토이 자신을 강제하는 동기가 되었다고 볼 수 있다.

신의 존재를 묻는 것은 곧 '나'의 존재를 묻는 것

톨스토이가 『인생의 길』과 『참회록』에서 쓴 교리를 요약하면 다음과 같다.

첫째, 항상 죽음을 기억하며 살라. "당신이 죽음을 앞두고 있다는 사실을 생생하게 가슴에 상상하기만 한다면 교활한 행동을 하는 것도, 남을 속이는 것도, 거짓말을 하는 것도, 비난하는 것도, 욕을 하는 것도, 증오하는 것도, 남의 물건을 빼앗는 것도 하지 않게 될 것이 분명하다. 죽음을 앞두고 행할 수 있는 것은 지극히 단순한 선행뿐이다. 즉 남을 돕거나 위로하거나 애정을 보이거나 하는 것뿐이다. 더구나 이들 행위는 언제나 가장 필요하고 유쾌한 행위다. 이들 행위의 결과는 언제나 좋다. 그러나 특히 마음이 어지러울 때는 죽음을 떠올리는 것이 좋다. 죽음이 다가온 것을 알게 되면 사람들은 깨끗한 영혼으로 신의 곁으로 갈 수 있기 위해 이제껏 자신이 저지른 죄를 참회하고 기도한다. 우리는 날마다 서서히 죽어가고 있다. 그리고 지금 이

순간에 죽어버릴지도 모른다. 따라서 우리는 빈둥빈둥 죽을 때를 기다리지 말고 어느 순간에든 언제든 죽을 수 있는 마음을 준비해야 한다." (『인생의 길』)

둘째, 사랑하라. "죽음이 임박했다는 의식은 사람들에게 자기 일을 완성하는 방법을 가르친다. 존재하는 모든 일 가운데서 언제나 완전하게 성취될 수 있는 일은 오직 한 가지다. 현재 사랑하는 것이 그것이다. 죽음을 망각한 삶과 날마다 죽음에 접근해가고 있다는 의식을 항상 지닌 삶은 전혀 다르다. 전자는 동물의 삶에 가깝고 후자는 신의 삶에 가깝다." (『인생의 길』)

셋째, 착하게 살라. "죽음에 대한 준비는 오직 하나다. 바로 선한 삶을 사는 것이다. 우리 삶이 선량해질수록 그만큼 죽음의 공포는 적어지며 그만큼 죽는 것이 편해진다. 성자에게는 죽음은 존재하지 않는다." (『인생의 길』) "신의 뜻에 따라 살려면 이 세상의 모든 쾌락을 버리고 부지런히 일하며 처신이 겸손해야 하고 인내의 덕을 기르고 자비로워야 한다." (『참회록』)

그 외 톨스토이의 신에 대한 언급은 다음과 같은 것들

326

이 있다.

신은 있어 또한 모든 신앙인에게 있어 근원의 근원이며 원인의 원인이며, 시간과 공간을 초월한 존재이며, 이성의 극한이다. (『교의신학 비판』)

신을 아는 것, 사는 것, 사랑하는 것, 이것은 모두 같은 것이다. 신이란 삶이다. 신이란 사랑이다. (『인생론』)

사람의 눈은 속일 수 있어도 하느님의 눈은 속일 수가 없다. (『어둠의 힘』)

사람은 여러 가지 일을 멋대로 예상하지만 그것을 결정하는 것은 신이다. (『유년시대』)

사람은 자기 안에서 신을 인식할 수가 있다. 자기 안에서 신을 찾아내지 못하는 한 신은 어디에서도 찾아낼 수 없다. (『참회록』)

사람이 신을 모르는 것은 나쁜 일이다. 더 나쁜 것은 신이 아닌 것을 신으로 인식하는 것이다. (『인생의 길』)

신이 존재하느냐 하는 물음은 자기가 존재하느냐 하는 물음과 같다. (『일기』)

신에 대해서 남이 말하는 것을 그대로 믿는다면 결코 신을 인식할 수 없다. (『인생의 길』)

신이 없다면 세상 그 무엇도
존재하지 않는다

—이강은

신은 인간 속에 있다

단편 「두 노인」은 톨스토이가 생각하는 신과 신을 대하는
태도를 잘 보여준다.

부자 농부 예핌과 평범한 농부 예리세이가 함께 예루
살렘 순례를 떠난다. 예핌은 고지식하고 금욕적이고 교회
계율을 엄격히 지키는 사람이고, 예리세이는 성품이 착하
고 명랑한 사나이로 술도 마시고 담배도 피웠다. 예핌은
돈을 아껴가며 성실하게 길을 걸어 마침내 예루살렘에 도
착한다. 그런데 예리세이는 굶주림과 병으로 죽어가는 한
가족을 만났는데 차마 지나치지 못하고 그들을 돌보다가
돈도 다 떨어져서 중도에 고향으로 되돌아온다. 그러나
예핌은 성지 예배 중 예리세이가 마치 성자처럼 빛을 내
며 맨 앞쪽에서 예배를 드리는 모습을 보게 된다. 고향으

로 돌아온 예핌은 자기가 없는 사이 아들이 재산을 탕진해버린 사실을 알고 아들을 때린다. 반면 미리 돌아온 예리세이는 별다른 일 없이 가족들과 화목하게 지내고 있었다. 영혼이 없는 계율과 예배가 문제가 아니라 선을 실천하고 사랑으로 이웃을 감싸는 자가 진정으로 신을 사랑하는 자라는 것을 말해주는 단편이다.

톨스토이가 살았던 러시아에서는 정교가 국교였다. 개인생활에서 사회생활에 이르기까지 모든 것은 정교의 가르침과 해석 속에서 이루어져야 했다. 그러나 러시아 사회는 근대화와 더불어 이미 세속화가 심화되어 있었고, 정교는 진정한 신앙으로서의 의미보다 사회문화적 제도로서 형식적으로 기능하고 있었다.

톨스토이 역시 태어나서 죽을 때까지 정교 신앙과 끊을 수 없는 긴밀한 관련 속에 있었다. 톨스토이는 어려서부터 매우 도덕적이고 종교적인 삶을 지향하고 정교의 가르침을 준수하고자 노력했지만, 현실의 정교는 톨스토이에게 제기된 삶의 여러 문제를 해결해주지 못했다. 오히려 교회의 다양한 의식과 추상적인 교리를 지켜보며 톨스토이는 현실의 정교에 대해 환멸을 느끼지 않을 수 없었다.

이에 톨스토이는 세계의 모든 종교 교리를 탐구하기 시작한다. 기독교의 다양한 유파로부터 인도와 동양의 종교에 이르기까지 원시에서 당대에 이르는 다양한 종교 교리에 대해 열정적으로 연구해나갔다. 물론 그러한 탐구를 이끌어간 근본적인 문제의식은 바로 '인간이란 무엇이며 인간 삶의 의미란 무엇인가', '신은 무엇이며 인간에게 무슨 의미를 가지는가' 하는 것이었다. 톨스토이의 종교에 대한 탐구는 급격히 확대된 세속화된 사회 속에 존재하는 인간 존재에 대한 확증을 얻기 위한 노력의 하나였다. 이런 노력의 결과 톨스토이는 성경의 근본과 신 존재의 의미에 대해 하나의 결론을 내린다.

우리는 우리 일생에 어떤 일이 줄곧 행해지고 있다는 것, 내가 뭔가의 도구라는 것을 느끼게 된다. 그러나 우리가 누군가의 도구라고 한다면 그 도구를 부리는 자가 없어서는 안 된다. 그 도구를 부리는 자, 그가 곧 신이다. (…)
이 세상에는 끊임없이 어떤 일이 이루어지고 있다. 살아 있는 모든 존재에 의해 지속적으로 많은 일들이 행해지고 있다. (…) 저 태양, 봄·여름·가을·겨울의 변화는 무엇 때문에 존재하는 것인가? 무엇 때문에 수많은 번민과 생과 사, 선과 악 따위가 존재하는가? (…) 그렇다, 모든 이런 존재의 삶은 나에게 무엇보다도 강하게 그것들이 모두 옳고 선하며, 내가 닿을 수 없는 높고 먼 사업을 위해 필요하다

는 신념을 준다.[3]

톨스토이 신앙의 핵심은 철저한 이성주의와 인간주의
로 요약된다. 인간은 자신 속에 존재하는 이성의 힘으로
자신의 생명의 근원이 자기 한 개체 속에 존재하는 것이
아니라는 것을 알 수 있다. 따라서 인간의 이성은 자기의
생명이 탄생에서 죽음에 이르는 한시적인 것이 아니라,
탄생 이전에서 죽음 이후까지 이어지는 것임을 알 수 있
다. 톨스토이는 바로 이러한 무한한 생명의 정신을 신으
로 이해한다. 이를테면 어린 아기는 누가 자기를 안고 있
고 길러주는지를 모르지만 누군가 그런 존재가 있다는 것
만을 아는 것과 마찬가지다. 그러나 바로 그 점에서, 즉 신
의 존재를 인식할 수 있는 것이 인간의 이성이라는 점에
서 그 이성이 신으로부터 부여된 신의 요소라는 점을 알
수 있다. 그렇지 않고서는 어떤 것도 결코 설명될 수 없다.
이러한 논리에 근거해 톨스토이는 인간 내부에 존재하는
이성의 최고 수준이 신의 요소이며 신이 인간에게 부여한
인신人神적 성격이라고 결론 내린다.

신은 어디서나 한 개인 혹은 사람들 집단에게 한번에 자기
의 뜻이나 계율을 계시하지 않는다. 신은 언제나 그를 찾는

모든 사람들에게 모습을 나타낸다. 신은 한 사람 한 사람의 마음속에 모습을 나타내는 것이다. 누구나 자기 안에 신을 느끼고, 육체는 아니지만 육체에 깃든 생명의 근원, 바로 무게도 없고 길이도 없고, 색도 맛도 냄새도 없으며, 결코 시작도 않고 끝나지도 않는 생명의 근원을 느끼고 있다. 인간에게 깃든 이 생명의 근원은 육체에 의해 제한되어 있으며 전체의 일부에 불과하다. 그러나 그 일부에 의해 사람은 모든 것을 알 수 있다. 그 모든 것이 신이다. 사람은 자기 속에 그 모든 것의 일부를 느끼며, 그렇기 때문에 신을 알고, 또 알지 못할 수가 없다. (「초록지팡이」 중에서[4])

이성적 실천이 신의 계율이다

신을 안다는 것은 초월자로서의 은총이나 계시를 받는 것이 아니다. 그리스도가 신의 아들로서 인간으로 태어났다는 성경 이야기의 진의는 바로 인간 자신 속에 신이 존재한다는 것이다. 인간은 자신이 처한 입장, 즉 무한의 세계속의 유한의 운명을 제대로 이해하기만 하면 자신 속에 존재하는 신의 계율을 이해할 수 있다. 이 계율의 핵심은 이웃에 대한 사랑과 비폭력으로 요약된다. 매우 단순하고 명확한 이 계율이 인간에 내재한 신의 계율이며 그 단순한 계율을 엄격히 실천하는 것이 신을 사랑하고 신을 믿는 행위의 요체인 것이다.

신의 존재 여부를 입증하려는 생각은 매우 어리석다. 그것은 자신의 생명을 입증하려는 것이나 마찬가지다. 누구에게, 무엇 때문에, 무엇으로 자신의 생명 자체를 입증하려 들 것인가. 만일 신이 존재하지 않는다면 세상의 그 무엇도 존재하지 않는 것이다. 그러니 신을 입증할 필요는 없다.

우리가 신에 대해 고찰한 모든 것이 잘못되었고 신은 존재하지 않는다는 생각이 들더라도, 그것으로 인해 당황할 필요는 없다. 그런 현상은 과거에도 많은 사람에게 때때로 일어났고, 현재에도 자주 일어나는 것임을 알아야한다. 그렇지만 가령 우리가 지금까지 믿었던 신을 믿지 않게 되었을 경우, 그것을 신이 존재하지 않는 결과라는 식으로 생각해서는 안 된다. 우리가 지금껏 믿었던 신을 믿지 않게 되었다면, 그것은 우리의 신앙 속에 어딘가 옳지 않은 것이 있기 때문이다.

가령 야만인이 나무로 깎아 만든 목상을 믿지 않게 되었다 하더라도, 그것은 신이 존재하지 않는다는 것을 의미하는 것이 아니라 그 목상이 참된 신이 아님을 의미하는 것에 불과하다. 우리는 신을 이해할 수는 없다. 그러나 보다 깊고 넓게 신을 인식할 수는 있다. 따라서 우리가 신

334

에 대한 미개한 관념을 버린다면 오히려 우리를 위해서 좋은 것이다. 그것은 우리가 신이라 부르는 존재를 보다 깊고 보다 넓게 인식하기 위해서 행해지는 현상이다.

신은 우리의 양심 속에, 모든 인류의 인식 속에, 우리를 둘러싼 이 대우주 속에 살아 있다. 별이 빛나는 하늘 아래, 거룩한 사람들의 관 옆에, 어쩌면 형벌을 당하는 수난자의 기꺼운 죽음 앞에 신은 살아 있다. 신을 부정할 수 있는 사람은 가장 불쌍히 여겨야 할 사람이거나 극도로 타락한 사람뿐이다.[5]

신의 존재 여부에 대한 의문을 버리고 인간에게 내재한 신의 '계율'을 인식하고 실천하는 것을 신의 명령으로 받아들이라는 이런 관점은 인간주의적인 실용적 관점이라고 말할 수 있다. 즉 절대자의 존재 여부에 대한 논쟁도, 맹목적 믿음도 불필요하다. 오직 인간의 도덕적 삶의 절대적 준거로서만 신이라는 명제가 필요할 뿐이다. 이런 관점에서 현실에서의 절망이나 비극을 신의 탓으로 돌리거나, 도덕적 타락을 신의 부재로 돌리려는 태도는 무의미한 것이다. 그것은 자신 속에 내재한 신의 계율을 알지 못하거나 망각하거나 무시한 결과일 뿐이다. 톨스토이는 이러한 해석의 근거를 성경에 자주 나오는 포도원 주인과 정원사들에 대한 비유로 설명한다.

주인이 포도를 심고 모든 것을 정비한 다음(포도원은 세상이요 주인은 신이다), 포도원을 정원사들에게 맡겨 그들이 거기서 일하고 수확을 자기에게로 가져오도록 명령했다. 그런데도 정원사들은 그 포도원이 애당초 자기들의 것이 아님을 망각하고, 또 주인에게 약속한 것을 바쳐야 자기들도 수확의 기쁨을 맛볼 수 있음을 잊었다. 그래서 주인이 심부름꾼을 보내 포도원의 수확물을 요구하자 정원사들은 그것을 내놓지 않고 그 심부름꾼을 내쫓았던 것이다. 그래서 이번엔 주인이 그들을 내쫓아 그들은 불행에 빠지고 말았다. 이와 같이 사람들도 생명이 자기의 것이며, 생명을 그들에게 준 신을 섬기지 않고 멋대로 생명을 써도 된다고 생각하면 불행에 빠지는 것이다. (「초록지팡이」 중에서[6])

이 이야기의 요체는 주인의 존재 여부나 주인이 언제 오느냐 따위의 문제가 아니라 주인인 신이 부여한 생명과 계율을 제대로 수행하는 것이 무엇보다 중요하다는 것이다. 따라서 인간은 초월자나 절대자의 은총에 기대서는 안 되며 자신 속에 내재한 신적 요소, 즉 이성적 자질을 최대한 발현하는 것을 삶의 목표로 삼아야 한다.

인간의 이성적 자질은 생명이 요구하는 최고의 도덕적 요구와 일치한다. 바로 이러한 논리에 입각해 그리스도가 인간으로 이 세상에 오심을 이해해야 한다. 가장 간명한 도덕적 요구로서 그리스도의 가르침을 그대로 실천하는 것, 그래야 함을 믿는 것, 그것이 톨스토이의 신앙인바 그가 보기에 그것은 결코 어려운 일이 아니다. 그것을 인식하고 믿으면 된다, 당장 지금부터. 인간은 신의 뜻을 행하는 만큼 점차 신에게 가까이 다가갈 수 있다. 어떤 사물을 잘 알려면 거기에 가까이 다가가야 하는 것처럼 신의 뜻을 행하는 정도가 깊을수록 그만큼 신을 더 많이 알고 신에게 근접할 수 있다. 아무리 신을 안다고 말하거나 아무리 신에게 기도를 많이 한다 해도 그것만으로는 결코 신에게 다가가는 것이 되지 못한다. 그러니 지금 바로 그 실천의 길에 나서야 한다.

죄와 용서의 관계는
무엇인가
?

영혼의 편을 드는 사람은
행복하다

영혼의 편을 드는 사람은
행복하다

—이강은

죄에 대한 진정한 인식과 내면의 참회

우리에게 가장 널리 알려진 톨스토이의 소설은 아마 『부활』일 것이다. 우리나라를 비롯해 세계의 많은 독자들이 『부활』을 읽으면서 죄와 용서, 부활, 인간의 도덕적 각성에 대해 생각하며 진지하게 자신을 돌아보고 새로운 삶을 꿈꾸었다.

주인공 네흘류도프는 젊은 시절 카추샤를 유혹해 사랑을 나눈 뒤 홀연히 군에 입대해 멀리 떠난다. 군에서 제대한 후 그는 카추샤에 대해 완전히 잊고 살았는데, 어느 날 법정 배심원으로 참석했다가 살인죄로 기소된 카추샤를 만난다. 카추샤는 네흘류도프가 떠난 후 그의 아이를 낳았고, 그로 인해 온갖 수모와 곤욕의 삶을 살지만 결국 아이는 죽고, 급기야 술집에서 몸을 팔아야 하는 신세가 되었다. 그러다가 술에 취한 손님에게 술집 주인이 건네준 음료를 마시게 해 독살했다는 누명을 쓴다. 카추샤는 다만 술에 취해 괴롭히는 손님을 편하게 잠들게 할 수 있다는 말만 듣고 음료를 손님에게 마시게 했을 뿐이지만 손님의 돈을 노린 주인의 음모로 독살 혐의를 뒤집어쓴 것이다. 귀족인 네홀류도프는 그녀의 운명이 바로 자신의 죄로 인한 것임을 깨닫고 커다란 충격을 받는다. 주저와 망설임이 없지 않았지만 네홀류도프는 자신의 죄를 고백하고 카추샤를 구원하기 위해 백방으로 노력한다. 하지만 사건의 진실에는 관심이 별로 없었던 재판부와 배심원들의 방심으로 결국 카추샤는 시베리아 유형에 처해지는데, 이에 네홀류도프는 카추샤와 결혼하기로 결심하고 시베리아 유형지까지 따라간다. 그 과정에서 네홀류도프는 농민들에게 토지를 분배하는 등 귀족으로서 누리던 온갖 특권을 버리고 진정한 삶의 의미를 찾기 시작하고, 카추샤도 네홀류도프의 진심을 점차 받아들이면서 순결한 영혼으로 부활하기 시작한다.

사실 네홀류도프가 카추샤에게 저질렀던 일은 당대 귀족들에게 거의 일상적인 것에 불과했다. 정교가 국교인 나라에서 간음을 죄악시하고 있음에도 불구하고 당대 귀족들은 거리낌 없이 종교적 계율을 어겼을 뿐만 아니라

이를 젊은 시절의 자랑스러운 행위로까지 생각했다. 네흘류도프가 자신의 죄를 고백하고 인정했을 때에도 다른 귀족들은 그것을 진정한 용기나 도덕적 참회로 여기지 않았다. 그들에겐 네흘류도프가 '회개한 양심적인 귀족'이라는 새로운 유행을 즐기고 있는 것으로 보였을 뿐이다.

아무도 죄로 인정하지 않음에도 불구하고 네흘류도프는 스스로 양심에 비추어 자신의 내면 목소리에 귀를 기울이는데, 그러자 주변의 모든 것이 새롭게 보이기 시작한다. 자신이 살아가는 생활방식에서 맺고 있던 인간관계가 모두 위선적이고 추악하며 수치스럽기 짝이 없었던 것이다.

'어떤 대가를 치르더라도 나를 옭아매고 있는 이 거짓과 위선을 떨쳐버려야 한다. 모든 것을 인정하고 모두에게 진실을 고백하고 진실을 행해야만 한다.' 그는 단호하게 말했다. '미시에게 진실을 말하자. 나는 타락한 자이고 결혼할 자격도 없고 괜히 괴롭히고 있을 뿐이라고 말하자. (…) 카추샤에게도 내가 비열한 놈이고 정말 잘못했다고 고백하자. 그리고 그녀의 운명을 덜어주기 위해 할 수 있는 모든 일을 다 하자. 그래, 그녀를 만나서 용서를 빌자. 그래, 어린애가 빌듯 그렇게 용서를 구하자.' 그는 걸음을 멈췄다. '필요하다면 그녀와 결혼이라도 하자.' (…)

그는 기도했다. 그는 하느님께 도움을 청하고 그에게 임하
시어 죄를 씻어달라고 간청했다. 그때 그의 소망은 이미
이루어졌다. 그의 내면에 잠들어 있던 신이 그의 의식 속
에서 깨어난 것이다. 그는 새로운 자신을 느꼈다. 자유와
용기와 삶의 기쁨이 샘솟는 것 같았고, 선의 전능함이 몸
으로 느껴졌다. 사람이 할 수 있는 가장 최고로 훌륭한 일
을 뭐든지 이제 그 자신이 해낼 수 있다고 느껴졌던 것이
다.[7]

스스로의 죄를 깨우치게 되자 그는 마음속 하느님으로
부터 이미 용서를 받았다는 느낌을 받는다. 이렇게 보면
네흘류도프의 죄와 용서, 갱생은 단 한 번의 각성으로 손
쉽게 이루어진 것처럼 보인다. 도덕적 죄와 용서는 외부
적인 징벌이 아니라 바로 자기 자신에 의해 자발적으로
이루어진다는 것이 톨스토이 사상임에 틀림없다. 그러나
톨스토이는 이러한 주관적 참회에 대해 날카로운 분석을
덧붙인다.

스스로에게 이렇게 말하는 동안 그의 눈에는 눈물이 고이
기 시작했다. 그것은 선한 눈물인 동시에 사악한 눈물이었

342

다. 선한 눈물인 까닭은 최근 몇 년간 그의 마음속에 잠들어 있던 정신적 존재가 깨어났다는 기쁨의 눈물이었기 때문이며, 사악한 눈물인 까닭은 자기 자신에 대한, 자신의 선함에 대한 감동의 눈물이었기 때문이다. (…)

'아, 좋다! 아, 참 기분이 좋구나! 정말 좋아.' 그는 영혼 속에 일어난 일을 이렇게 토로했다.[8]

톨스토이는 네흘류도프의 각성한 감동의 눈물을 잔인하게 분해해버린다. 그의 눈물은 선하면서 악하다는 것이다. 분명 네흘류도프의 감동의 눈물은 자신의 삶을 개선하고 정화해야 한다는 내면의 감정의 발로였다. 그러나 다른 한편 그것은 자신의 선량함에 대한 만족감이라는 악한 눈물이기도 했다. 선하면서 악한 눈물, 이 아이러니는 대체 무엇이란 말인가. 오른손이 한 일을 왼손이 모르게 하라는 성경 말씀이나 보시를 하고 보시를 했다는 생각을 버릴 것이며, 또 버렸다는 생각조차 거듭 버리라는 불교의 경지가 떠오를 법한 대목이 아닐 수 없다.

진정한 용서야말로 새로운 부활

자신의 죄를 인정하고 깨닫는 것만으로 이미 용서가 이루어지지만 진정한 용서는 더욱 완성된 실천을 요구한다.

네흘류도프의 각성은 아직 여린 싹에 지나지 않아서, 그것이 과연 건강한 나무로 자랄 것인지 여부는 알 수 없다. 과연 이런 각성 후에도 네흘류도프는 여러 상황에서 여전히 머뭇거리고 갈 길을 몰라 방황한다. 그런 순간마다 스스로를 이성적으로 돌아보고 올바른 판단을 해나가면서 네흘류도프의 각성은 더욱 완성되어간다.

그는 카추샤의 현실적 상태를 이해하고 인정하면서 있는 그대로 받아들이기 시작한다. 그리고 감옥과 수형제도의 부당함에 대해 항의하고 시정하기 위해 다방면의 노력을 기울인다. 자신에게 가해지는 귀족들의 불편한 시선을 감당하면서 네흘류도프는 자신의 모든 생활을 다시 점검하고 바꾸어나간다. 재산과 유산 문제도 합리적으로 해결하고 토지도 농민에게 절대적으로 유리한 방식으로 분배한다. 그리고 유형을 가는 카추샤를 따라 시베리아로 떠난다. 시베리아로 가는 길에서도 네흘류도프의 새로운 삶은 계속 완성되어간다. 귀족들과 관리들의 행태를 비판적으로 바라보고 종교와 신의 문제도 새롭게 인식한다. 자신의 청혼을 거절하고 시몬손이라는 정치범과 결혼하겠다는 카추샤의 말에 잠시 마음의 동요를 느끼지만 그녀의 결정을 존중한다. 그리고 사회혁명에 임하는 혁명가들의 영혼에 대해서도 이해의 폭을 넓힌다. 그렇게 네흘류도프는 개인적 잘못에 대한 참회를 넘어 자신이 속한 사회 전체에 대한 반성과 인간과 삶의 본질에 대한 깨달음으로 나아가면서 진정한 용서의 길을 걷는다.

톨스토이는 사람이 저지르는 모든 죄는 육체적 존재로부터 불가피하게 발생한다고 본다. 육체적으로 존재하는 한 죄를 벗어날 수 없다는 생각은 러시아정교의 죄에 대한 인식으로부터 유래하지만, 불교 교리로부터의 영향도 없지 않다. 결국 문제는 이 죄로부터 벗어나기 위한 현생의 삶이 인생이며, 인생의 행복은 얼마나 이 죄로부터 벗어나느냐에 달려 있다는 것이다.

인간은 죄 속에서 태어난다. 육체에서는 온갖 죄가 생겨난다. 그러나 영혼이 인간의 내부에 머물러 있어 끊임없이 육체와 투쟁한다. 인간의 삶은 모두 육체와 영혼의 투쟁이다. 이 투쟁에서 육체의 편에 서지 않고, 다시 말해 조만간 정복될 것이 분명한 육체 편을 들지 않고 영혼의 편에 서는 사람, 생애 최후의 순간이 될지도 모르지만 어쨌든 조만간 반드시 승리를 차지할 것이 틀림없는 영혼의 편을 드는 사람은 행복하다.[9]

톨스토이는 이런 사상에 기초해 인간의 탐욕이 불러오

는 모든 죄를 경계한다. 필요 이상의 육체적 욕망에 매달리는 것은 행복의 증진이 아니라 오히려 감소를 가져온다. 특별히 배고프지도 않는데 먹어대는 음식, 음식의 맛에 대한 과도한 집착은 위를 상하게 해서 올바른 식욕과 먹는 기쁨을 잃게 만든다. 걸어갈 수 있는 곳에 차를 타고 나서거나, 부드럽고 편안한 잠자리나 사치스런 실내장식에 매달리면 노동 뒤 휴식의 기쁨이나 추위 뒤의 기분 좋은 따뜻함, 건강한 숙면을 맛보지 못하고 점점 쇠약해짐으로써 육체에도 좋지 않다. 술, 담배, 마약 등은 자기 마취의 죄를 저지르는 것이며 육식은 잔혹한 인간의 성정을 더욱 강화시킨다. 특히 성욕은 철저히 제어되어야만 하고 완전한 동정과 처녀로 일관해야만 한다. 불가피하다면 오직 결혼을 통해서만 최소한으로 성욕을 해소해야 한다. 간음과 성적 방종은 인간의 죄 중 가장 중대한 것이다.

톨스토이가 구체적으로 하나씩 열거하는 금욕적 실천에 대한 요구들은 오늘날 우리가 받아들이기 어려울 정도로 지나치다. 해도 너무하다는 생각이 들 정도다. 톨스토이 말대로라면 거의 수도승처럼 살아야만 하는 것 아닌가 하는 반감도 들 것이다.

그러나 톨스토이가 수도승처럼 살아가라고 요구하는 것은 아니다. 그는 죄를 인지하고 그 죄로부터 벗어나는 실천이 진정한 인생의 경로이며 새로운 삶으로의 부활의 경로라는 것을 부단히 강조하고 있을 뿐이다. 더구나 톨스토이 자신이, 충분히 누리고도 남음이 있었던 대도시 모스크바와 페테르부르크의 사교계와 사치스런 도시생활을 멀리하고, 외딴 시골 영지에 평생 머물면서 스스로 노동하고 독서하고 매일 매일 일기를 쓰고 반성하며 금욕적으로 살아가고자 노력했다는 점에서 그의 교훈들은 매우 실천적인 울림을 주고 있다.

예술이란
무엇인가
?

예술은 삶을 바라보는
다양한 창일지니

예술은 삶의 진실을 드러내는
아름다움이다

예술은 삶을 바라보는
다양한 창일지니
―김성일

선과 미의 관념, 그리고 세계구원

톨스토이에게 예술은 미의 개념이기보다는 선의 개념이 앞선다. 도스토옙스키가 "미가 세계를 구원할 것이다"라고 말한 반면, 톨스토이는 도덕적인 정신, 즉 좋은 것이 우선이라고 여겼다. 톨스토이의 아름다움에는 '아름답다'라는 개념보다는 '좋다'는 개념이 앞선다. 보리스 파스테르나크의 소설 『닥터 지바고』에서 지바고의 외숙인 베데냐삔과 브이볼로치노프가 나누는 대화에는 두 작가의 미와 선의 차이를 단적으로 보여주는 대화가 있다.

"당신의 말에 어느 정도는 동의를 합니다. 그러나 톨스토이는 이렇게 말했습니다. 사람은 미에 탐닉할수록 선에서 멀어진다고 말입니다."

"그러면 당신은 그 반대라고 생각하십니까? 세계가 미로써 구원된다는 말입니까? 신비론이나 로자노프, 도스토옙스키와 같은 사람에 의해서 말입니다."[10]

이처럼 톨스토이에게 아름다움의 개념은 선의 개념을 포함하지 않으면 안 되는 것이다. 톨스토이의 '아름답다'는 것은 한 인간, 말, 집, 경치나 어떤 움직임에 연결시켜 볼 수 있는데, 행동이나 생각, 음악의 특성 같은 것이 우리의 마음에 들면 사람들은 그것이 좋다고 하고, 마음에 들지 않으면 그것이 좋지 않다고 한다. 하지만 '아름답다'고 하는 말은 눈을 즐겁게 하는 경우 이외에는 사용하지 않는다. 그 때문에 '좋다'란 단어와 개념은 '아름답다'란 개념을 포함하지만, 그 반대는 맞지 않으며, '미'의 개념은 '선'의 개념을 포괄하지 않는다(『예술론』2장)는 것이 톨스토이의 '미'에 대한 생각이다. 동시대인인 메레쥬콥스키의 설명에 따르면 두 작가의 차이는 명확해진다. 그는 도스토옙스키와 톨스토이를 '영'과 '육'의 관점에서 바라보며 그들 간의 예술적 차이를 언급했는데, 톨스토이의 경우에 아름다움의 최고 가치는 '선' 속에 윤리적인 실천방식으로 내재해 있다고 지적한 바 있다.

작가 톨스토이가 아름다움과 예술에 대해 이와 같은 생

각을 한 이유는 젊은 시절 그의 형 니콜라이의 죽음의 충격 때문이었다. 형의 죽음에 충격을 받은 톨스토이는 친구이자 시인인 페트에게 편지를 쓴다.

죽음보다 더 끔찍한 것은 없노라고 니콜라이가 말한 것은 옳은 말입니다. 일단 한 사람의 죽음이 모든 것의 종말이란 사실을 인지하면 삶보다 더 끔찍한 것은 없게 됩니다. 물론 진실을 인식하고 이를 표현하려는 욕구가 있는 사람은 이를 인식하고 표현하고자 노력합니다. 이는 도덕적인 세계로부터 나에게 남아 있는 모든 것이며 나로서는 이보다 더 높은 것은 생각할 수 없습니다. 그리고 바로 이것만을 행하고자 하지만 당신의 예술과 같은 형식으로 행할 생각은 없습니다. 예술은 허위며, 나는 아름다운 허위를 사랑할 수 없습니다. 아무리 아름다운 세계를 꾸몄다 하더라도 그것은 현실을 덮어 가린 허구에 지나지 않습니다.[11]

여기에서 그의 예술적 경향을 읽을 수 있다. 예술의 허구는 어떠한 현실로도 덮을 수 없다는 생각은 이후 그의 예술론의 지배적인 논리로 작용하게 된다. 이와 같은 톨스토이의 '선'을 기반으로 하는 아름다움에 대한 사고는 1898년 『예술이란 무엇인가』에 구체적으로 나타난다. 이 책을 집필하기 위해 톨스토이는 플라톤, 아리스토텔레스로부터 동시대 이론가들인 바움가르텐, 빙켈만, 칸트, 셸링, 헤겔 등까지를 모두 읽었다. 이로써 톨스토이는 이들의 예술론을 바탕으로 보편적인 경향을 거부하면서 자신만의 독특한 예술관을 정립하게 된다.

톨스토이는 고대 그리스인들은 미의 개념과 선의 개념을 구별하지 않았다고 언급하며, 바움가르텐의 미학에서 선의 부재를 비판하면서 예술에서 선의 중요성을 강조한다.(『예술론』 3장) 고대 그리스인들 사이에서 미란 선한 것과 일치해야 한다고 생각했다고 주장한 것인데, 사실상 소크라테스는 미를 선의 하위에 두었고, 플라톤은 두 개의 개념을 통일하고자 했으며, 아리스토텔레스는 카타르시스론을 언급했다. 즉 아름다움은 진선미 삼위일체설에서 이어져오는 것으로, 톨스토이는 각기 다른 세 가지 의미를 하나로 통합한다는 일이 공상적이라고 생각했다.

선은 우리 생활의 영원한 최고 목적이다. 선을 어떻게 해석해보아도 우리 생활은 끝내 선을 향하는 노력, 즉 신을 향하는 부단한 노력일 수밖에 없다. 선은 정말 근본적, 형이상학적으로 우리 의식의 본질을 이루는 관념으로서, 이성으로는 결정지을 수 없는 것이다. 선은 아무도 규정지을

수 없는 것이며, 다른 모든 것을 규정짓는 것이다. (『예술론』7장)

따라서 우리가 미에 골몰할수록 선에서 더욱 멀어지고, 미에 도덕미나 정신미가 있다고 하는 말은 유희라고 언급한다. 톨스토이에게 예술이라는 것은 인간이 도달한 최고 최선의 감정을 사람들에게 전달할 것을 목적으로 하는 작업이다. 또한 그는 이렇게 선을 기반으로 하는 예술이 진정한 예술이라면 그것은 반드시 만인에 의해 향유되어야 할 것이라고 강조한다.

예술이 귀중한 것이어서, 마치 종교와 마찬가지로, 예술의 심취자들이 즐겨 말하듯이 만인에게 없어서는 안 될 정신적 복지라면 그것은 당연히 만인이 감상할 수 있는 것이 아니어서는 안 된다. (『예술론』8장)

톨스토이는 동시대 상류계급의 예술을 비판했으며, 종교적인 자각에 의하지 않고 얻어지는 쾌락의 정도에 의해 감정을 평가하는 것은 새로운 감정의 원천을 잃어버리는 일이라고 지적했다. 무릇 쾌락만큼 낡고 진부한 것은 없다. 이것은 오만과 성욕과 삶의 애수라는 감정에서 나온 것이라고 평가했다. 따라서 상류계급의 예술은 종교성을 상실한데다 민중적인 요소도 버렸기 때문에 그 내용이 더욱 빈곤해지고 예술이 전달하는 감정의 범위도 점점 좁아진다는 것이다. 결국 예술은 교양 수준에 관계없이 모든 사람에게 작용되어야 한다는 것이며, 예술이 하는 일은 이치로 따져서는 이해 안 되고 납득이 어려운 것을 이해될 수 있도록 접근시키는 일이라는 것이다.(『예술론』10장)

톨스토이에 따르면, 상류계급의 예술이 내용이 빈약하고 형식이 졸렬해지는 이유는 상류계급의 욕구에 맞도록 예술이 4가지(표절, 모방, 속임수, 흥미) 등으로만 고안되기 때문이라는 것이다. 민중예술이라는 것이 민중 가운데 누구 한 사람이 벅찬 감격을 경험해 이를 사람들에게 전해주고 싶은 욕구를 가질 때에만 발생하는 것에 반해, 부유계급의 예술은 예술가의 자발적인 욕구가 아니라 상류계급의 오락을 구하고 있기 때문이라는 것이다. 이에 거짓 예술품의 제작을 조장하는 세 가지 조건을 지적했다. 첫째가 작품에 대해서 예술가들이 받는 막대한 보수와 거기에 따라서 확립된 예술가의 직업성, 둘째가 예술 비평, 셋째가 예술 학교다.(『예술론』12장) 따라서 톨스토이의 예술은 선에 이르는 필수적인 것이며, 다른 사람에게 그 느낌이 감염되어야 하는 행위인 것이다.

예술이란 형이상학자들이 말하듯이 미나 신에 대한 어떤 비밀스러운 이념이 아니다. 예술은 미학적 생리학자들이 일컫듯이 인간이 자신에게 차 있는 에너지의 잉여분을 그 안에서 발산하는 유희가 아니다. 예술은 호감이 가는 대상들을 만들어내는 것이 아니며, 특히나 즐기는 대상이 아니다. 예술은 인간을 같은 느낌 속에 서로 묶어내면서 인간의 합일을 이루는 수단이며, 각 개인의 삶과 발전, 인류를 선에 이르게 하기 위해 필수 불가결한 것이다. 예술은 한 인간이 의식적으로 외적 기호의 도움을 받아 자신이 체험했던 다른 느낌들을 중개하며, 다른 사람들이 이 느낌에 감염되어 마찬가지로 이를 체험케 하는 일종의 인간 행위다. (『예술론』12장)

선한 것은 아름답지만 아름답다고 선한 것은 아니다

톨스토이의 『예술이란 무엇인가』 14장에는 다음과 같은 예술에 대한 일화가 적혀 있다. 톨스토이는 어느 날 침울한 기분으로 산책에서 돌아온 적이 있는데, 집 가까이에서 농가 여자들이 춤을 추면서 명랑하게 노래하는 것을 들었다. 그것은 출가한 딸이 친정에 다니러 온 것을 환영해서 축하하는 노래였다. 큰소리로 낫을 두들기면서 부르는 이 노랫가락에는 기쁨, 원기, 정력의 뚜렷한 감정이 참으로 잘 나타나 있었으므로, 그 자신도 어느덧 이 감정에 감염되어 활기를 얻어 집으로 왔는데 돌아왔을 때는 아주 쾌활하고 즐거운 기분이 되어 있었다. 마침 그날 밤 어느 음악가의 방문으로 베토벤 소나타 101번 연주를 들을 수 있었다.

그런데 여기서 톨스토이는 자신이 후기 작품의 강한 인상을 기억하고 있으며 나름대로 작품의 훌륭함을 이미 알고 있었음에도 불구하고, 그 음악을 다른 작품과 비교하게 되면서 "톨스토이 스스로 조작해내어 스스로에게 불러일으킨 무언가 명확치 않은 거의 병적이라고도 할 만한 감동"이 금세 사라져버렸다고 했다. 연주가 끝나자 사람들은 누구나, 아주 지루했음이 훤히 보임에도 불구하고, 베토벤의 작품이 심원하고 감동적이라는 칭찬을 아끼지 않았다. 그러나 톨스토이는 낮에 들었던 농부 여인의 노래가 준 인상과 이 소나타를 비교해서 자신의 의견을 말했다. 이에 베토벤 애호가들은 헛소리에 말대꾸할 필요가 없다는 듯이 일소하고 업신여겼다.

이에 대해 톨스토이는 농부 여인의 노래는 힘찬 감정을 전한 하나의 뚜렷하고 진정한 예술이었음에 비해, 베토벤 101번 소나타는 아무런 일정한 감정도 들어 있지 않은, 아무런 느낌도 감염시킬 힘이 없는 예술의 실패작에 지나

356

지 않는다고 적고 있다. 이 일화 속에서 톨스토이가 농부 여인의 노래에 이끌리지 않을 수 없었던 것은 민중의 소박한 삶에 배어 있는 진솔함의 감정이 그에게 감염되었기 때문이다. 톨스토이가 밝힌 이와 같은 감염의 예술론은 진짜 예술과 가짜 예술을 다음과 같이 구별하고 있다. 현대에 있어서 예술작품을 가려내기가 한층 더 어려워진 것은, 가짜 작품의 외형적인 가치가 진짜 작품만 못하지 않을 뿐더러 때로는 더 뛰어나기 때문이다. 그러니까 모조품 쪽이 진짜보다도 감동을 주고 흥미진진한 일도 드물지 않다. 그렇다면 어떻게 해야 이 둘을 구분할 수 있을 것인가? 톨스토이는 진짜 예술과 가짜 예술을 구별하기 위한 확실한 특징을 "예술의 감염성" 유무로 판별한다.

진짜와 가짜 예술을 구별하지 못하는 사람들은 지극히 단순한 마음, 보통사람도 어린아이도 알 수 있는 당연한 마음, 남의 감정에 감염하는 마음, 그러니까 남의 기쁨을 기뻐하고 남의 슬픔을 슬퍼해, 사람과 사람을 서로 결합시키는 마음, 즉 한마디로 예술의 마음을 느낀 일이 없다. 이런 사람들은 진정한 예술과 그 위조품을 구별하지 못할 뿐만 아니라, 극히 용렬한 가짜를 훌륭한 진짜 예술인 줄로 생각한다. 가짜는 언제나 눈이 부시게 치장을 하고 있는 반

면 진짜 예술은 검소하기 때문이다. (『예술론』 16장)

진정한 예술은 대다수 사람들의 마음을 움직여 다른 사람의 마음까지도 감염시키지만, 가짜 예술은 장식과 치장으로 눈을 부시게 할 뿐이다. 예술은 바르고 올바른 선함을 대중들에게 극대화시키는 데 그 목적이 있는 것이다. 이 같은 예술감염론은 『인생독본』의 2월 28일자 '예술의 역할'에서 확실하게 강조되고 있다.

예술은 고취의 가장 위력 있는 수단의 하나다. 그러나 고취는 죄악적인 것이나(죄악적인 것이 언제나 한결 더 수월히 고취된다) 선량한 것이나 고취할 수 있으므로 예술의 고취에 대해서는 다른 어떠한 고취 수단에 대한 경우보다도 조심스러워야 한다.

또한 『인생독본』 12월 3일자 '예술의 사명'에서는 다음과 같이 언급했다.

예술이라는 것은 한 인간이 의식적으로 일정한 외적 수단에 의하여 자기가 경험한 감정을 다른 사람들에게 전달하고, 다른 사람들은 이러한 감정에 의하여 감염되며 이러한 감정을 체험하는 인간적 활동이다.

톨스토이는 예술감염론은 더불어 공통된 도덕적 관념이 반드시 포함되어 있어야 한다는 점도 칸트의 말을 인용해서 강조한다.

아무리 무한한 예술품이라도 만일 그것이 사람들을 결합시키는 유일자인 전 인류에게 공통된 도덕적 관념에 의하여 관철되어 있지 않다면 그러한 예술은 사람들이 자기 자신에 대한 불만을 억누르기 위하여 예술에 의지하면 의지할수록 더욱더 큰 요구를 거기에서 느끼는 오락으로써 봉사함에 불과하다. 그러나 이것에 의하여 사람들은 끊임없이 자기 자신을 더욱더 무익하고 더욱더 불만으로 괴로워하는 존재로 만든다. (『예술론』 3장)

"인류가 고양되는 최선의 드높은 감정들"만이 예술을 통해 중개되어 인류 공동에게 전염되어야 한다. 톨스토이에게 예술은 이처럼 최고이자 최상의 것이며 선한 것, 즉 좋은 것이다. 그는 선한 것은 아름다운 것이지만 아름답다고 선한 것은 아니라는 결론에 도달한 것이다.

예술은 삶의 진실을 드러내는 아름다움이다

—이강은

예술은 쾌락이나 위안, 오락이 아니다

하늘에 떠 있는 달이 진짜일까, 호수에 비친 달이 진짜일까? 물론 하늘의 달이 원본이다. 그럼 하늘의 달이 아름다울까, 호수에 비친 달이 아름다울까? 이에 대해서는 한마디로 대답하기 어렵다. 다만 우리는 달 자체가 아니라 달이 나타나는 방식, 즉 청명한 밤하늘에 교교히 떠 있는 달, 혹은 구름 사이로 신비롭게 비치는 달을 아름답다고 말하는 경우가 많다. 마찬가지로 하늘의 달 자체가 아름답다기보다 그것이 나타나는 형식으로 호수에 비친 달이 아름답다고 말할 수 있다. 예술에서는 보통 산 자체가 아니라 산을 보고 느끼고 그것을 표현한 그림이 아름다움을 담고 있는 것으로 이해된다. 예술이란 어떤 현실이나 본질을 반영한다기보다 미적, 창조적 표현일 수 있다는 것이 현대 예술론의 일반적 경향이다.

서양철학의 선구자 플라톤은 세상 만물의 본질은 이데아이고 그것을 인식하는 것이 철학이라고 했다. 그에 따르면 세상 만물은 그 이데아가 드러나는 다양한 현상이다. 달이 본질이고 호수에 비친 달은 현상인 셈이다. 플라톤이 보기에 하늘의 달이 사라지면 호수의 달도 사라지지만, 호수에 비친 달이 사라진다고 해도 하늘의 달은 사라지지 않는다. 그러니 호수의 달은 이차적인 현상에 불과하다. 그런데 시인과 예술가는 이런 이차적인 현상에 더 관심을 둠으로써 이데아의 인식을 저해할 수 있다. 철인이 통치하는 국가를 이상으로 생각한 플라톤이 시인 추방론을 설파한 이유다. 시인과 예술가가 긍정적일 수 있는 경우는 그들의 예술이 이데아의 인식에 도움을 줄 수 있을 때뿐이다. 공화국의 이상에 일치하고 이상 실현에 도움이 되는 예술만이 진정한 예술이라는 철저한 본질주의 예술론, 목적론적 예술론, 공리주의 예술론의 원류인 셈이다.

톨스토이 예술론은 플라톤의 본질주의 예술론의 현대판이다. 톨스토이는 내용에 뜻이 있고 형식이 아름다우며 예술가의 진심이 담긴 작품을 우수한 예술 작품이라고 본다. 따라서 예술이 갖추어야 할 미덕 중에서 무엇보다 중요한 것은 예술가의 정신이다. 도덕적으로 계몽되어 있는 예술가가 인류를 위한 선을 행하고자 하는 의지를 담아내는 것이 예술의 가장 중요한 요소인 것이다.

예술은 쾌락도 아니고 위안이나 오락도 아니다. 예술은 사람들의 이성적 의식을 감정으로 이전하는 인간 삶의 기관이다. 오늘날 보편적인 종교적 자각은, 모든 사람들은 형제라는 것과 인간 상호간의 결합에서 오는 행복에 대한 자각이다. 진정한 과학은 이 자각을 생활에 적응시켜야 할 여러 종류의 형태를 나타내는 것이어야 하며, 예술 또한 이 자각을 감정으로 옮기는 것이어야 한다.

(…) 오늘날 예술의 사명은 사람들의 행복이 서로간의 결합에 있다는 진리를 이성의 영역에서 감성의 영역으로 옮기고, 현재 우리를 지배하고 있는 폭력 대신에 신의 세계, 즉 인간생활의 최고 목적이라고 여겨지는 사랑의 세계를 건설하는 일이다. 더 나아가서는 예술을 위하여 과학은 보다 새롭고 높은 이상을 발견하고 예술은 이를 실현해 나갈지도 모른다. 그렇지만 현대에 예술은 그 사명이 명백하게 정해져 있다. 그리스도교적 예술의 임무는 모든 사람의 형제애적 결합을 실현시키는 일, 바로 그것이다. (『예술론』 중에서[12])

362

고결한 윤리적 실천으로 이끌어주는 예술만이 참다운 예술

톨스토이는 예술가가 인간과 삶의 진실을 인식한 뒤 그 진실을 독자에게 수용 가능한 쉬운 형식으로 가능한 정확하게 전달하는 데에 예술의 힘이 있다고 본다. 이른바 정서감염론이다. 여기서 무엇보다 중요한 것은 당연히 예술가의 도덕적 각성이다. 인류애와 형제애를 바탕으로 선을 행하고자 하는 예술가의 높은 이상이 예술이라는 형식을 통해 사람들을 고결한 윤리적 실천으로 이끌어주는 예술만이 참다운 예술이다. 이런 예술론에서는 진·선·미는 결코 서로 다를 수 없는 하나다.

그러나 톨스토이는 예술이 오로지 내용만을 중시하고 그 형식의 완전성을 도외시하는 소위 '주의주장 이론'을 배격한다. 모든 사람이 쉽게 이해하고 수용할 수 있는 형식은 예술에서 매우 중요한 요소다. 단순히 내용의 진실성만을 강조하며 형식적 아름다움을 갖추지 못한다면 그 내용의 감염력도 떨어질 수밖에 없다. 톨스토이는 성경이나 민화와 같은 아주 평이하면서도 내용 있는 형식을 가장 높은 예술적 형식으로 간주한다. 톨스토이의 이런 점은 플라톤의 본질주의적 접근에 비해 예술의 형식적 기능에 대해 보다 깊은 이해를 보여준다. 다른 한편 톨스토이는 내용이 빈약하고 예술가의 정신이 진실하지 않으면서 형식의 아름다움만 추구하는 예술을 위한 예술, 소위 순수 예술론을 예술적 타락이라고 비판한다. 귀족과 상류사회는 예술의 본질을 망각하고 오직 쾌락과 형식미를 추구하면서 성적 타락에 빠져 있다는 것이다. 그들은 예술로부터 건강한 삶의 의미를 배우지 못하고 무위도식과 허영이라는 즐거움에 빠져 미적 달콤함에 취해 있다. 톨스토이에게 그런 예술은 모두 사이비 예술에 지나지 않는 것이다.

그러나 예술이란 단순하게 진실을 전달하는 도구가 아니고, 선을 실행하는 도구도 아니다. 예술은 진과 선의 종속적 부가물이 결코 아니다. 오히려 예술이란 예술 그 자체로서 진과 선의 새로운 의미에 의문을 더하는 형식이라고도 말할 수 있다. 예술의 창조와 수용과정은 기존에 형성된 진실과 선의 의미를 새로운 시각에서 살펴보게 한다. 따라서 어쩌면 예술은 진과 선을 포함하는 보다 폭넓은 범주로 이해해야 옳을 것이다. 물론 현실의 진실을 담는 예술, 다수의 행복을 지향하는 예술, 도덕적 선을 고취하는 예술은 부정할 수 없는 고귀한 예술정신임에 틀림없다. 하지만 그것은 어떤 예술적 기준을 절대적인 것으로 상정하고, 그 기준에 따라 좋은 예술과 나쁜 예술을 구분하고자 함으로써 예술의 자유로운 창조와 수용을 가로

막기 쉽다. 문제는 고귀한 예술정신이 하나의 선언문처럼 주어진다고 해서 곧바로 위대한 예술이 창조되지 않는다는 점이다. 예술정신과 예술창작 사이에는 매우 복잡하면서도 독자적인 공간이 존재하며, 그 공간은 오직 자유로운 정신과 창조적인 정신으로만 채워질 수 있다. 어떤 진리나 선이라도 그 공간에서는 유일한 절대적 권위자가 되지 못한다. 그것은 오직 다양한 예술적 반성과 저항을 견디면서 자신을 구현할 수 있을 뿐이다.

톨스토이의 예술론은 형식의 아름다움을 인정한다는 점에서 플라톤적인 본질주의, 내용중심주의를 어느 정도 극복하고 있는 것이 사실이다. 그러나 그럼에도 불구하고 도덕적 진실을 가장 우선시한다는 점에서 근본적으로는 본질주의와 공리주의를 벗어나지 않는다. 이런 관점은 현대적 예술론에서 보면 다소 협소해 보이는 것이 사실이다. 그러나 무조건적인 대중화와 상품화를 예술이라는 이름으로 포장하고 있는 현대예술의 부정적 경향들이 수없이 많은 현실에서 톨스토이의 본질주의적 예술론은 다시 생각해볼 가치가 전혀 없다고 말할 수 없다.

톨스토이는
소설가인가, 예언가인가
?

스스로를 고슴도치라고
믿었던 여우의 삶

스스로를 고슴도치라고
믿었던 여우의 삶

—김성일

톨스토이, 자신의 역사를 기록하다

톨스토이는 1852년 24세에 『유년시절』을 발표해 작가로서
첫발을 내딛은 이후 출간된 장편, 단편 등의 작품이 추후 모
두 90권의 전집으로 간행된다. 애초에는 톨스토이의 제자
이자 톨스토이주의자인 체르트코프가 1928년 주도적으로
전집을 만들기 시작했는데, 체르트코프는 72권까지 관여하
다가 36년에 사망하게 되고, 그로부터 20년이 지난 1959년
에야 톨스토이의 90권 전집이 완성되기에 이른다. 그런데
아이러니하게도 이 전집은 톨스토이와 좋지 않은 관계에
있었던 그의 아내 소피야가 편집한 전집에 기초하고 있다.
1권에서 45권까지는 소설과 예술, 사회평론이 수록되어 있
으며, 46권에서 58권까지는 일기와 수기가 실려 있고, 59권
에서 90권까지는 편지글 모음으로 이루어져 있다.

『전쟁과 평화』를 집필하고 발표한 1860년대는 톨스토이 창작의 절정기라고 할 수 있다. 특히 1880~81년, 그의 나이 50대 초반에 발표된 『참회록』은 자신의 인생을 뒤돌아보며 '회심'의 시기를 보내면서 젊은 날의 부덕함을 반성하는 글로 인간 톨스토이의 진면목을 볼 수 있는 작품이라고 할 수 있다. 톨스토이는 여기에서 스스로의 저술에 대해 다음과 같이 언급했다.

그렇게 15년의 세월이 흘러갔다. 이 15년 동안 저술이 하찮은 일이라고 생각하면서도 나는 여전히 집필을 계속했다. 저작에 대한 유혹과, 그 보잘것없는 자신의 작품에 대한 막대한 금전적 보수와, 박수갈채의 유혹에 사로잡혀 있었던 것이다. 그리하여 나는 나와 세상 사람들의 생활의 의미에 대한 모든 의문을 내면에서 떨쳐버리고 또한 나의 부의 풍요를 가져오는 방법이란 생각에서 저작활동에 열중했다. 내게 유일한 진리, 즉 자신과 가족들이 될 수 있는 대로 행복한 생활을 해야 한다는 것을 가르치면서 나는 저술을 계속하고 있었다.

인생의 허무함을 느끼고 저술에도 회의감을 느낀 후이지만 톨스토이에게 글쓰기는 자신의 마음에 생겨나는 의

문을 풀어보는 방식으로 몰두할 수밖에 없는 것임을 고백하고 있는 것이다. 또한 그는 스스로가 깨닫게 된 진리를 설교하면서 자신의 저술을 계속해나가기로 결심하게 된다. 이와 같은 자신에 대한 호기심은 이미 19세 청년인 톨스토이에게 존재해 있었다. 톨스토이는 "나는 나를 철두철미하게 알아야 한다"고 일기에 적고 있는데, 이는 어떤 점에서 자서전적인 글쓰기를 언급한다고 볼 수 있다. 루사노프에게 보내는 편지에서 톨스토이는 이와 유사한 의미로 글쓰기를 생각한 바 있음을 밝혔다. "우리들의 삶을 인식한다는 것은 곧 자기 자신을 인식한다는 것을 의미합니다."

슈테판 츠바이크는 이것을 '자기서술'이라고 말하며, 톨스토이는 언제나 체험된 것과 인지된 것만을 재생할 줄 아는 현실의 모방자라고 지적한다. 톨스토이의 창작이란 자신의 지각에 포착된 사물이나 사건을 절대로 놓지 않으며, 부단한 강박증에 사로잡혀 그것을 철저하게 탐구하고, 설명하고 '감시'하는 것이다. 또한 톨스토이에게 글쓰기는 자신을 올바르게 조정하고 교정하는 과정이다. 유년시절, 청년시절, 심지어는 참회록에 이르는 자기 시간의 기록들을 톨스토이는 모두 자기서술의 시간으로 여겼다고 해도 과언이 아닐 것이다. 이 형식은 "회상의 사실을 교정하고,

교육적이고 도덕적인 통제와 풍속 상의 윤리적 문제, 영적인 고해 등을 동반"한다. 따라서 자기서술이란 자기억제와 자기부활이며 자서전이란 미학적 행위이자 종교적 행위라고 할 수 있다.

'입을 꼭 다물고 살았던' 도스토옙스키와는 달리, 톨스토이는 '문과 창을 활짝 열고' 살기를 원했다. 그의 작품을 읽어보면 무수한 세상 사물들의 형상과 사건을 자세히 알 수 있다. 제화점에서나 농부들과의 대화에서 생긴 일, 글을 쓰고 잔디에서 테니스 치던 일, 가족과 보내던 시간들과 심지어는 잠자리에서의 상념과 죽음에 대한 생각까지 우리는 톨스토이의 자기서술과 자기문서화의 기록들을 자세히 알 수 있다. 슈테판 츠바이크는 그의 이러한 삶의 회상과 기록을 모두 묶어 지면으로 옮기면 야스나야폴랴나의 숲을 재구성할 수 있을 것이라고 말한다.[13]

톨스토이의 이와 같은 모습은 '자기 삶에 대한 감시'라고 할 수 있으며, 스스로를 냉정하게 평가하기 위한 자기통제장치라고 할 수 있다. 예를 들면, 그날 일과 훈련을 잘 수행하지 못했으면 일기에 스스로에 대한 욕을 퍼붓기도 한다. 말년의 톨스토이는 인간들에게 보여주기 창피한 것, '자신이 고백하기 부끄러워했던 것들'만을 말하고자 했다. 그럼으로써 자기서술을 스스로를 위한 '회심'과 속죄의 기회로 삼아 자신의 삶을 포용하고자 했다. 이것은 어떤 점에서 일생을 두고 관철된 신앙고백이자 영혼의 자기 정화과정이라고 할 수 있을 것이다. 이와 같이 톨스토이의 글쓰기는 '영원한 자아'와 '보편적 우리'를 서술함으로써 건강한 인간이 되고자 했던, 삶을 완벽하게 만들고자 했던 그의 작가정신의 반영이라고 할 수 있다.

톨스토이의 '낯설게 하기'

노령의 남성 작가가 안나 카레니나를 묘사하는 장면과 귀부인들의 옷차림과 속옷까지 섬세하게 빼놓지 않고 표현하는 장면은 마치 사진을 보듯 선명한 이미지와 상상을 우리에게 던져준다. 러시아의 형식주의자인 쉬클롭스키는 톨스토이 작품의 주요한 기법을 '낯설게 하기'라고 언급했는데, 우리의 감각이 자동화되어 있는 탓에 예술가의 임무는 일상적, 습관적 지각으로 굳어버린 사물에 대한 인식을 새롭게 만드는 것이라고 했다. 일상의 대상과 현상의 본질을 '낯설게' 만듦으로써 그 대상과 현상을 새로운 시각과 인식으로 바꾸어주는 것이다. '낯설게 하기'는 톨스토이 작품에서 특징적인 기법으로, 대상을 새로운 관점에서 해체하고 재해석함으로써 새로운 인식의 틀로 형상화하는 장치라고 할 수 있다.

예를 들면, 『안나 카레니나』에서 안나는 늘 보아오던 남편 카레닌의 귀가 이상하게 생겼다고 생각하고 그의 손마디를 꺾는 습관에 대해 혐오감을 느끼는 장면이 있는데 이것이 '낯설게 하기'의 전형적인 장면이라고 할 수 있다. 인식되지 않은 보편적인 사물이 주인공이나 극중 인물들의 시각에 새롭게 인식됨으로써 새로운 심리작용을 하고 있는 것이다. 또한 『전쟁과 평화』에서 안드레이와의 결혼이 연기되어 괴로워하던 나타샤가 오페라 극장에서 배우의 '흰 몸뚱이'에 주목하는 장면도 나타샤가 육체적 욕망에 자연스럽게 반응하는 것을 형상화한 것이라고 볼 수 있다. 이와 같이 톨스토이의 '낯설게 하기'는 일상의 사물들을 낯설게 인식하는 주인공을 통해 사유의 변화를 형상화하는 동시에 독자에게 새로운 관점을 제공함으로써 인물들을 재해석할 수 있는 여지를 제공하는 것이다.

　'낯설게 하기'는 『홀스토메르』에서 가장 전형적으로 나타나고 있는데, 이 작품은 말을 통해 인간사회를 보는 시점을 취함으로써 낯설게 하기 기법의 효과가 두드러지게 나타나는 작품이라고 할 수 있다. 여기서 톨스토이는 말의 관점으로 인간의 탐욕과 소유욕을 적나라하게 보여줌으로써 인간사회의 비정함을 극단적으로 드러내고 있다. 홀스토메르는 인간을 통해 치욕스러운 과정을 겪으면서,

대부분의 인간들이 "그들이 좋다고 생각하는 것을 실행하는 것이 아니라 될수록 많은 것을 나의 것이라고 말하기 위해" 살아가고 있음을 깨닫게 된다. 말의 시점을 통해 인간사회를 객관적으로 조망한다는 점에서 이 기법은 톨스토이 소설의 독특한 묘사 방법이라고 할 수 있겠다.[14]

고슴도치가 되고자 했던 여우, 톨스토이

이사야 벌린은 톨스토이의 『전쟁과 평화』를 평가하면서 '고슴도치와 여우'로 인간 유형을 나누었다. 서두에서 그리스 시인 아르킬로코스의 "여우는 많은 것을 알고 있지만 고슴도치는 하나의 큰 것을 알고 있다"란 말을 인용하며, 평생 다양한 사실을 추구하는 여우 유형과 하나의 원칙만을 고수하는 고슴도치 유형으로 나눈 것이다. 여기서 고슴도치형 인간은 단테, 플라톤, 루크레티우스, 파스칼, 헤겔, 도스토옙스키, 니체, 입센, 프루스트 등으로 이들은 모든 것을 명료하고 일관되게 분류하며 하나의 핵심적이며 보편적인 원리로 만든다. 반면 여우형 인간은 셰익스피어, 헤로도토스, 아리스토텔레스, 몽테뉴, 에라스무스, 몰리에르, 괴테, 푸슈킨, 조이스 등의 인물들로 이들은 다양한 목표를 추구한다. 여우 유형의 사람들은 적극적인 삶을 살아가고 행동 지향적이며 생각의 방향을 좁혀가기보다는 확산시킨다. 따라서 그들의 생각은 산만하고 분산적이다. 벌린은 톨스토이가 여우 유형이지만 스스로를 고슴도치라고 믿으며 살았다고 언급했다.

이와 같은 벌린의 분류는 톨스토이의 역사철학에 대한 통찰에서 시작된다. 톨스토이의 소설 『전쟁과 평화』는 호머의 『일리아스』에 비견될 정도로 광대한 글쓰기 스케일을 보여주는데, 작가는 1864년부터 69년까지 이 작품을 집필하는 동안 완전히 작품에 몰두했다. 잠시 사냥에 열중하는 동안에도 톨스토이는 이 작품을 잊은 적이 없을 정도였다.

사냥을 하고 있으면 나는 모든 것을 잊게 된다. 『전쟁과 평화』의 처음 도입부를 쓴 시기는 사냥을 하다 팔이 부러진 시기인데 모두 구술한 것으로 창작의 몰두로 실신했다가 다시 정신을 차리며 '나는 예술가다, 고독한 예술가다'라고 외친 적이 많았다.[15]

톨스토이는 1867~69년 사이 작품의 전투 장면을 묘사하기 위해 모스크바나 다른 지방으로 자료조사를 하러 다니기도 했다. 이 작품을 위해 당시의 회고록, 기록, 편지, 러시아 및 프랑스 문헌과 그 외의 서적, 그리고 모스크바

국립박물관의 고전을 모두 파헤쳤다. 또한 전해오는 이야기도 수집해 작품에 반영했다. 자료의 출처에 대해 톨스토이는 다음과 같이 말했다.

나는 소설에 나오는 역사상의 인물이 행동하며 말하는 장면들은 모두 자료에 근거를 두고 일체의 창작을 가하지 않았다. 이 자료는 일이 진행됨에 따라 수를 더하고 최후에는 하나의 도서관이 될 정도가 되었다. 지금에 와서 그 서적 이름을 알리는 것은 무용지사라고 생각되나 나는 언제든지 내가 사용한 원문을 인용할 용의가 있다.[16)

톨스토이의 이와 같은 노력에도 불구하고 작품에서 말하는 역사이야기는 오히려 『전쟁과 평화』의 이야기 흐름을 단절시킨다고 평가되어왔다. 또한 벌린은 톨스토이의 작품에는 예술적 목적을 위해 역사적 왜곡이 나타난다고 지적하기도 했는데 이 같은 평가는 톨스토이가 사상가라기보다는 작가라는 사실에 대한 강조이기도 하다.

톨스토이의 삶은 대체로 두 부분으로 나뉜다. 전반부는 불멸의 걸작을 남긴 작가로서의 삶이며, 후반부는 개인적으로 사회적으로 거듭 태어난 예언가로서의 삶이다. 전반부는 귀족 출신의 작가로 까다롭고 약간은 접근하기 힘든 천재소설가로서의 불온한 삶이며, 후반부는 독선적이고 고집불통의 과장을 일삼았지만 러시아에서는 막강한 영향력을 행사한 현자로서의 삶이라고 할 수 있다. 톨스토이를 예언가, 설교자로 분석한 학자들은 종교에 심취한 후반기의 철학을 집중적으로 다루고 있다. 또한 톨스토이가 작가로서의 입장을 버리고 인류 교사를 자처하며 숭배와 참배의 대상으로 자신의 입지를 갖춘 이후를 평가하고 있다.[17] 이에 대해 톨스토이 스스로는 역사에 대해 부정적인 입장을 표명했다.

역사는 과학과 예술과 윤리 간에 어떤 관련이 있는지 우리에게 말해주지 않는다. 선과 악의 관계, 종교와 시민다운 미덕 간의 관계에 대해서도 속 시원히 말해주지 않는다. (…) 역사는 훈족이 어디에서 왔고, 훈족이 어느 시대에 살았으며, 누가 훈족을 강대국으로 키웠는지에 대해 말해줄 뿐이다.[18]

톨스토이는 이처럼 역사는 원인을 말해주지 않으며 사건을 설명하지 않고 나열할 뿐이라고 여겼다. 톨스토이의 목적은 단지 역사를 통해 진실을 규명할 방법을 모색하는 것뿐이었다. 중요한 것은 톨스토이가 다양한 모습으로 나타나는 현실을 이질적인 단위들의 집합체로 인식했다는 것이다. 톨스토이는 남다른 혜안과 통찰력으로 대상을 파악하지만 하나의 거대한 전체가 존재한다고 생각했다. 어떤 작가도 톨스토이만큼 다양한 삶의 모습을 그와 같은 통찰력으로 보여주지는 못했다. 톨스토이는 차이와 대립, 인간과 사물, 상황의 충돌 등 하나하나를 고유한 모습으로 포착해서 어떤 작가도 발견하지 못한 구체적인 형상을 정확하고 직접적으로 전달해주었다.[19]

톨스토이는 모든 것에 공통된 부분을 부각시키기보다는 각 개체가 갖는 고유한 차이를 드러내려고 한 작가다. 벌린은 톨스토이의 역사관을 평가하면서 톨스토이에게 나타나는 작가와 역사가 사이의 모순적 현상의 원인을 본능적인 판단과 이론적인 확신 간의 충돌, 그의 천부적 재능과 후천적 견해 간의 충돌이라고 해석한다. 즉 그의 상상력은 철저히 경험적이고 합리적이며 의지적이고 현실적이지만 이러한 사상을 갖게 된 감정적 원인은 단원론적 세계관을 향한 여우의 열정적 욕망, 즉 고슴도치처럼 세상을 보려는 여우의 욕망인 것이다.[20]

이와 같이 톨스토이는 현실을 통렬하게 분석하고 피상적인 것에 만족하지 않았으며, 직접 본 것조차 의심의 눈초리를 거두지 않았고, 스스로 지적인 오류를 범하지 말

아야 한다는 부담감과 도덕적인 깨달음에 고뇌하며 살아
간 위대한 작가, 소설가라고 할 수 있다.

비폭력과
무저항주의란
무엇인가
?

악을 다스리는 것은
인간의 일이 아닌 신의 일

악을 다스리는 것은
인간의 일이 아닌 신의 일

—이강은

악에 대해 폭력으로 저항하지 마라

비폭력과 무저항주의는 톨스토이 사상의 핵심이다. 톨스토이는 폭력으로 다른 사람의 삶을 바꿀 수 있다거나 사회적 조건을 개선할 수 있다고 생각하지 않았다. 그리고 악에 대해 폭력으로든 무엇으로든 적극적으로 대응하는 것에 찬성하지 않았다.

우리가 잘 아는 「바보 이반」의 바보 이반은 공주의 병을 고쳐주고 왕이 된다. 하지만 그는 왕이 되어서도 스스로 농사를 지으며 국사는 전혀 돌보지 않는다. 군대도 해체하고 병사들을 고향으로 되돌려보낸다. 이웃나라가 쳐들어왔는데 아무도 싸우려 하지 않는다. 싸우기는커녕 백성들은 병사들이 달라는 대로 뭐든지 내주었고 아무런 저항도 하지 않았다. 그러자 이웃나라 병사들도 부끄러워하

380

며 싸울 의지를 잃는다. 도깨비가 백성들을 돈으로 유혹하고 지식으로 관심을 끌어도 결국 백성들은 그런 일에 환멸을 느끼고 그저 편안하게 자기 밭을 갈며 살아갈 뿐이다. 바보 이반의 왕국은 톨스토이의 비폭력 무저항 정신을 그대로 실현한 나라라 할 수 있다.

단편 「촛불」은 톨스토이의 비폭력 무저항 정신을 훨씬 분명하게 제시한다. 새로 임명된 마름이 농민들을 지독하게 괴롭힌다. 노역도 훨씬 많이 시키고 화를 내고 때리는 건 다반사였다. 농민들은 지주에게 찾아가 사정했지만 그걸 알고 마름은 더욱 혹독하게 앙갚음을 했다. 견디다 못한 농민들이 마름을 살해하기로 음모를 꾸민다. 모두 일치단결해서 마름을 죽이고 입을 다물기로 약속했지만 마름이 나타나자 아무도 실행에 옮기지 못한다. 오히려 나무를 잘못 베었다고 채찍질을 당하고 어떤 농민은 아내를 하녀로 빼앗기기도 한다. 농민들은 분노하고 억울해하며 다시 살인을 도모하지만 마름만 나타나면 모두 그 앞에서 쩔쩔매기 바쁘다.

그런데 어느 날 미혜예프라는 농민이 농민들의 살인 모의를 듣고는 "목숨 하나 죽이는 것이야 수월하겠지만, 죽인 사람의 영혼은 어떻게 될 것 같소? 놈이 나쁜 짓을 했다면 우리가 손을 쓰지 않더라도 천벌이 기다리고 있을 것이오. 여러분들은 참아야 하오." 하고 말한다. 농민들은 그의 말에 더욱 화를 내며, "우리가 놈을 죽이는 것은 다른 사람들을 위해서야. 모두가 감사할 게 틀림없어. 우리가 결단을 내리지 못하면 놈이 우리를 모조리 패 죽이고 말 거야"라고 반박한다. 그러나 미혜예프는 여전히 폭력으로 맞서는 것에 반대하고, 악을 악으로 다스려서는 안 된다고 설득한다.

만약에 악을 악으로 뿌리 뽑을 수 있었다면, 하느님께서 그와 같은 본을 보여주셨을 테지만 우리에게 가르치신 건 그게 아니야. 우리가 악을 악으로 다스리려 할수록, 그 악은 이쪽으로 옮겨오네. 사람을 죽이는 것은 수월한 일이지만, 그 피는 자신의 영혼에 달라붙네. 사람을 죽인다는 것은 자신의 영혼을 피투성이로 만드는 일일세. 그것은 결국 자기 자신의 마음을 나쁘게 만드는 것이라네. 재난에는 지고 들어가야 하네. 그러면 재난 쪽에서도 져줄 걸세. (「촛불」중에서[21])

악에 대한 톨스토이의 무저항 사상을 잘 보여주는 말이다. 미혜예프는 악을 다스리는 것은 인간의 일이 아니라 신의 일이며 인간은 세상의 악에 대해 저항하지 말아

야 한다고 주장한다. 폭력을 반대할 뿐만 아니라 저항 자
체까지도 반대하는 것이다. 어찌 보면 너무나 비현실적인
종교적 선언같이 들리기도 한다. 하지만 미헤예프의 생각
은 나름대로 합리적인 이유가 있다. 우리가 악에 대해 폭
력으로 맞서게 되면 그 폭력이 우리 자신의 영혼을 해치
게 되고, 따라서 우리는 악을 다스리지도 못하고 우리 자
신만 피해를 보게 된다는 것이다. 결국 미헤예프의 무저
항 정신은 마름을 이기고 마름은 미헤예프 앞에서 스스로
몰락하고 만다.

'비폭력 무저항'만이 인류사회를 구원하나니

오른쪽 뺨을 맞으면 왼쪽 뺨까지 내어주라는 가르침에서
시작해 원수를 사랑하라는 가르침까지 성경의 핵심은 이
웃에 대한 사랑이라고 톨스토이는 이해한다. 그리고 그런
사랑의 실행 윤리가 비폭력과 무저항이다. 하지만 어떻게
폭력에 저항하는 폭력까지, 최소한의 폭력까지 부정할 수
있을 것인가. 톨스토이가 자신과 타인의 생명과 노동을
방어하는 것까지 거부하는 것은 아니다. 그러나 그 경우
에도 그에 대한 저항은 사랑과 이성에 반하지 않는 정도
에서 이루어져야 한다. 그리고 이러한 일을 실현할 수 있
으려면 무엇보다 먼저 나 자신이 선량하고 이성적인 인간

이어야 한다. 이를테면 어떤 사람을 누가 죽이려 하는 것을 목격했다면, 내가 취할 수 있는 최상의 수단은 죽음을 당할 듯한 사람에게로 나아가 몸으로 그 사람을 가리고, 막아주고, 할 수만 있다면 그를 도와주고, 그 처지에서 빼내 안전한 지대에 숨겨주는 것뿐이다. 결국 나는 내가 죽거나 타인을 돕거나 둘 중의 하나를 행할 수밖에 없다. 매우 수동적인 차원에서 가장 최소한의 힘을 행사해야 하는 것이다.

톨스토이의 이런 사랑은 그리스도의 정신에 충실한 것이지만 현실에서는 정말 실천하기 어려운 추상적인 도덕률이 아닐 수 없다. 사회적 모순에 맞서 싸우던 당대의 러시아 지식인들은 톨스토이의 이런 주장이 결과적으로 기득권을 옹호하는 보수주의일 뿐이라고 비판한다. 어떻게 사람을 죽이는 장면에서 죽이려는 사람을 말리고 제압하는 폭력이 부정될 수 있느냐는 것이다. 오늘날 우리가 보기에도 그것은 사회정의의 실현과 방법에 부합하지 않는 것으로 보일 수 있다. 톨스토이 역시 그 많은 비난과 반박을 모르지 않았으며, 그 자신 역시 그와 같은 완전한 무저항과 비폭력을 실행하기 쉽지 않았다.

톨스토이는 무엇보다 먼저 권력의 억압과 폭력을 비판한다. 당시 황제가 혁명적 지식인들을 처형하는 것을 어

384

떻게든 막기 위해 톨스토이는 황제에게 청원서를 내거나 글을 비판하는 서한을 공개적으로 발표하기도 했다. 그런 행동이 무슨 대단한 것이냐고 의문을 표할 수 있겠지만 당시로서 황제에게 그와 같은 비판을 할 수 있는 귀족은 톨스토이 한 사람 정도였다는 점을 생각하면 그것은 그렇게 가벼운 저항만은 아니었다. 톨스토이의 그런 의견 표명은 황제에게 커다란 도덕적 타격을 입히고 종교적 권위를 훼손하는 것으로 당대에 세계적인 반향을 불러일으키곤 했다. 하지만 동시에 톨스토이는 혁명가들의 폭력과 저항 방법에 대해서도 지속적으로 부정적인 의견을 표명했다.

톨스토이는 러시아 사회의 열악한 사회 상황과 갈수록 피폐해지는 농민 현실을 목도하면서 참담한 감정을 숨길 수 없었다. 톨스토이는 무언가 적극적인 행동이 필요하다는 것과 사회제도의 과감한 개혁이 불가피하다는 것을 절실히 느끼고 있었다. 그러나 물질적 구원과 사회조건의 개선을 위한 어떤 행동도 본질적으로 인간을 구원하는 것이 아니라는 신념, 그 과정에서 어떤 폭력도, 어떤 저항도 동원되어서는 안 된다는 신념이 그를 가로막았다. 이 양자 사이에서 후기의 톨스토이는 갈수록 동요하고 괴로워했다. 어느 쪽도 쉽게 포기할 수 없는 것이었다. 톨스토이는 한편으로 러시아 정부와 정교회의 부패와 무능, 탐욕을 더욱 날카롭게 비판했고, 다른 한편 전쟁 반대와 징집 반대, 사형제도 반대 등 비폭력 무저항 정신을 보다 구체적으로 실행하기 위해 노력했다. 후기의 톨스토이는 악에 대한 폭력적 저항에 대해서는 여전히 적극적으로 반대하면서, 악을 다스리기 위한 저항의 필요성에 대해서는 조금 더 유연하게 수용하는 자세를 취한다.

단숨에 일상적으로 실천해낼 수 없다 하더라도 비폭력 무저항 정신이 인류사회를 올바르게 구성하는 유일한 원리라는 점은 부인할 수 없다. 폭력과 폭력에 저항하는 폭력, 또 그에 대항하는 폭력이 난무하고, 악에 대한 저항이 또 다른 악이 되는 현상이 수없이 존재하는 오늘날의 현실에서 톨스토이의 비폭력 무저항 정신은 그저 추상적인 종교적 이상이라고 치부할 수만은 없다. 문제는 그것이 옳으냐 그르냐는 논쟁에 있는 것이 아니다. 무엇보다 우리는 세상의 악에 대해 그것을 개선하고 다스리기 위해 저항해야 한다.

그러나 그 순간, 즉 불가피한 폭력에 대한 저항에 나서는 순간에조차 어떻게든 우리는 스스로를 이 정신에 비추어 되돌아보지 않으면 안 된다. 그렇지 않다면 우리가 취하는 최소한의 폭력과 저항이 그 원래의 의미를 상실하고 그 목적을 이루지 못할 뿐만 아니라, 우리 스스로에게 다시 가해지는 폭력으로 변질되어버릴 수 있기 때문이다. 그것은 인류 역사가 분명하게 보여주는 교훈이기도 하다. 톨스토이의 비폭력 무저항 정신은 추상적인 종교적 설교가 아니라 바로 이처럼 매우 현실적인 차원에서 우리를 반성적으로 사고하게 만드는 살아 있는 원리다.

톨스토이는
동양의 현자인가
?

영혼이 올바로 살아가기 위한
길이 '선'이자 '도'

영혼이 올바로 살아가기 위한
길이 '선'이자 '도'
―김성일

인간 삶의 참된 길로서의 동양사상

톨스토이의 『참회록』 4장 '인생여정'에는 동양의 우화가
하나 나온다. 여행자가 맹수의 습격을 받고 우물로 피하
는데, 우물 밑에는 용이 입을 벌리고 그를 기다리고 있었
다. 위로도 아래로도 갈 수 없는 그는 틈에서 자라고 있는
나무넝쿨을 잡고 버티지만, 이번에는 쥐 두 마리가 그가
잡고 있는 나무넝쿨을 갉아먹기 시작한다. 그런데 이러한
절체절명의 순간에도 여행자는 잎사귀의 꿀을 핥아먹는
다. 불교의 『열반경』에서 인용한 이 글을 통해 톨스토이
는 "나를 기다리고 있는 죽음의 용을 피할 수 없다는 사실
을 알면서도 삶의 나뭇가지에 매달려 있다"고 말한다. 그
리고 꿀이 주는 쾌락은 이 같은 순간에 더 이상 달콤하지
않으며, 죽음의 공포를 감추어온 삶의 쾌락이 더 이상 자

신의 인생을 기만하는 것을 참을 수 없다고 한다. 이 불교 우화를 통해 톨스토이는 죽음의 공포를 극복하고 내면의 구원을 찾는 데 도움을 얻은 것이다.[22]

'정신적 위기'의 순간에 그가 받아들인 방법은 기독교나 정교가 아닌 불교의 가르침이었다. 기독교나 정교를 거부하고 불교를 받아들였다기보다는 인간이 찾고 있는 구원의 방식으로 불교가 설명하는 교리가 인간 삶의 참된 길임을 인식했다는 것이다. 이처럼 그의 동양에 대한 관심은 이미 1840년대 카잔대학에서 불교를 접할 때부터 시작되었으며, 1877~78년 '정신적 위기'와 1879~81년 '정교회와의 불화' 시기를 기점으로 구체화된다. 이미 1850년대에 톨스토이는 프랑스어로 번역된 노장사상을 읽기도 했으며, 노자의 무위 개념이 바로 자신이 생각하는 무저항적인 세계관과 일치하고 있음을 발견한다. 톨스토이는 1893년에는 프랑스어와 독일어 번역본을 통해 노자 『도덕경』의 러시아어 번역을 시작하기도 한다. 서구물질문명에 대한 비판적 시각과 이성에 의해서만 선택되는 삶의 순간 속에서 진실을 포착하는 방법으로 동양의 정신을 선택한 것이다. 동양사상의 내용은 노장사상과 불교이지만 이것은 기독교의 '사랑'도 포함하는 그의 '선' 개념의 한 부분이라고 할 수 있다.

톨스토이의 이와 같은 생각은 자신을 다스리는 것, 구원을 받는 것은 외부에 의한 것이 아니라 내적인 동력과 내면을 다스리는 힘에서 나온다고 믿은 결과다. 그는 노자와 공자, 불교의 사상을 '선'의 개념으로 해석했으며, 기독교의 '사랑'을 결합해 하나의 윤리적인 체계로 환원시키려고 했다. 공자의 '중용'이라는 개념 역시 공동체적인 삶에 부합되는 실천적인 덕목이라고 생각했다. 톨스토이는 1886년 「물의 흐름」이라는 글에서 인간의 덕성을 물에 비유하고 있는 공자의 가르침을 중요하게 여겨야 한다고 했으며, 「중용의 가르침」에서는 중용을 사람과 사람 사이의 상황 윤리이자, 그 상황 윤리에서의 내적인 조화와 균형이라고 해석하고 있다. 중용을 '선'의 길로 나아가야 하는 인간의 윤리적인 당위성이라고 간주한 것이다. 또한 '도'의 사상이 인류의 영원하고 근본적인 삶의 법칙이고 기독교적인 자유의 사상과도 일치한다고 여겼으니, 동양의 '도'는 기독교의 '말씀의 진리'와 같은 개념이라고 생각한 것이다. 톨스토이는 이와 같은 윤리적인 개념들의 결합을 통해 문명에 오염된 러시아를 구할 수 있다고 판단한 것이다.

공자의 중용, 노자의 무위에 심취하다

톨스토이가 신앙에 대해 갖는 태도가 회의적이며 부정적이라는 것은 잘 알려진 사실이다.

> 나는 종교가 가르치고 있는 것은 아무것도 믿을 수 없습니다. 동시에 나는 신앙이 없는 사랑을 증오할 뿐 아니라 경멸하기까지 합니다. 나는 사람이 신앙 없이 어떻게 살 수 있는지 이해할 수 없으며, 신앙 없이 죽는다는 것은 더욱 이해할 수 없습니다.[23]

종교를 맹목적으로 믿기보다는 그 교리의 옳고 그름으로 모든 것을 판단한 톨스토이는 무저항과 자연에 대한 순응, 무위와 초탈 같은 동양적 개념들을 자의적으로 해석[24]했다고 볼 수 있다. 그에게는 그리스도의 믿음을 왜곡해 가용하는 것이 아닌 그리스도의 온전한 가르침과 계율만이 존재했다.

> 나는 신을 믿으나 그 신은 나로 보면 성령이요 사랑이요 만물의 원리다. 나는 내가 신의 내부에 있는 것과 마찬가지로 신도 나의 내부에 있다고 믿는다. 나는 신의 의지가 인간 그리스도교 속에 가장 분명히 나타나 있다고 믿는다.

392

그러나 그리스도를 신으로 볼 수는 없으며, 그리스도에게 기도드리는 것은 가장 큰 독성이 된다.[25)]

종교의 속성에서 믿음을 제외한 원리와 계율만을 받아들인 톨스토이는 이와 유사한 사고를 공자와 노자의 무위에서 구체적으로 발견하게 된다. 1884년 3월 11일자 일기에서는 공자의 가르침에 대한 감탄을 적어놓고 있다.

공자의 중용에 대한 가르침은 놀랄 만하다. 그 내용은 노자의 것과 거의 유사한데, 자연법칙을 따르는 것이 바로 현명함이며 힘이고 생명이다. 이러한 법칙은 그 자체가 스스로 이루어지고 있기 때문에 그 의미가 드러나지 않는다. 그러나 그것은 소박하고 드러나지 않으며 힘이 배제되어 있을 때만이 그것 자신이 될 수 있으며, 힘을 갖게 된다.

노자의 가르침 역시 「무위」라는 글을 통해 보여주고 있다.

라오쯔(노자)의 가르침에 따르면 인간들의 모든 재난은 그들이 필요한 것을 행하지 않았다는 데에서 비롯되는 것이 아니라, 오히려 할 필요가 없는 것을 행함으로써 생긴다는 점이다. 그러므로 사람들이 만일 무위를 따랐다면 모든 개인적인 재난과 특히 이 중국의 철학자가 마음에 두고 있던 사회적 재난으로부터도 구제를 받을 수 있었을 것이다. 생각건대 그가 전적으로 옳다.

톨스토이는 공자의 중용과 노자의 무위에 대한 차이를 이해하고 있으며, 특히 필요하지 않은 것을 행함으로 생겨나는 인간의 재난과 불행에 대해 전적으로 동의한다. 이것은 또한 그의 일기에서도 언급되고 있는 바다.

노자의 가르침의 근본은 모든 종교적인 가르침의 내용과 동일하다. (…) 그러므로 인간의 삶이 슬프지 않고 행복하게 되기 위해서는 육체를 위한 것이 아니라, 영혼을 위해 살아가는 법을 배우지 않으면 안 된다. 노자는 바로 이 점을 가르치고 있다. (…) 그는 자신의 가르침을 길(따오)이라고 가르치고 있다.[26]

톨스토이에게 노자의 '도' 개념은 그가 추구하는 바, 인간의 영혼이 올바르게 살아가야 하는 선의 개념과 유사한 것으로 파악할 수 있다. 이와 같은 노자의 사상은 1909년 「노자의 가르침」이라는 글에서 '길'과 '따오(도)'에 대한 설명으로 나타나는데, 여기서 동양의 '도' 개념은 윤리도덕적인 코드로 바뀌게 되고, 노자의 사상은 기독교의 사상과 동등한 가치를 지니게 된다. '도'가 기독교의 사랑과 톨스토이가 강조하는 '선'의 개념과 같은 위치를 점하게 되는 것이다.[27]

노자에 따르면, '따오'라는 말로 규정할 수 있는 오직 유일한 길이 있을 뿐인데, 이것은 최상의 선의 개념을 포함하고 있다. 이러한 인식은 모든 사람들이 알고 있는 특성을 통해 성취할 수 있다. 그러므로 노자의 가르침의 본질은 기독교적 가르침의 본질과 동일하다.[28]

노자에 심취했던 톨스토이는 노자 『도덕경』을 러시아어로 번역하기에 이른다. 이 책은 1910년 '톨스토이의 선, 중국의 성현 노자의 금언'이라는 제목으로 출판된다. 다음은 톨스토이가 노자 도덕경을 풀어쓴 내용이다.

1. 이전에 하늘과 대지를 존재하게 했던 이해할 수 없는 존재가 있다. 침묵 속에 있으며, 감각을 초월해 있다. 그것 하나만이 남아서, 변화하지 않고 있다. 나는 그것의 이름을 모른다. 그것을 나타내기 위해, 나는 그것을 따오道라 부른다. / 3. 따오가 존재 속에 나타나는 순간, 그것은 이름을

갖게 된다. / 17. 최상의 덕은 물과 같다. 물은 모든 존재에게 선을 베풀 뿐, 그들과 다투지 않으니 훌륭한 것이다.

톨스토이의 불교는 타인을 구원하는 가르침

톨스토이가 공자와 노자의 가르침을 몸소 실천하려고 한 것은 삶의 불행에서 벗어나기 위한 유일한 덕목을 '선'으로 보았기 때문인데, 동양사상의 실천은 톨스토이식의 기독교적인 사랑과 계율의 실천이라고 할 수 있다. 그는 믿음만을 강조하는 종교가 아니라 공동의 가치관을 올바르게 제시하는 윤리적이며 사회적인 사상으로서 동양사상에 고취됐다고 볼 수 있다. 이와 같은 톨스토이의 동양사상 고취에 대해 러시아의 철학자 베르쟈예프는 톨스토이를 불교도라고까지 말한다. "톨스토이는 기독교도라기보다는 오히려 불교도이다. 불교는 톨스토이의 종교와 마찬가지로 자기구원의 종교다. 불교에서는 신神이 개성, 구원하는 사람의 개성과 구원받는 사람의 개성을 알지 못한다. 불교는 사랑의 종교가 아니라 연민의 종교다."

또한 막심 고리키 역시 톨스토이의 불교 교리 수용을 비판하면서 "몽고식 숙명주의에 중독되었고, 지치지 않는 그의 창조적 작업을 통해 서구에 대해 거의 화학적으로 반응하고 삶의 죄악에 대해 적극적이고 저지할 수 없는 저항을 하는 옛 러시아 기질의 불건전한 비등沸騰"이라고 강도 높게 비판한 바 있다. 이에 대해 로맹 롤랑은 "톨스토이는 법열만으로 만족하는 인도의 신비주의자는 아니었다. 그의 내부에는 아시아 사람의 몽상에다가 서양 사람의 이론벽과 행동욕이 섞여 있었기 때문에 자기의 천계를 실천적인 신앙 속에 나타내어 그 깨끗한 생활에서 일상생활에 대한 규칙을 이끌어낼 필요가 있었던 것이다"라고 언급함으로써 톨스토이의 불교 수용을 옹호했다.[29]

불교와 동양사상의 수용은 톨스토이의 선의 개념과 그리스도교에 대한 실천적인 방법론으로 수용되었다고 볼 수 있다. 즉 신앙의 실천적인 방법으로 무위, 중용, 도 등의 개념을 취했던 것이다. 이와 같은 관점은 톨스토이 스스로도 언급하고 있다. 즉 불교를 자기해탈의 관점에서 접근하기보다는 타인을 구원하는 쪽으로 해석하는 것이다.

붓다의 가르침을 읽었다. 놀랄 만하다. 모든 가르침이 그렇다. 하지만 삶에서 구원을 받아야 한다는 것 하나는 틀렸다. 붓다는 구원을 받은 것이 아니라 사람들을 구원했다. 이것을 그는 잊은 것이다. (1884년 일기 중에서[30])

톨스토이의 동양사상에 대한 관심은 그의 '정신적 위

기'와 '정교와의 불화' 시기인 1877~81년에 집중적으로 나타난다. 공자와 노자의 가르침과 사상은 그리스도교를 바탕으로 하는 톨스토이만의 실천적인 모색의 대안으로 받아들여지고 있으며, 이때 기독교의 사랑과 동양사상의 '도'는 톨스토이에게 같은 개념으로 인식되고, 도의 실천은 톨스토이의 최고의 '선'을 완성하기 위한 실천적인 방법인 동시에 내재적인 의미를 담고 있다고 할 수 있다.

주석

서문 및 1부

1) 마르셀 라이히라니츠키, 김지선 역, 『작가의 얼굴: 어느 늙은 비평가의 문학 이야기』, 문학동네, 2013, 118쪽.

2) 『이반 일리치의 죽음』 번역은 다음을 참조했음: 톨스토이, 고일·함영준 역, 『중단편선 III』, 작가정신, 2010.

3) 『전쟁과 평화』 번역은 다음을 참조했음: 톨스토이, 박형규 역, 『전쟁과 평화 I, II, III』, 동서문화사, 1978~1979.

4) 『카자크인들』 번역은 다음을 참조했음: 톨스토이, 김성일 역, 『중단편선 I』, 작가정신, 2010.

5) 톨스토이, 박형규 역, 『안나 카레니나 3』, 문학동네, 2009, 470쪽.

6) 톨스토이, 박형규 역, 『세바스토폴리 이야기』, 인디북, 2004, 255쪽.

7) 톨스토이 탄생 100주년 기념 90권 전집(Лев Толстой, Полное собрание сочинений. Т. 1~90, 1928~1958) 제53권, 49쪽.

8) 똘스또이, 『인생이란 무엇인가 2』, 615~616쪽 참조.

9) 이사야 벌린, 강주헌 역, 『고슴도치와 여우』, 애플북스, 2007, 25쪽.

10) Ричард Ф Густафсон, Обитатель и чужак. Теология и художественное творчество Льба Толстого, пере. Будина Т. С-Петербург, Академический проект, 2003, 22~36쪽.

11) 『인생의 길』 번역은 다음을 참조했음: 톨스토이, 김근식 역, 『나의 참회/인

생의 길』, 동서문화사, 2012.

12) 『가정의 행복』 번역은 다음을 참조했음: 톨스토이, 김성일 역, 『중단편선 I』, 작가정신, 2010.

13) 석영중. 『톨스토이, 도덕에 미치다』, 예담, 2009, 135~137쪽.

14) 앤드류 노먼 윌슨, 이상룡 역, 『톨스토이: 삶의 숭고한 의미를 향해 가는 구도자』, 책세상, 2010, 278쪽에서 재인용.

15) 똘스토이, 『인생이란 무엇인가 2』, 489쪽 참조.

16) 『안나 카레니나』 번역은 다음을 참조했음: 톨스토이, 이철 역, 『안나 카레니나 상-하』, 범우사. 2001.

17) 『참회록』 번역은 다음을 참조했음: 톨스토이, 김성일 역, 『참회록, 인생론』, 혜원출판사. 2000.

18) '1869년 9월 4일자 소피야 안드레예브나에게 보낸 편지.' / 톨스토이 탄생 100주년 기념 90권 전집, 제83권, 167쪽.

19) 앞의 책, 제26권, 469쪽.

20) 『인생론』 번역은 다음을 참조했음: 톨스토이, 김성일 역, 『참회록, 인생론』, 혜원출판사. 2000.

21) 톨스토이 탄생 100주년 기념 90권 전집, 제84권, 404쪽.

22) 똘스토이, 이강은 역, 『이반 일리치의 죽음』, 창비, 2012, 103쪽.

23) 앞의 책, 118~119쪽.

24) 빅토르 쉬클롭스키, 이강은 역, 『레프 톨스토이 2』, 나남, 2009, 456~458쪽.

25) 톨스토이, 『안나 카레니나 3』, 417~418쪽.

26) 앞의 책, 381쪽.

27) 똘스토이, 『인생이란 무엇인가 2』, 598쪽 참조.

28) 앞의 책, 163쪽.

29) 앞의 책, 161쪽.

2부

1) 톨스토이 탄생 100주년 기념 90권 전집, 제34권, 345쪽.

2) 앞의 책, 346~347쪽.

3) 고리키 25권 전집(М. Горький. Полное собрание сочинений, Т. 16~25, 1968~1976) 제16권, 278쪽.

4) 앞의 책, 267~268쪽.

5) 똘스또이, 박형규 역, 『청년시절』, 이성과현실, 1990, 24쪽.

6) 앞의 책, 39~40쪽.

7) 앞의 책, 41~42쪽.

8) 똘스또이, 김근식 · 고산 역, 『인생이란 무엇인가 2』, 동서문화사, 2004, 569쪽 참조.

9) 앞의 책, 990~991쪽 참조.

10) 앞의 책, 509쪽 참조.

11) 톨스토이 탄생 100주년 기념 90권 전집 제64권, 290쪽.

12) 앞의 책, 464쪽.

13) 빅토르 쉬클롭스키, 이강은 역, 『레프 톨스토이 1』, 나남, 2009, 44~45쪽.

14) 똘스또이, 『인생이란 무엇인가 2』, 170쪽.

15) 앞의 책, 172쪽.

16) 톨스토이, 조윤정 역, 『국가는 폭력이다: 평화와 비폭력에 관한 성찰』, 달팽이, 2008, 57쪽.

17) 앞의 책, 80쪽.

18) 앞의 책, 21~25쪽.(톨스토이, 「하느님의 나라는 너희 가운데 있다」)

19) 슈테판 츠바이크, 원당희 역, 『톨스토이를 쓰다』, 세창미디어, 2013. 157~158쪽.

20) 로맹 롤랑, 김경아 편역, 『톨스토이 평전』, 거송미디어, 2005, 187~193쪽.

21) 앞의 책, 같은 곳.

22) 앞의 책, 같은 곳.

23) 『인생독본』 번역은 다음을 참조했음: 톨스토이, 박형규 역. 『인생독본 1, 2』, 인디북, 2004.

24) 다른 사람의 말을 인용하기도 했다. "악당의 마지막 피난처는 애국주의다." -존슨 / "애국주의는 선행이 아니다. 국가라는 시대착오적인 미신을 위해서 자기의 생명을 희생시키는 것은 우리들의 의무가 될 수 없다." -테오도로스

25) 톨스토이, 조윤정 역, 『국가는 폭력이다: 평화와 비폭력에 관한 성찰』, 달팽이, 2008, 87~88쪽.

26) 앞의 책, 194쪽.

27) 앞의 책, 285쪽.

28) 톨스토이, 강명수 역, 『홀스토메르 무엇 때문에?』, 지식을만드는지식, 2013, 40쪽 참조.

29) 쉬클롭스키는 문학의 본질을 '낯설게 하기'로 규정하며 러시아 형식주의 문학이론을 창도했다.

30) 톨스토이, 『홀스토메르 무엇 때문에?』, 42~43쪽 참조.

31) 톨스또이, 『인생이란 무엇인가 2』, 560쪽 참조.

32) 앞의 책, 560~561쪽 참조.

33) 톨스토이, 『부활』(하), 568~569쪽.

3부

1) 『예술론』은 다음 번역을 참조했음: 톨스토이, 김병철 역, 『예술론/참회록/인생론/신앙론/교육론』, 을유문화사, 1983.

2) 「사람은 얼마만큼의 땅이 필요한가」 번역은 다음을 참조했음: 톨스토이, 고일·김세일 역, 『러시아 독본』. 작가정신, 2009.

3) 톨스토이, 박형규 역, 『안나카레니나 2』, 문학동네, 2009, 79~80쪽.

4) 톨스토이, 박형규 역, 『톨스토이 단편선』, 인디북, 2003, 246쪽.

5) 톨스또이, 『인생이란 무엇인가 2』, 187쪽.

6) 톨스토이, 이기주 역, 『크로이체르 소나타』, 펭귄북스코리아, 2010. 7쪽.

7) Daniel Rancour-Laferrier, Tolstoy on the Couch: misogyny, masochism and absent Mother, New York University Press, 1998.

8) 슈테판 츠바이크, 원당희 역, 『톨스토이를 쓰다』, 세창미디어, 2013. 36~38쪽

9) 얀코 라브린, 이영 역. 『톨스토이』, 한길사, 1997. 171쪽; 톨스토이, 이기주 역, 『크로이체르 소나타』, 펭귄북스코리아, 2010, 7쪽.

10) 얀코 라브린, 앞의 책, 152쪽.

11) 앞의 책, 152~153쪽.

12) 톨스토이, 이대우 역, 『부활』(상), 열린책들, 2010, 342~343쪽.

13) 빅토르 쉬클롭스키, 이강은 역, 『레프 톨스토이 2』, 나남, 2009, 458쪽.

14) D. 미르스끼, 이항재 역, 『러시아문학사』, 써네스트, 2008, 377쪽.

15) 빅토르 쉬클롭스키, 『레프 톨스토이 1』, 123쪽.

16) 앞의 책, 155쪽.

17) 앞의 책, 156쪽.

18) 『세바스토폴 이야기』 번역은 다음을 참조했음: 톨스토이, 김문황 역, 『중단편선 III』, 작가정신, 2010.

19) 똘스또이, 『인생이란 무엇인가 2』, 549~550쪽 참조.

4부

1) 톨스토이 탄생 100주년 기념 90권 전집, 제23권, 402쪽.

2) 「신은 진실을 알지만 다만 기다릴 뿐이다」 번역은 다음을 참조했음: 톨스토이, 고일·김세일 역, 『러시아 독본』, 작가정신, 2009.

3) 똘스또이, 『인생이란 무엇인가 2』, 110쪽.

4) 앞의 책, 991쪽.

5) 앞의 책, 109~110쪽.

6) 앞의 책, 993쪽.

7) 똘스또이, 이대우 역, 『부활』(상), 열린책들, 2010, 161~162쪽 참조.

8) 앞의 책, 163쪽.

9) 똘스또이, 『인생이란 무엇인가 2』, 158쪽.

10) 이덕형, "똘스또이의 선(善)에 반영된 동양사상의 현재적 맥락", 『19세기 러시아 소설의 이해』, 한국슬라브학회 편, 열린책들, 1995, 226~229쪽.

11) 얀코 라브린, 이영 역, 『톨스토이』, 한길사, 1997, 87쪽에서 재인용.

12) 똘스또이, 『인생이란 무엇인가 2』, 852쪽.

13) 슈테판 츠바이크, 원당희 역, 『톨스토이를 쓰다』, 세창미디어, 2013, 96~97쪽.

14) 최인선, 「톨스토이 서사의 다층적 심미성」, 연세대학교 대학원 박사논문, 2012, 238~244쪽.

15) 로맹 롤랑, 김경아 편역, 『톨스토이 평전』, 거송미디어, 2005, 101쪽.

16) 이사야 벌린, 조준래 역, 『러시아 사상가』, 생각의나무, 2008, 63~70쪽.

17) 이사야 벌린, 강주헌 역, 『고슴도치와 여우』, 애플북스, 2007, 35~36쪽.

18) 앞의 책, 47~48쪽.

19) 앞의 책, 91~92쪽.

20) 앞의 책, 164쪽.

21) 톨스토이, 『톨스토이 단편선』, 173~174쪽.

22) 박혜경, "톨스토이 작품에 나타난 동양적 세계관", 『인문학 연구』 7권, 한림 대학교 인문학연구소, 2000, 103~105쪽.

23) 얀코 라브린, 앞의 책, 127쪽에서 재인용.

24) 이덕형, 앞의 글, 227쪽.

25) 로맹 롤랑, 장만영 역, 『톨스토이 황야에 외치는 소리』, 신구문화사, 1974, 86쪽에서 재인용.

26) 앞의 책, 253쪽.

27) 앞의 책, 252~253쪽.

28) 앞의 책, 254쪽.

29) 박혜경, 앞의 논문, 108쪽.

30) 이덕형, 앞의 글, 257쪽.